DIREITO FUNDAMENTAL À EDUCAÇÃO, DEMOCRACIA E DESENVOLVIMENTO SUSTENTÁVEL

Denise Souza Costa

Prefácio
Juarez Freitas

DIREITO FUNDAMENTAL À EDUCAÇÃO, DEMOCRACIA E DESENVOLVIMENTO SUSTENTÁVEL

Belo Horizonte

2011

© 2011 Editora Fórum Ltda.

É proibida a reprodução total ou parcial desta obra, por qualquer meio eletrônico, inclusive por processos xerográficos, sem autorização expressa do Editor.

Conselho Editorial

Adilson Abreu Dallari
André Ramos Tavares
Carlos Ayres Britto
Carlos Mário da Silva Velloso
Carlos Pinto Coelho Motta
Cármen Lúcia Antunes Rocha
Cesar Augusto Guimarães Pereira
Clovis Beznos
Cristiana Fortini
Dinorá Adelaide Musetti Grotti
Diogo de Figueiredo Moreira Neto
Egon Bockmann Moreira
Emerson Gabardo
Fabrício Motta
Fernando Rossi
Flávio Henrique Unes Pereira

Floriano de Azevedo Marques Neto
Gustavo Justino de Oliveira
Inês Virgínia Prado Soares
Jorge Ulisses Jacoby Fernandes
José Nilo de Castro
Juarez Freitas
Lúcia Valle Figueiredo (*in memoriam*)
Luciano Ferraz
Lúcio Delfino
Márcio Cammarosano
Maria Sylvia Zanella Di Pietro
Ney José de Freitas
Oswaldo Othon de Pontes Saraiva Filho
Paulo Modesto
Romeu Felipe Bacellar Filho
Sérgio Guerra

Luís Cláudio Rodrigues Ferreira
Presidente e Editor

Coordenação editorial: Olga M. A. Sousa
Revisão: Cida Ribeiro
Bibliotecária: Lissandra Ruas Lima – CRB 2851 – 6ª Região
Indexação: Clarissa Jane de Assis Silva – CRB 2457 – 6ª Região
Capa, projeto gráfico e diagramação: Walter Santos
Imagem de capa: POST, Frans. *The Home of a "Labrador" in Brazil*, 1850-55
Oil on canvas, 112 x 146 cm - Musée du Louvre, Paris

Av. Afonso Pena, 2770 – 15º/16º andares – Funcionários – CEP 30130-007
Belo Horizonte – Minas Gerais – Tel.: (31) 2121.4900 / 2121.4949
www.editoraforum.com.br – editoraforum@editoraforum.com.br

C837d   Costa, Denise Souza

         Direito fundamental à educação, democracia e desenvolvimento sustentável / Denise Souza Costa; prefácio de Juarez Freitas. Belo Horizonte: Fórum, 2011.

         216 p.
         ISBN 978-85-7700-470-6

         1. Educação. 2. Economia. 3. Ciências sociais. 4. Pedagogia. 5. Sociologia. I. Freitas, Juarez. II. Título.

                                                   CDD: 370
                                                   CDU: 37

Informação bibliográfica deste livro, conforme a NBR 6023:2002 da Associação Brasileira de Normas Técnicas (ABNT):

COSTA, Denise Souza. *Direito fundamental à educação, democracia e desenvolvimento sustentável*. Belo Horizonte: Fórum, 2011. 216 p. ISBN 978-85-7700-470-6.

Dedico este livro a todos que acreditam na educação que liberta, que emancipa e que transforma.

Agradeço

Ao meu amado pai e a minha suave mãe, que têm me proporcionado o melhor da educação, cuja essência repousa no amor e na valorização da vida em todas as suas formas. Ao Toni, Camile e Marcus, meus amores, parceiros e cúmplices nessa linda caminhada que é a vida.

A Juarez Freitas e todos que colaboraram para a realização deste sonho.

A ingenuidade ou a indiferença ao conteúdo dos enunciados com que os legisladores constituintes lançam a regra "A educação é direito de todos" lembra-nos aquela Constituição espanhola em que se decretava que todos os espanhóis seriam, desde aquele momento, "Buenos". A educação somente pode ser direito de todos se há escolas em número suficiente e se ninguém é excluído delas; portanto, se há direito público subjetivo à educação, o Estado pode e tem de entregar a prestação educacional. Fora daí, é iludir o povo com artigos de Constituição ou de leis. Resolver o problema da educação não é fazer leis, ainda que excelentes: é abrir escolas, tendo professores e admitindo alunos.

(Pontes de Miranda)

Sumário

Prefácio
Juarez Freitas 13

Introdução 17

Capítulo 1
O Direito Fundamental à Educação 21
1.1 A conformação conceitual do direito à educação 21
1.2 A evolução histórica da educação básica no Brasil 24
1.3 Normas do direito à educação no Brasil 38
1.3.1 A Constituição Cidadã 47
1.3.2 A Lei de Diretrizes e Bases da Educação Nacional 53
1.3.3 O Estatuto da Criança e do Adolescente 56
1.4 Do alcance, contido na norma constitucional, do direito à educação ... 58
1.4.1 A eficácia, a efetividade e a fundamentalidade 61
1.4.2 O direito à educação e o seu alcance na doutrina e na jurisprudência como direito subjetivo público 67

Capítulo 2
Educação e Democracia 79
2.1 A educação como instrumento da pessoa para o exercício da cidadania 79
2.2 A educação, a dignidade da pessoa humana e a autonomia 94
2.3 Dever fundamental de educar 104

Capítulo 3
Educação e Desenvolvimento Sustentável 113
3.1 A educação para o desenvolvimento sustentável 114
3.2 A educação na era do conhecimento 119
3.3 A universalização da educação básica no mundo 122
3.3.1 O reconhecimento da educação como um direito humano 126

Capítulo 4
A Educação Básica no Brasil 135
4.1 A universalização do ensino fundamental e a erradicação do analfabetismo 135
4.2 A Emenda Constitucional nº 59/09 142
4.3 A imprescindibilidade de uma educação infantil de qualidade 147
4.4 Os ensinos fundamental e médio 160

Capítulo 5

OMISSÃO EDUCACIONAL 167

5.1 A inoperância do Estado 167

5.2 A realidade brasileira 170

5.3 O direito fundamental à boa administração pública como instrumento contra a inoperância do Estado 175

5.4 A gestão pública compartilhada no Estado Constitucional 186

CONSIDERAÇÕES FINAIS 193

REFERÊNCIAS 201

ÍNDICE DE ASSUNTOS 209

ÍNDICE ONOMÁSTICO 215

Prefácio

Na vida brasileira, a omissão prestacional do Estado-Administração permanece gritante em áreas nevrálgicas, como é o caso típico da educação. Não vale argumentar com as estatísticas que mostram que virtualmente todas as crianças estão matriculadas na escola. Sim, é verdade, mas o lamentável é que elas saem do ciclo básico, frequentemente, com escasso domínio cognitivo do idioma e de matemática, por exemplo. Pior: o desenvolvimento volitivo sequer é cogitado, de maneira sistêmica e organizada. O cumprimento de metas não é exigido. O ambiente nem sempre é salubre. O professor, raramente, é incentivado a ser criativo e eficaz. Poucas vezes o diretor é um gestor preparado. Só se cogita de incentivos extrínsecos, que são importantes, mas insuficientes. O material de apoio deixa muitíssimo a desejar. Engatinha a adoção de tecnologias que tornam a aprendizagem mais viva e inteligente. O tempo médio de aula anda baixo. Neste contexto, a falta de educação qualificada para a sustentabilidade resulta incontestável.

O quadro precisa, então, ser profundamente alterado por meio da maciça reviravolta no campo da sindicabilidade das políticas públicas: *o certo é assumir, desde logo, o dever de realizar a troca de boa parte das pressuposições sobre a educação.* Quantidade não pode suprir a lacuna da qualidade. *Mais e melhor tem de ser exigido, com vigor.*

Por isso, o dever maior, francamente, na seara educacional, consiste em imprimir eficácia direta e imediata ao direito fundamental à boa administração. Sabe-se que o paradigma antiquado, ainda dominante por força do peso inercial do *status quo*, é o do irracionalismo ou do emotivismo decisionista, que cultua a autoridade pela autoridade e se fia nos poderes erráticos da discrição.

Já o emergente paradigma da sustentabilidade precisa ter ampliada a força de sua aderência. Trata-se de afirmar, nas salas de aula e em toda parte, a educação para o princípio da sustentabilidade, entendido como o princípio constitucional que determina, independentemente de regulamentação legal, com eficácia direta e imediata, a responsabilidade do Estado e da sociedade pela concretização solidária do desenvolvimento material e imaterial, socialmente inclusivo e equânime, ambientalmente limpo, inovador, ético e eficiente, no intuito de assegurar, preferencialmente de modo preventivo e precavido, os direitos presentes e futuros ao bem-estar físico, psíquico e espiritual, em consonância homeostática com o bem de todos.

Eis o *paradigma novo da sustentabilidade*, com plasticidade acoplada às exigências democráticas de *fundamentação consistente e endereçada ao cumprimento coerente e coeso de metas e valores supremos da Constituição*. Metas que não se confundem com o simplista e assimétrico processo de educação para o crescimento econômico, mas que supõem políticas públicas propiciatórias do bem-estar físico e psíquico duradouro da população.

Na concorrência entre paradigmas, observa-se a reprodução do vetusto jogo (nem sempre cooperativo) dos instintos imediatistas *versus* inteligências que planejam e se antecipam aos erros. Em face desse embate, *não resta lugar para a abstenção*. Impõe-se decidir entre o velho paradigma obscurantista e patrimonialista da insustentabilidade, avesso à educação universalizada, ou *o novo paradigma da racionalidade sinérgica, emancipadora e abolicionista* dos arcaicos e multidimensionais grilhões.

Por certo, a educação haverá de ser grande e imprescindível aliada no processo de superação do paradigma espúrio da insustentabilidade. Indispensável fomentar a *criticidade saneadora*, sem medo do novo (uma das mais graves fobias), numa postura *que força a reconceituação do processo educacional*, sem mora e sem temor infundado.

A releitura das políticas públicas à base do primado substancial da Constituição implica consagrar novo estilo cognitivo e decisório, superada a força inercial do vetusto paradigma ora reinante. Nesse prisma, cada um dos cultores do direito à educação precisa *exemplificar, vez por todas, o compromisso com o primado do direito fundamental à boa administração pública*.

A guinada evolutiva começa por aí, ou seja, na reiteração diuturna de novo estilo de gestão. Essencial pensar e agir de ordem a produzir relações aptas *a cumprir funções que não são as dos séculos XIX e XX*. Funções evolutivas de propiciar, preventivamente de preferência, o mais pleno desenvolvimento humano, no universo desafiador da interconectividade.

Com seriedade e brilho, a obra *Direito Fundamental à Educação, Democracia e Desenvolvimento Sustentável*, de Denise Souza Costa, contribui, sem dúvida, à educação para o novo paradigma. Ao tratar do direito fundamental à educação, enfrenta os desafios da sua universalização equitativa, assimilado o dever de lhe conferir eficácia imediata, por força direta da Constituição, numa leitura tópico-sistemática, como se impõe.

A seguir, enquadra, com acurácia e propriedade, a educação como elemento crucial do processo emancipador de promoção da cidadania, condição para o florescimento da democracia participativa ou direta, vital para a afirmação do princípio da sustentabilidade. Em boa hora, Denise Souza Costa relaciona, de modo pertinente, a educação com o desenvolvimento sustentável, liame que, doravante, merece ser tido como indescartável em qualquer tratamento consequente do tema. Educação para o desenvolvimento sustentável, como esclarece a autora, a partir da análise atenta de documentos da ONU, é prioridade das prioridades.

Bem a propósito, revela, com critério, as causas e os efeitos da baixa qualidade média da educação brasileira, não descurando de reconhecer a essencialidade de prestar respeito e valorização ao professor, além de promover o combate aos males estruturais da gestão, patologias que separam o Brasil do seu destino constitucional (CF, arts. 3º e 208). Disfunções que exigem novo patamar de escrutínio da eleição das prioridades: o urgente, agora, é cobrar, sem passivismo, maior qualidade das políticas públicas.

Trata-se de bela obra de estreia de autora engajada, talentosa e vibrante, Mestre em Direito pela PUCRS, que encontrou na defesa sistemática e sustentável do direito subjetivo público à educação — com gestão compartilhada, na busca de "universalização, garantia de padrão de qualidade e equidade", nos termos do art. 212 — o seu modo valioso de contribuir à causa da sustentabilidade. Eis um texto que, certamente, ao emprestar ênfase à educação básica, inserindo-a numa compreensão sistemática, representa um aporte expressivo para a reelaboração da agenda brasileira de efetivação impostergável dos direitos e dos deveres fundamentais. Um libelo contra a omissão educacional. Um livro, portanto, a favor do novo paradigma da sustentabilidade.

Juarez Freitas
Professor de Direito da PUCRS e da UFRGS. Presidente
do Instituto Brasileiro de Altos Estudos de Direito Público.

Introdução

Um dos desafios das sociedades contemporâneas é criar um modelo de desenvolvimento que mantenha equilíbrio entre os polos econômico, social e ambiental, bem como aperfeiçoar a democracia, ampliando a participação popular. A educação é uma ferramenta imprescindível, para se atingir estes objetivos. Esta obra tem como objeto o direito fundamental à educação, a sua evolução histórica e legislativa, e por finalidade desenvolver uma reflexão sobre as razões pelas quais o direito à educação deve ser considerado um direito fundamental e, em decorrência disto, ser concretizado, na maior medida possível, mediante políticas públicas eficientes e eficazes ou, em última *ratio*, por via judicial.

Sendo assim, busca-se a superação de obstáculos de variados matizes, analisando-se o direito à educação, a sua eficácia, a efetividade e a fundamentalidade, como direito social, e o seu alcance na doutrina e jurisprudência como direito subjetivo público. Aprofunda-se o tema visando à máxima efetividade do direito fundamental à educação, assim como o desafio da universalização da educação básica no Estado Constitucional contemporâneo, como um dos instrumentos para o exercício da cidadania e o desenvolvimento sustentável.

Nesse sentido, aborda-se apenas o direito fundamental à educação, cujo conteúdo e objeto dependem da atuação positiva do Estado e, mais especificamente, da universalização da educação básica, deixando para uma próxima oportunidade a análise do direito à educação relativamente à pretensão privada, assim como a educação superior.

De outra parte, afirmar-se a necessidade de se possuir uma visão do direito educacional para além da mera garantia de acesso ao sistema público e gratuito. Sustenta-se a ideia de efetivar-se uma educação que atenda aos objetivos expressos na Constituição, que são "o pleno desenvolvimento da pessoa", "o seu preparo para o exercício da cidadania" e "a sua qualificação para o trabalho". Esse objetivo implica adotar políticas públicas educacionais, capazes de garantir um eficaz aprendizado que resulte em autonomia individual, fundada no princípio da liberdade, assim como do respeito ao valor e à dignidade da pessoa humana.

Tudo isso é realizado por meio da interpretação tópico-sistemática das normas constitucionais no cenário do Estado Constitucional brasileiro, com as suas peculiaridades, a fim de determinar em que condições estas normas jurídicas deverão ser aplicadas a situações concretas, com o fim de atingir a maior eficácia na concretização desse direito social.

Desse modo, cabe uma releitura das ações do Estado, por meio da análise das atuais posturas doutrinárias, à luz do direito fundamental à boa administração pública, como instrumento contra a omissão do Estado. Aprofunda-se também o tema da omissão da Administração Pública na execução dos deveres prestacionais e na garantia da efetividade dos direitos sociais, em particular, quanto ao direito em tela.

No Capítulo 1, inicialmente, procede-se a análise da educação, como direito fundamental, e a sua conformação conceitual, uma vez que esta representa o núcleo das questões abordadas neste estudo. Para tanto, partindo-se do seu sentido etimológico, assentam-se posições conceituais dentro do sistema normativo pátrio e no atual contexto social, com a finalidade de compreender e justificar a sua fundamentalidade no Estado Constitucional contemporâneo. Sendo assim, apresenta-se a evolução histórica e os marcos legais do direito à educação no Brasil, dando ênfase à análise da educação básica e aos desafios para a sua universalização. Aborda-se igualmente o alcance, contido na norma constitucional, que consagra o direito à educação como direito subjetivo público, a sua eficácia, efetividade e fundamentalidade, bem como a posição jurisprudencial majoritária em sede de direito à educação.

No Capítulo 2, a seguir, colocam-se em evidência os objetivos constitucionais do direito à educação no sistema brasileiro, na sua dimensão objetiva e subjetiva, pois a educação é um dos elementos que fornece a matéria-prima para a construção de um Estado Democrático e de uma sociedade mais justa, eficiente e sustentável. Aborda-se a educação como instrumento da pessoa para o exercício da cidadania, capaz de promover a autonomia e a emancipação intelectual dos indivíduos, bem como de habilitá-los à participação política livre e consciente, viabilizando, assim, a democracia participativa. Analisa-se a cidadania ativa em um Estado Democrático, que dá aos deveres fundamentais o reconhecimento da participação dos cidadãos na vida pública com um conteúdo de dever jurídico.

No terceiro capítulo, ressalta-se a importância da educação para a viabilidade de um desenvolvimento sustentável. Aborda-se o desenvolvimento sustentável em suas três dimensões e a necessidade de manter o equilíbrio entre cada uma delas. Nesse sentido, a sustentabilidade se traduz em desenvolvimento ambientalmente correto, socialmente justo e economicamente viável. A educação passa a ser um bem de preocupação geral, reconhecida como direito humano e uma ferramenta para o desenvolvimento sustentável, estando na pauta de todos os países e dos tratados internacionais. Uma população mais instruída, isto é, mais consciente do seu papel no mundo, adota práticas sociais e ambientais saudáveis, assim como forma uma cultura de sustentabilidade.

No Capítulo 4, analisa-se o marco constitucional da universalização da educação básica no Brasil e no mundo, além da imprescindibilidade de uma educação de qualidade, com destaque à educação infantil, por representar a primeira e mais importante etapa do processo educacional. São apresentados ainda um panorama da realidade educacional nacional, as causas e as consequências de sua baixa qualidade, que resultam em um círculo vicioso de desigualdade social e de atraso no desenvolvimento econômico.

No Capítulo 5, por fim, são abordados os efeitos da omissão do Estado na prestação da educação, assim como o direito fundamental à boa administração pública, como instrumento contra a inoperância do Estado. Busca-se igualmente avaliar novas formas de gestão pública, com o fim de resolver os conflitos por meio de uma gestão compartilhada no Estado Constitucional.

Em outras palavras, o objetivo do presente estudo é defender uma nova postura conceitual de Estado/Administração, como garantidor eficiente e eficaz das prestações, associadas à tutela dos direitos fundamentais. Para tanto, há urgência na erradicação do analfabetismo, na universalização do acesso à educação básica e na melhoria da qualidade do ensino no cenário do Estado Constitucional contemporâneo, como ferramenta para a viabilidade da democracia participativa e a formação de uma cultura de sustentabilidade. A educação, em uma sociedade desigual, mais do que um direito, pode resgatar dignidades, favorecer o desenvolvimento do potencial humano (dimensão subjetiva) e da própria sociedade (dimensão objetiva).

CAPÍTULO 1

O DIREITO FUNDAMENTAL À EDUCAÇÃO

Sumário: 1.1 A conformação conceitual do direito à educação – **1.2** A evolução histórica da educação básica no Brasil – **1.3** Normas do direito à educação no Brasil – **1.3.1** A Constituição Cidadã – **1.3.2** A Lei de Diretrizes e Bases da Educação Nacional – **1.3.3** O Estatuto da Criança e do Adolescente – **1.4** Do alcance, contido na norma constitucional, do direito à educação – **1.4.1** A eficácia, a efetividade e a fundamentalidade – **1.4.2** O direito à educação e o seu alcance na doutrina e na jurisprudência como direito subjetivo público

1.1 A conformação conceitual do direito à educação

O termo "educação" surge no início do século XVI. Os iluministas lhe davam o sentido etimológico *educere*, que significa "fazer sair", "tirar para fora". Mas a verdadeira etimologia do termo "educação" é *educare*,[1] derivado do latim, cujo significado é criar, alimentar, ter cuidado com, formar, instruir e produzir.[2]

Uma vez que a educação representa o núcleo das questões abordadas neste estudo, é oportuno esclarecer em que ela consiste e qual o seu conceito dentro do sistema jurídico e do atual contexto social. Por certo, conceituá-la significa justificar o tema desta pesquisa. Para tanto, serão apresentados alguns conceitos a serem analisados em busca de respostas, para compreender-se a educação como um direito e justificar a sua fundamentalidade no Estado Constitucional contemporâneo.

---

[1] ARÉNILLA, Luis *et al. Dicionário de pedagogia*. Lisboa: Instituto Piaget, 2000. p. 168.

[2] *"educe - are*, verbo transitivo indireto, cujo sentido próprio: I) Criar, (CÍC. lae. 75). II – Sent. figurado: I) Educar, instruir, ensinar (Cic. Rep. 1, 8). 3) Produzir (Ov. Met. 8,832)" (MACHADO, José Pedro. *Dicionário etimológico da língua portuguesa*: com a mais antiga documentação escrita e conhecida de muitos dos vocábulos estudados. São Paulo: Livros Horizonte, 2003. p. 370. (v. 2, C-E); FARIA, Ernesto. *Dicionário escolar latino português*. Rio de Janeiro: FAE, 1994. p. 189).

Por conseguinte, procura-se a superação das conceituações que dão maior ênfase à dimensão subjetiva da educação, voltada exclusivamente ao indivíduo e aos benefícios diretos a ele agregados. Assim, conceitua-se o direito à educação, tendo por base o art. 205 da CF, que a identifica como um processo formativo que visa ao pleno desenvolvimento da pessoa humana, o seu preparo para o exercício da cidadania e a sua qualificação para o mundo do trabalho.[3] Daí a razão de ser do conceito de educação, contido na ordem constitucional e na Lei de Diretrizes Básicas de 1996, que une à dimensão subjetiva da educação uma dimensão objetiva. A sua efetividade busca o desenvolvimento individual e social da pessoa, priorizando, todavia, o aprimoramento como pessoa humana, preservando, sobretudo, a sua dignidade e liberdade, incorporadas às ideias de cidadania e cultura.

Com base nessa perspectiva mais ampla, a educação define-se "como o conjunto dos processos geralmente dirigidos pelos adultos que, voluntária e intencionalmente, desenvolvem as potencialidades do ser humano para o levar a desempenhar um papel ativo e responsável na sociedade em que vive".[4] O ser humano se desenvolve inserido na sociedade,[5] pois, ao mesmo tempo em que é influenciado, ele exerce a sua influência dentro do corpo social. O seu desenvolvimento como ser individual e social deve resultar em autonomia e capacitação para viver na sociedade, como cidadão livre e igual.

O Ministério da Educação e Cultura adota essa posição conceitual mais abrangente, entendendo a educação como um processo de desenvolvimento de aptidões, de atitudes e de outras formas de conduta exigidas pela sociedade. É um processo multidisciplinar que visa à formação integral de uma pessoa para o atendimento às necessidades e às aspirações de natureza pessoal e social.[6]

---

[3] "Título I – Da Educação Art. 1º. A educação abrange os processos formativos que se desenvolvem na vida familiar, na convivência humana, no trabalho, nas instituições de ensino e pesquisa, nos movimentos sociais e organizações da sociedade civil e nas manifestações culturais" (BRASIL. *Lei de Diretrizes Básicas da Educação Nacional (LDB)*. Lei nº 9.394, de 20 de dezembro de 1996).

[4] ARÉNILLA, Luis *et al*. *Dicionário de pedagogia*. Lisboa: Instituto Piaget, 2000. p. 168.

[5] "Uma das necessidades básicas do homem consiste na sua natural predisposição para viver em sociedade, isto é, a compartilhar sua existência com outras pessoas semelhantes a ele. Porém, ao mesmo tempo, diferentes em vários aspectos. Para que tal convívio seja pacífico e produtivo para todos há de ser racionalmente organizado" (GOMES, Sergio Alves. O princípio constitucional da dignidade da pessoa humana e o direito fundamental à educação. *Revista de Direito Constitucional e Internacional*, São Paulo, ano 13, n. 51, p. 55, abr./jun. 2005).

[6] BRASIL. Ministério da Educação e Cultura. *Serviço de estatística educacional*. Cuiabá: SEC/MT; Rio de Janeiro: FENAME, 1981. 144 p.

Sobre o tema, destacam-se as pertinentes observações, expostas por Sérgio Guerra Duarte, que diz:

As conceituações tradicionais de Educação em geral se referem aos aspectos de sua prática ligados exclusivamente aos sujeitos da educação, ao seu aprimoramento individual e ao alcance de certos ideais morais e intelectuais tidos como superiores, independente de tempo e lugar. Conceituações mais recentes, sobretudo a partir de Durkheim,[7] consideram a educação como dependente das condições sociais, que variam segundo o país e a época.[8]

Portanto, o direito à educação não deve ter como finalidade apenas o desenvolvimento da pessoa para atingir às condições exigidas pela sociedade ou pelo mercado. O ser humano é fonte inesgotável de crescimento e expansão no plano intelectual, físico, espiritual, moral e social. Logo, a educação deve ter como escopo o oferecimento de condições formais e materiais para o desenvolvimento pleno destas inúmeras capacidades, em busca do aprimoramento individual, em condições de liberdade e dignidade. A partir daí, a educação tem que fomentar valores de cidadania,[9] participação social e econômica, pois, no Estado Social, a proteção do direito individual faz parte do bem comum.[10]

Observa-se que há uma nova visão da educação decorrente das constantes mudanças operadas na sociedade, sendo incontroverso que esta é um requisito indispensável ao exercício da cidadania. Por meio da educação e do exercício da cidadania, o indivíduo compreende o alcance de suas liberdades, a forma de exercício de seus direitos e a importância de seus deveres, permitindo a sua integração em uma democracia efetivamente participativa.

Disciplinado e interpretado,[11] em consonância com os fundamentos do Estado Constitucional brasileiro, o direito à educação passou

---

[7] Para o autor, "longe de ser uma abstração, a sociedade é um ser real, tem natureza e personalidades próprias. Seus fins não se confinam à esfera estreita dos interesses coletivos, como querem os utilitaristas" (DURKHEIM, Émile. *Ética e sociologia da moral*. 2. ed. São Paulo: Landy, 2006. p. 105-106).

[8] DUARTE, Sérgio Guerra. *Dicionário brasileiro de educação*. Rio de Janeiro: Antares: Nobel, 1986. p. 175.

[9] BOBBIO, Norberto. *A era dos direitos*. 4. ed. Rio de Janeiro: Elsevier, 2004.

[10] BUCCI, Maria Paula Dallari. *Políticas públicas*: reflexões sobre o conceito jurídico. São Paulo: Saraiva, 2006. p. 271.

[11] No Estado Constitucional, Juarez Freitas, com muita propriedade, ressalta que "toda interpretação sistemática é interpretação Constitucional". E completa ao sugerir que: "A sistemática interpretação da Lei fundamental supõe, assim, uma consideração unitária e aberta

a ser mensurado como um valor de cidadania e dignidade da pessoa humana, itens essenciais ao Estado Democrático de Direito. É o direito à educação, além disso, a condição para a realização dos ideais da República de construir uma sociedade livre, justa e solidária, nacionalmente desenvolvida, com erradicação da pobreza, da marginalização e das desigualdades sociais e regionais, livre de quaisquer formas de discriminação.[12]

Pode-se afirmar que, dentre os direitos sociais, elencados na Constituição Federal, a educação se qualifica como um dos mais relevantes dos direitos fundamentais, e a sua concretização visa à garantia de igualdade de oportunidades, reconhecida como condição da democracia. A posição adotada está em sintonia com a corrente doutrinária da eficácia direta e a aplicabilidade imediata do direito fundamental à educação, tema que será desenvolvido a seguir.

Sendo assim, a educação se qualifica como um processo de aprendizagem permanente, para o desenvolvimento de habilidades, competências e da capacidade de aprender, visando à formação integral da pessoa, com o propósito de atender às necessidades e aspirações de natureza individual e social. Nesse sentido, a educação, como direito fundamental, abrange uma dimensão subjetiva e objetiva, tendo como objetivo constitucional o desenvolvimento da pessoa, o seu preparo para o exercício da cidadania e a sua qualificação para o trabalho.

1.2 A evolução histórica da educação básica no Brasil

O reconhecimento da importância da educação para a formação da pessoa humana e da pessoa como um ser social é muito antigo, todavia a sua afirmação, como direito de reconhecida fundamentalidade, é muito recente na história da humanidade. Os movimentos históricos, a seguir desenvolvidos, destinam-se a uma melhor compreensão da evolução da educação como um direito, mais especificamente, buscam compreender as razões pelas quais, até o presente, a universalização da educação básica ainda não é uma realidade concreta no Brasil.

A educação formal foi introduzida no Brasil Colônia pelos jesuítas. O primeiro colégio foi fundado em Salvador, durante o primeiro governo-geral de Tomé de Souza, em 1549. Nesse primeiro momento, a

---

que reconheça suas disposições sob o prisma dos nunca inteiramente inócuos princípios superiores. Há, como afirmado, eficácia direta e imediata, no núcleo essencial, de todos os princípios fundamentais" (FREITAS, Juarez. *A interpretação sistemática do direito*. 4. ed. rev. e ampl. São Paulo: Malheiros, 2004. p. 183).

[12] CF., art. 3º.

educação seguia os moldes da Igreja Católica, estimulando a catequese, com a finalidade de converter os índios ao Cristianismo.[13] Esse modelo de sistema educacional em padrões religiosos se manteve por todo o período colonial e Brasil Império. Os poucos estabelecimentos de ensino existentes acabaram recebendo apenas filhos de famílias mais abastadas, e esta característica elitista foi marcante nas políticas de educação nacional até o século XX.

O tratamento do Estado, dispensado à educação durante o Império, foi bastante reduzido e reproduziu o entendimento da época de que a educação ficava a cargo, preponderantemente, da família e da Igreja.[14] Na maioria das vezes, nas famílias mais nobres, o ensino era ministrado nas residências por professores trazidos da Europa, justamente para este fim. Nesse período histórico, a educação se restringia a um pequeno grupo privilegiado da sociedade, e não havia, ainda, uma consciência coletiva da sua dimensão subjetiva e objetiva, como um direito fundamental e universal.

Até o século XVIII, a educação foi um privilégio das elites e de alguns segmentos da população. Na civilização euro-ocidental, a extensão da instrução básica, como um direito de todos, e a expansão da educação pública propiciaram as grandes transformações econômicas e sociais nos dois últimos séculos.[15] Já no caso do Brasil, conforme será a seguir demonstrado, essa realidade se desenvolveu tardiamente, o que pode ser entendido, uma vez que a história da humanidade não é caracterizada como um processo uniforme, linear e contínuo e, sim, por avanços e retrocessos, identificados, em cada local, por diferentes fenômenos, conforme a sua realidade geográfica, cultural e histórica.

A educação, como um direito, visando ao atendimento de crianças em instituições especializadas, assim como os demais direitos sociais, tem origem com as mudanças sociais e econômicas, ocorridas no período das revoluções industriais em todo o mundo. Naquele momento, as mulheres deixaram os seus lares para entrarem no mundo do trabalho. Atrelado a esse fato, sob pressão dos trabalhadores urbanos que viam nas creches um direito seu e de seus filhos por melhores condições de vida, deu-se início ao atendimento da educação infantil.

---

[13] LIMA, Maria Cristina de Brito. *A educação como direito fundamental*. Rio de Janeiro: Lumen Juris, 2003. p. 5.

[14] MALISKA, Marcos Augusto. *O direito à educação e a Constituição*. Porto Alegre: Sergio Antonio Fabris, 2001. p. 21.

[15] SOUZA, Paulo Renato. *A revolução gerenciada*: educação no Brasil, 1995-2002. São Paulo: Prentice Hall, 2005. p. 1.

A análise do sistema educacional brasileiro no século XIX é precária, tendo em vista a escassez de relatos, relatórios e estatísticas deste período histórico. Isso se justifica, em parte, pela extensão territorial e pelas políticas centralizadas do Império que dificultavam, em muito, uma análise mais global das ações na área da educação. Mesmo diante da referida escassez, podemos citar um dos primeiros trabalhos publicados sobre a educação brasileira, o de José Liberato Barroso.[16] Neste, o autor analisa vários aspectos da educação imperial, tendo como base desde aspectos teóricos, mais vinculados à teoria e prática pedagógica, até elementos descritivos e de cunho eminentemente estatísticos. O autor manifestava uma preocupação especial com o ensino primário, mormente no sentido de propor a criação de um sistema educacional mais uniforme em todo o império neste grau. Dizia que:

> Todo o edifício do desenvolvimento democrático será um edifício construído na areia sem o melhoramento do ensino público. Se há para os grandes pensadores da humanidade um terreno próprio a ser explorado é o das escolas primárias.[17]

Uma vez que o sufrágio universal é o instrumento, utilizado para o exercício da democracia, o autor já defendia ser indispensável que cada eleitor recebesse uma boa instrução e afirmava que um bom ensino primário seria a melhor garantia contra a anarquia. Propunha que a "regeneração nacional" só seria possível com o desenvolvimento da instrução pública.[18] Manifestava seu desejo para que "[...] a par do desenvolvimento material, caminhasse o desenvolvimento intelectual e moral do país".[19]

Neste período histórico, as ideias republicanas já norteavam muitos pensadores da época, e Barroso defendia uma instrução pública nacional, tendo como base a instrução primária, com a finalidade de atingir o maior número possível de pessoas, impingindo-lhe um caráter universal. Para ele, a instrução traria a liberdade intelectual e o progresso da Nação, além da "harmonia e do equilíbrio dos interesses sociais". Cabe ressaltar o quanto as suas reflexões são atuais e já demonstravam a necessidade de se instituir a universalização da educação básica no

---

[16] TAMBARA, Eliomar; ARRIADA, Eduardo (Org.). *A instrução pública no Brasil*: pelo Conselheiro Doutor José Liberato Barroso, 1867. Pelotas: Seiva, 2005. p. 12. (Série Filosofia e História da Educação, II).

[17] *Ibidem*, p. 12.

[18] *Ibidem*, p. 12.

[19] *Ibidem*, p. 18, 23, 31.

país como um dos instrumentos para o desenvolvimento econômico e social. Para a época, as suas afirmações eram inovadoras, pois, durante este período imperial, o acesso à instrução era privilégio de uma elite, o exercício da cidadania era limitado, e o instituto da representação praticamente inexistia, já que o sistema eleitoral era censitário e indireto. No Brasil Imperial, a obra de maior expressão sobre o sistema de ensino foram os pareceres de Rui Barbosa. Por questões políticas, as suas ideias não prosperaram, entretanto, inspiraram a LDB de 1961, primeira lei que estabeleceu as diretrizes e bases do ensino em nível nacional. Nos pareceres, Rui Barbosa elaborou uma proposta para organizar e sistematizar a educação nacional, propondo a reforma do ensino primário e sugerindo a criação de um sistema de ensino que definisse as competências e a atuação de cada esfera pública na prestação dos serviços educacionais. Os seus pareceres sugeriam meios para melhorar as condições do ensino, desde as instalações da escola à necessidade do ensino do desenho, para ser instrumento da escrita na caligrafia, e o ensino da leitura. Ele defendia a escola em tempo integral e pregava a secularização e a escola laica, imune a toda influência de seita, podendo haver escola pública e privada. Com a proclamação da República, Benjamin Constant, na corrente das ideias positivistas, que garantia uma série de privilégios à Igreja Católica, neutralizou os pareceres de Rui Barbosa, e as suas propostas foram taxadas de "regalistas"[20] e conservadoras.

As ideias positivistas[21] estavam influenciando de forma significativa parte da elite brasileira no final do século XIX. Essa ideologia pretendia representar um processo de renovação à ordem monárquica existente. Serviu como fator de aglutinação aos setores interessados em uma nova ordem social e crente da necessidade de apressar o desenrolar da história. Foi na área da educação que o positivismo, no Brasil, obteve maior penetração, em provável reação ao tipo de educação predominante, com características jesuíticas. Pregavam as escolas livres, sem a obrigatoriedade de frequência, não admitiam a ingerência do

---

[20] O projeto do Governo Provisório instituiria, em relação à Igreja Católica, uma pressão intolerável. Expulsava a Companhia de Jesus e tornava obrigatório o casamento civil antes da cerimônia religiosa. Graças à propaganda positivista, todas estas medidas regalistas foram suprimidas, e houve o reerguimento institucional da Igreja Católica [TAMBARA, Eliomar. *Educação e positivismo no Brasil*. Rio de Janeiro: Vozes, 2004. p. 175. (Histórias e Memórias da Educação no Brasil, v. 2)].

[21] Sobre a influência francesa no positivismo brasileiro, o autor assevera que: "Sem dúvida, entre os positivistas do século XIX, as idéias de Augusto Comte (1798-1857) tiveram maior penetração nas elites brasileiras da época" (*Ibidem*, p. 175).

Estado na educação e faziam resistência à obrigatoriedade do ensino.[22] Nesse período, houve uma abertura às escolas confessionais, bem como a implementação de um ensino de caráter técnico nos estabelecimentos, sob a orientação positivista.

Como se pode depreender, o atraso educacional no Brasil tem as suas raízes na formação histórica do país, desde o período colonial. O colonialismo português não se preocupou com o tema "educação básica" e "instrução pública universalizada". O mesmo não ocorreu na América do Norte, nas colônias; desde a sua fundação, houve uma preocupação com o ensino básico e o ensino superior, resultando na organização de um sistema público de instrução amplo e eficiente, que resultou em um desenvolvimento socioeconômico mais equilibrado, sem tantas desigualdades sociais.[23]

A partir de 1889, com a proclamação da República, inaugurou-se uma nova fase no constitucionalismo brasileiro, que, influenciado pelo modelo norte-americano, pretendeu transformar o Brasil em um Estado Federativo Democrático, superando as amarras da Monarquia e o fim dos privilégios honoríficos. O direito à educação deixou os moldes da Igreja, dando ênfase ao caráter laico[24] e descentralizado[25] do ensino nos estabelecimentos públicos. Cabe ressaltar que os estabelecimentos públicos eram frequentados por uma minoria e não tinham um caráter popular, eram públicos porque financiados pelo governo. Um exemplo é o Colégio Pedro II,[26] criado durante o Império e até hoje

---

[22] "A reforma de Rivadávia Correia (decreto de 05/04/1911) no Rio Grande do Sul instituiu o regime do livre ensino e subtraiu ao Estado a interferência no domínio da educação e, promulgando a autonomia das congregações, despojou o Governo do direito de se imiscuir na economia interna dos institutos superiores" [TAMBARA, Eliomar. *Educação e positivismo no Brasil*. Rio de Janeiro: Vozes, 2004. p. 175. (Histórias e Memórias da Educação no Brasil, v. 2)].

[23] SOUZA, Paulo Renato. *A revolução gerenciada*: educação no Brasil, 1995-2002. São Paulo: Prentice Hall, 2005. p. 25.

[24] Constituição de 1891 – "Art. 72 – A Constituição assegura a brasileiros e estrangeiros residentes no país a inviolabilidade dos direitos concernentes à liberdade, à segurança individual e à propriedade, nos termos seguintes: §6º será leigo o ensino ministrado nos estabelecimentos públicos".

[25] Constituição de 1891 – CAPÍTULO IV "Art. 35 – Compete privativamente ao Congresso Nacional: – Incumbe, outrossim, ao Congresso, mas não privativamente: 2º) animar no País o desenvolvimento das letras, artes e ciências, bem como a imigração, a agricultura, a indústria e comércio, sem privilégios que tolham a ação dos Governos locais; 3º) criar instituições de ensino superior e secundário nos Estados; 4º) prover a instrução secundária no Distrito Federal".

[26] A Constituição Federal de 1988, em seu art. 242, §2º, estabelece que o Colégio Pedro II será mantido na órbita federal. Ainda hoje é um estabelecimento de ensino de referência do ensino público de qualidade.

em funcionamento, foi símbolo de prestígio social para a elite que o frequentava, na certeza de seu padrão de excelência.[27]

O descaso com a educação popular fica evidenciado por meio dos índices de analfabetismo, registrados no final do século XIX, a maior parte da população brasileira, quase 80%, era analfabeta. Um dos fatores que contribuiu para o alto índice de analfabetismo no Brasil, nessa época, foi a escravidão, já que a massa da população trabalhadora vinha da mão de obra escrava. Esta parcela da população não "existia" em matéria de direitos e educação, e, mesmo após o fim da escravatura, não integrou os projetos nacionais de educação pública.[28]

O período republicano é marcado por alguns avanços e retrocessos em relação ao direito à educação. Se, por um lado, a Constituição republicana instituiu a obrigatoriedade do ensino primário, por outro lado, se omitiu em relação à gratuidade, prevista na Constituição do Império. Ainda que tenha assumido a responsabilidade pela instrução pública, na prática, a descentralização do sistema de ensino, consagrada na Carta de 1891, acentuou as desigualdades regionais e não contribuiu para a criação de um sistema educacional nacional que fosse capaz de responder pela demanda de educação nas décadas de 1910 e 1920. Não havia um real compromisso da Administração Pública nacional com os direitos sociais; a Constituição continha apenas normas programáticas que não tinham força normativa de direito subjetivo público, trazendo somente uma dimensão objetiva do direito à educação. Mudou-se a forma de Estado e de Governo, entretanto as linhas mestras do paradigma liberal mantiveram-se inalteradas.

Pela Carta de 1891, só os alfabetizados podiam votar. Essa restrição de eleitores, provocada pelo alto índice de analfabetismo, acabou funcionando como uma forma de pressão por uma política em favor da alfabetização. Por este motivo, alguns intelectuais da época empunharam a educação como bandeira civilizadora de transformação do Brasil.

---

[27] BOMERY, Helena. *Os intelectuais da educação*. Rio de Janeiro: Jorge Zahar, 2001. p. 18.

[28] Sobre isso, o autor assevera que, ainda nos anos 30, a escravidão era um dos fatores que contribuiu para o alto grau de analfabetismo no Brasil. "A escravidão tinha sido abolida havia apenas 42 anos. E todos sabemos que a escravidão significou, além da negação do ser humano, a negação do acesso ao saber para uma imensa parcela da população brasileira. No próprio debate parlamentar sobre o fim do regime escravocrata, os seus últimos defensores alegavam, entre os derradeiros argumentos, que o Estado não teria meios financeiros para assumir a responsabilidade de educar as crianças negras. E, assim, foram eles, os negros, ex-escravos e os seus descendentes, a primeira grande massa de brasileiros excluídos" (SOUZA, Paulo Renato. *A revolução gerenciada*: educação no Brasil, 1995-2002. São Paulo: Prentice Hall, 2005. p. 26).

Mesmo com a abolição do voto censitário e a adoção do sufrágio universal, a instrução era condicionante para o exercício desse direito político. Conforme foi exposto, 80% da população nacional eram analfabetos, sendo assim, ainda era uma minoria que escolhia os governantes e decidia o futuro da nação. A falta de instrução generalizada foi um dos fatores impeditivos para que o país integrasse a maior parte da população aos seus projetos de industrialização e desenvolvimento. Portanto, o déficit educacional acompanhou de perto a má distribuição de renda e as desigualdades sociais no Brasil, e uma parcela muito pequena da sociedade controlou historicamente os recursos e usufruiu convencionalmente dos benefícios da instrução.

É através da educação e da formação básica que se desenvolvem as habilidades, as competências e as capacidades de interação dos indivíduos. Esta é a razão de sua importância no processo educativo da pessoa que, emancipada e autônoma, poderá fazer as suas próprias escolhas de forma mais consciente. Algumas poucas vozes da elite nacional entendiam que este era o caminho pelo qual a sociedade brasileira alcançaria a formação da massa da população e um desenvolvimento socioeconômico equilibrado. Havia a necessidade imediata de uma rede pública de ensino que desse prioridade à educação básica, capaz de abarcar a maioria das crianças em idade escolar. Desse modo, o governo republicano demonstrava a sua incapacidade de criar mecanismos para incorporar os seus cidadãos na vida comunitária. Como já foi referido, mudou-se a forma de Estado e de Governo, mas as linhas mestras do paradigma liberal mantiveram-se inalteradas. O alto índice de analfabetismo e o atraso brasileiro, frente às nações prósperas, justificavam a pressão por um investimento mais sistemático na educação.

A comparação com as civilizações modernas e a ideia de progresso acabou sinalizando que as políticas públicas deveriam acelerar a profissionalização da população para alcançar esses objetivos, e os investimentos em educação acabaram se concentrando na criação e no aprimoramento de escolas técnicas e do ensino profissional. Mais uma vez, a promoção da educação básica foi preterida por outros interesses, e o Estado não elaborou um projeto de instrução pública, englobando a maioria da população em idade escolar.[29]

Até 1920, as instituições de ensino apresentavam um caráter exclusivamente filantrópico, caracterizado por seu restrito e difícil acesso, oriundo do período colonial e imperialista da história do Brasil. Não

---

[29] BOMERY, Helena. *Os intelectuais da educação*. Rio de Janeiro: Jorge Zahar, 2001. p. 18.

havia um projeto nacional de universalização da instrução pública, e a oferta da rede oficial de ensino estava longe de atingir a população em idade escolar. Sendo assim, a partir de 1920, iniciou-se uma mobilização mais consistente em torno de projetos e alternativas de reformulação do quadro social e educacional do país.

Já o direito à educação teve uma transformação significativa e definitiva a partir da década de 1930, quando foram iniciados movimentos sociais na defesa da democratização do ensino. Educação significava possibilidade de ascensão social e era defendida como direito de todas as crianças, consideradas como iguais. Por conseguinte, uma política educacional consistente, com a organização de um sistema público de instrução mais abrangente passou a ser prioridade no país a partir de 1930.

A Constituição de 1934 e a criação do Ministério da Educação e da Saúde Pública em 1930 representam um avanço para a educação no Brasil. Mesmo assim, o órgão público era responsável pelo desenvolvimento de atividades pertinentes a vários setores, como saúde, esporte, educação e meio ambiente. Antes da criação do referido ministério, os assuntos ligados à educação eram tratados pelo Departamento Nacional do Ensino, vinculado ao Ministério da Justiça. Ainda assim, não havia um órgão responsável somente pela educação. Nesse período, ainda era privilégio de poucos o acesso à educação e saúde, e o analfabetismo atingia mais de 60% da população brasileira com mais de 15 anos de idade.[30]

As dimensões continentais e a economia, essencialmente agrária, eram fatores que contribuíam para esta realidade, mas o fato é que, desde a sua formação, nunca houve no Brasil uma preocupação real dos governantes e das elites em investir na educação pública de caráter universal, pois, até então, a educação era elitista e excludente.

Em 1932, Fernando de Azevedo lançou o Manifesto dos Pioneiros da Educação Nova. Esse documento foi redigido e assinado por outros conceituados educadores da época, entre eles, Anísio Teixeira, e refletia a preocupação destes intelectuais em elaborar um programa de política educacional amplo e integrado. O manifesto propunha que o Estado organizasse um plano geral de educação e definisse a bandeira de uma escola única, pública, laica, obrigatória e gratuita. A Igreja ainda ocupava um espaço significativo no sistema educacional do país e

---

[30] "Contrastando com outros países do continente americano e seguindo a trajetória colonial, a elite brasileira nunca se preocupara realmente em educar as massas, em investir na educação pública de caráter universal" (SOUZA, Paulo Renato. *A revolução gerenciada*: educação no Brasil, 1995-2002. São Paulo: Prentice Hall, 2005. p. 26).

era concorrente do Estado na área da educação, por isto fazia forte resistência às ideias contidas no manifesto e influenciava boa parte das decisões políticas em relação à educação, como, por exemplo, privilegiar o ensino particular. Mesmo assim, o documento teve grande repercussão e motivou uma campanha que resultou na inclusão de um artigo específico na Constituição brasileira de 16 de julho de 1934. O art. 150 declarava ser competência da União "fixar o plano nacional de educação, compreensivo do ensino de todos os graus e ramos, comuns e especializados; e coordenar e fiscalizar a sua execução, em todo o território do País". Atribuía, em seu art. 152:

> Art. 152. Competência precípua ao Conselho Nacional de Educação, organizado na forma da lei, a elaborar o plano para ser aprovado pelo Poder Legislativo, sugerindo ao Governo as medidas que julgasse necessárias para a melhor solução dos problemas educacionais bem como a distribuição adequada de fundos especiais.

Todas as Constituições posteriores, com exceção da Carta de 1937, incorporaram, implícita ou explicitamente, a ideia de um Plano Nacional de Educação. Havia, subjacente, o consenso de que o plano devia ser fixado por lei. A ideia prosperou e nunca mais foi inteiramente abandonada. O primeiro Plano Nacional de Educação surgiu em 1962, elaborado já na vigência da primeira Lei de Diretrizes e Bases da Educação Nacional, Lei nº 4.024, de 1961.

A Carta Constitucional de 1934, por sua vez, influenciada pela Carta constitucional de Weimar,[31] inaugura, com a nova Declaração de Direitos, o Estado Social brasileiro, com a inserção de títulos relativos à ordem econômica e social, à família, à educação[32] e à cultura, enfim, à

---

[31] "Os princípios e as normas educativo-culturais foram elevados à categoria de direitos constitucionais com a Constituição Mexicana de 1917 (art. 3º) e, logo após, com a Constituição Russa, de 1919 (art. 17). Em 1919, com a Constituição de Weimer (arts. 142-150), tiveram o merecido desenvolvimento. [...] A Constituição alemã espiritualizava-se e liberalizava-se: admitia o ensino livre à iniciativa particular (art. 145) e tornava gratuito o ensino primário e profissional (art. 145); e o ensino religioso facultativo (art. 149. [...] A Constituição Brasileira de 1934 adotou a técnica de Weimar, abrindo um capítulo especial para tratar da 'Educação e da Cultura', em longos e minuciosos artigos" (JAQUES, Paulino. *Curso de direito constitucional*. 5. ed. Rio de Janeiro: Forense, 1967. p. 267-268, *apud* MALISKA, Marcos Augusto. *O direito à educação e a Constituição*. Porto Alegre: Sergio Antonio Fabris, 2001. p. 25).

[32] "[...] As mulheres votaram pela primeira vez, o que fez do Brasil um dos pioneiros do voto feminino em todo o mundo. Todos esses fatores apontam para o sentido eminentemente social da Constituição de 1934. Seguindo uma tendência européia do pós-guerra, mas que, na verdade, só iria se firmar definitivamente ao término da Segunda Grande Guerra, alguns dos preceitos do chamado 'Welfare State' foram consagrados no texto. Pela primeira vez na história constitucional brasileira, considerações sobre a ordem econômica e social

positivação de direitos sociais. A nova ordem constitucional abandonou, assim, a citada característica descentralizadora da primeira Constituição republicana de 1891, assumindo, portanto, a tarefa de realizar um projeto de educação nacional, traçando, em seu texto constitucional, as diretrizes do novo sistema educacional brasileiro. Não há dúvida de que ela representou um passo adiante no processo de modernização do ensino e foi a pioneira e mais rica Constituição brasileira no que diz respeito à educação. Pela sua importância, muitos dos princípios nela inseridos vigoram até hoje na ordem constitucional.

Embora constasse no texto constitucional a gratuidade do ensino primário, a educação básica ainda não era prioridade e não tinha um caráter universal. Esta não recebia do Estado um tratamento especial e objetivo, com uma política educacional capaz de abarcar a maioria do alunado e erradicar o analfabetismo — problema que afetava o próprio desenvolvimento da Nação. Prova disso é que, de 1934 a 1945, o então ministro da Educação e Saúde Pública, Gustavo Capanema Filho, promoveu uma gestão marcada pela reforma dos ensinos secundário e universitário, deixando de dar a devida atenção à educação básica. Em 1942, sob o regime do Estado Novo, Capanema editou as Leis Orgânicas do Ensino[33] e promoveu a reforma de alguns ramos do ensino. O ensino ficou composto, neste período, por cinco anos de curso primário, quatro de curso ginasial e três de colegial, podendo ser na modalidade clássico ou científico. O ensino colegial perdeu o seu caráter propedêutico, de preparatório para o ensino superior, e passou a preocupar-se mais

---

estiveram presentes. [...] O deputado Prado Kelly foi, em larga medida, o responsável pela inclusão de um outro item social até então inédito: um capítulo especial sobre a educação" (BONAVIDES, Paulo; ANDRADE, Paes de. *História do constitucionalismo do Brasil*. 2. ed. Brasília: Paz e Terra Política, 1990. p. 319).

[33] As leis Orgânicas do Ensino eram compostas por um conjunto de decretos-leis: o Decreto-Lei nº 4.048, de 22 de janeiro, criou o Serviço Nacional de Aprendizagem Industrial (SENAI). O Decreto-Lei nº 4.073, de 30 de janeiro, regulamentou o ensino industrial. O Decreto-Lei nº 4.244, de 9 de abril, regulamentou o ensino secundário. O Decreto-Lei nº 4.481, de 16 de julho, dispôs sobre a obrigatoriedade de os estabelecimentos industriais empregarem um total de 8%, correspondente ao número de operários, e matriculá-los nas escolas do SENAI. O Decreto-Lei nº 4.436, de 7 de novembro, ampliou o âmbito do SENAI, atingindo, também, o setor de transportes, das comunicações e da pesca. O Decreto-Lei nº 4.984, de 21 de novembro, compeliu as empresas oficiais, com mais de cem empregados, a manter, por conta própria, uma escola de aprendizagem destinada à formação profissional de seus aprendizes. Em 1943, foi baixado o Decreto-Lei nº 6.141, regulamentando o ensino comercial (observação: o Serviço Nacional de Aprendizagem Comercial – SENAC só foi criado em 1946, após, portanto, o período do Estado Novo). Em 1944, começou a ser publicada a *Revista Brasileira de Estudos Pedagógicos*, órgão de divulgação do Instituto Nacional de Estudos Pedagógicos (INEP). *In*: *História da educação*: período do Estado Novo (1937-1945). Disponível em: <http://www.pedagogiaemfoco.pro.br/heb08.htm>. Acesso em: 28 nov. 2010.

com a formação geral. Apesar desta divisão do ensino secundário, entre clássico e científico, a predominância recaiu sobre o científico, reunindo cerca de 90% dos alunos do colegial.[34] Em 1953, foi criado o Ministério da Educação e Cultura, desmembrando-se da saúde, mas, somente em 1995, a instituição passou a ser responsável apenas pela área da educação.

As escolas públicas dos anos 50 e 60 foram o resultado da grande ênfase dada, ainda nos anos 30, à construção de um sistema educacional público de qualidade, cujo acesso era apenas dos filhos das classes média e alta da sociedade. Neste período, mais de 40% das crianças de sete a 14 anos estavam fora da escola, e era também de 40% a taxa de analfabetismo no país. A partir dos anos 60, o país expandiu e diversificou o sistema de ensino, ampliou o acesso ao sistema educacional, perdendo, contudo, qualidade na educação básica.[35] A realidade histórica demonstra que a educação era ainda um direito, conferido apenas para uma parcela da população, e a universalização do acesso e da qualidade da educação básica era uma realidade distante.

A baixa escolaridade da média da população e o atraso educacional de décadas explicam, em certa medida, as desigualdades sociais que o desenvolvimento brasileiro não foi capaz de reduzir, devido à péssima distribuição de renda gerada pelo modelo econômico adotado pelo país. Conforme dados referidos por Paulo Renato de Souza, 45% dos chefes de família indigentes nunca frequentaram a escola ou a abandonaram antes de completar um ano de estudo, fato este que confirma a falta de instrução como um dos fatores que contribuem para gerar exclusão social.[36] Ainda hoje, apenas 10% da população detêm metade de toda a riqueza do país, e a renda média destes representa quase 30 vezes a renda média dos 40% mais pobres. As altas taxas de crescimento

---

[34] PILETTI, Nelson. *História da educação no Brasil*. 6. ed. São Paulo: Ática, 1996. p. 90.

[35] Quanto à queda na qualidade da educação básica, o autor assevera que esta "deu-se a partir dos anos 60, em especial no Primeiro e no Segundo graus. Creio que as razões básicas para que isso tivesse ocorrido foram: a) a tentativa (louvável) de ampliar rapidamente a abrangência do sistema, sem que fossem, contudo, colocados os recursos necessários para que esse processo não implicasse a queda de qualidade; b) o aumento vertiginoso na demanda por educação, devido ao acelerado processo de migração e urbanização; e c) a falta de prioridade para a educação pública na destinação de recursos orçamentários em face da política de expansão e ao aumento da demanda. Como consequência, tivemos a queda salarial do magistério, a deterioração da rede física, a deterioração das condições de ensino (laboratórios, bibliotecas, etc.). A escola pública hoje é uma caricatura grotesca do que foi no passado e do seu modelo inspirador — a escola formadora" (SOUZA, Paulo Renato. *A revolução gerenciada*: educação no Brasil, 1995-2002. São Paulo: Prentice Hall, 2005. p. 27).

[36] SOUZA, Paulo Renato. *A revolução gerenciada*: educação no Brasil, 1995-2002. São Paulo: Prentice Hall, 2005. p. 28.

demográfico e o vertiginoso processo de urbanização por que passou o Brasil até o final dos anos 80, sem políticas públicas eficientes, capazes de reorganizar o país, diante desta nova realidade, foram fatores que aprofundaram ainda mais as desigualdades sociais e a precariedade do sistema público de ensino ao atendimento da população de baixa renda. Paulo Renato demonstra que o processo de industrialização, ocorrido no período de 1930 e 1980, promoveu, no país, um desenvolvimento econômico que fez o Brasil crescer de forma notável, ocorre, porém, que não foi capaz de distribuir essa riqueza.[37]

A Constituição de 1988 foi um marco para o direito à educação, tema que merece ser desenvolvido em destaque a seguir. As normas constitucionais ampliaram a autonomia dos Municípios, autorizando que organizassem os seus próprios sistemas educacionais, mas, no entanto, não estabeleceu critérios legais para a divisão de suas funções na prestação da educação, e isto resultou em um sistema caótico de financiamento das redes de ensino. A nova Constituição não solucionou o problema da má distribuição dos recursos para a educação entre os entes federados. Da mesma forma, os mínimos constitucionais, reservados ao investimento em educação, não garantiram a sua aplicação. A instituição da vinculação de 25% das receitas dos Estados e Municípios e de 18% das receitas da União à educação não garantiu o financiamento adequado ao ensino obrigatório, tampouco deu mais transparência e equidade ao gasto público.[38] Esse problema foi mitigado com a criação do FUNDEF e do FUNDEB. O Fundo de Manutenção e Desenvolvimento do Ensino Fundamental e de Valorização do Magistério (FUNDEF) foi criado para atender o ensino fundamental. Os seus recursos vinham das receitas dos impostos e das transferências dos Estados, Distrito Federal e Municípios, vinculados à educação, que

---

[37] O autor assevera que: "É interessante observar que o Brasil desenvolveu uma economia industrial similar à de seus vizinhos latino-americanos com uma estrutura educacional totalmente diversa. Tome-se o caso da Argentina, por exemplo. Em 1960, enquanto o Brasil tinha 40 por cento de analfabetos, a proporção, no caso argentino, era de apenas 9 por cento; em 1980, enquanto um em cada quatro brasileiros era analfabeto, a proporção no país vizinho não alcançava 5 por cento" (*Ibidem*, p. 28-29).

[38] No que tange ao problema da má distribuição e má aplicação dos recursos na educação, mesmo após a promulgação da Carta de 1988, Paulo Renato esclarece que o descumprimento da vinculação constitucional era generalizado. "A lei reservava recursos, mas não introduziu mecanismos de fiscalização e de controle eficiente. [...] Não havia correspondência entre a repartição dos recursos e o número de alunos matriculados. [...] O dinheiro mal repartido significava má qualidade de ensino, baixos salários de professores, altas taxas de repetência, baixos índices de escolaridade e milhões de crianças privadas de estudar" (SOUZA, Paulo Renato. *A revolução gerenciada*: educação no Brasil, 1995-2002. São Paulo: Prentice Hall, 2005. p. 22).

36 Denise Souza Costa
Direito Fundamental à Educação, Democracia e Desenvolvimento Sustentável

vigorou até 2006, quando foi substituído pelo Fundo de Manutenção e Desenvolvimento da Educação Básica e de Valorização dos Profissionais da Educação (FUNDEB). Em 1995, foi elaborado um programa arrojado e amplo, a fim de superar vários obstáculos, existentes no sistema educacional brasileiro. A educação brasileira passou por um profundo processo de reforma política, legal e institucional neste período. Dessa forma, o projeto abarcou problemas históricos em relação à educação básica no Brasil, passando a ser objeto de atenção da Administração Pública federal: a incorporação, em massa, de crianças e jovens ao sistema educacional, a melhoria da qualificação dos professores, a merenda escolar, a distribuição de livros didáticos, a reorganização do sistema de informações educacionais, os parâmetros curriculares nacionais para agir sobre a qualidade do ensino, o incentivo às políticas de promoção automática dos alunos para acertar os cortes de idade, a criação de redes de ensino à distância, a reforma do ensino médio, inclusive remodelando a visão da educação profissional e a descentralização administrativa para ativar os recursos dos Estados e Municípios.

Com isso, operou-se o despertar do Brasil para as questões educacionais de base, finalmente a educação básica passou a ser uma prioridade nas políticas públicas nacionais. Vista de uma perspectiva histórica e no ambiente internacional, a reforma educacional brasileira, implementada nesta fase, foi importante por quatro razões: as dimensões e a diversidade do Brasil; o atraso histórico da educação básica até 1995; a abrangência da reforma, englobando todos os níveis de ensino e o marco institucional geral, bem como a rapidez com que resultados, tanto quantitativos como qualitativos, começaram a aparecer.[39]

Tendo em vista os estudos sobre a história da educação no Brasil desde o período colonial, constata-se que, de fato, se operou uma revolução no sistema educacional brasileiro entre 1995 e 2002, concretizando-se um dos projetos educacionais mais significativos na história da educação básica. Organizou-se, de forma eficiente e eficaz, o sistema nacional de educação como um todo, dando prioridade para o ensino básico e efetivando a universalização do ensino fundamental. A meta estabelecida foi cumprida, já que, em oito anos, a proporção de crianças de sete a 14 anos de idade que frequentam a escola passou de 88 para 97%. Essa incorporação verificou-se claramente nas camadas

---

[39] SOUZA, Paulo Renato. *A revolução gerenciada*: educação no Brasil, 1995-2002. São Paulo: Prentice Hall, 2005. p. 25.

de mais baixa renda e nas áreas mais pobres, reduzindo-se, de forma significativa, as diferenças no acesso à escola entre classes sociais e regiões do país.[40]

Além da universalização do acesso ao ensino fundamental, verificou-se, neste período, a expansão das matrículas na educação infantil e no ensino médio, assim como o aumento no acesso ao ensino superior e à pós-graduação. Os indicadores qualitativos também evoluíram de maneira significativa em todos os níveis de ensino, da educação infantil à pós-graduação, considerando a qualificação dos professores, os programas de apoio aos estudantes (como a distribuição de livros e da merenda escolar ou o acesso ao financiamento estudantil), as condições físicas das escolas, a qualidade das bibliotecas e dos laboratórios ou ainda o desempenho dos alunos nos diversos processos de avaliação educacional. Foram instituídos vários processos de avaliação educacional, e o INEP[41] passou a ter um papel mais efetivo quanto às avaliações de todo o sistema, gerando, assim, as informações confiáveis para orientar as políticas públicas educacionais. O ENEM, o SAEB, o provão e a participação do Brasil no PISA foram vitais para se conhecer a realidade da educação nacional e poder aperfeiçoar o sistema.

A Concepção do FUNDEF foi outro ponto altamente relevante que viabilizou todo o projeto educacional. Os resultados foram impactantes, sem aumentar a vinculação global de recursos. Elevou-se, em muito, o gasto público efetivo em educação, ao forçar os Estados e Municípios a eliminar o desperdício e o desvio, estabelecendo transparência e controle social do uso de dinheiro público. O mecanismo de distribuição de recursos com responsabilidade estimulou especialmente os prefeitos a terem o interesse de colocar as crianças na sala de aula, porque isto passou a aumentar a arrecadação do Município. A implementação de um fundo nacional destinado a reorganizar o financiamento do ensino fundamental e a valorizar o magistério foi essencial para que as mudanças propostas se operassem. Reduzir as desigualdades salariais do magistério e investir na capacitação dos professores da educação básica foram algumas das ações executadas. A aprovação da LDB, em

---

[40] *Ibidem*, p. 1.

[41] Instituto Nacional de Estudos e Pesquisas Educacionais Anísio Teixeira, o INEP, foi criado em 1937. Passou por várias reformulações e, a partir de 1995, assumiu importante papel como o único órgão encarregado das avaliações, pesquisas e levantamentos estatísticos educacionais no âmbito do governo federal. Assim, há uma base de dados, confiável e unificada, capaz de transmitir informações educacionais que orientam a formulação de políticas do Ministério da Educação.

1996, e a da Lei de Responsabilidade Fiscal são considerados marcos regulatórios, imprescindíveis para viabilizar todo o processo. O "Bolsa Escola" foi um programa no qual se juntaram antigas e meritórias preocupações com a distribuição de uma renda mínima à ânsia por um fundo de combate à pobreza. Em sua concepção, tratava-se de uma ação redistributiva que se faz como correspondência a um direito, o de as famílias serem amparadas para que possam cumprir a sua parte de cidadania e o seu dever de manterem os filhos na escola. Se a Constituição estabelece obrigatoriedade do ensino, tem que haver a contrapartida da gratuidade, somada a condições para o aluno usufruir o sistema educacional. Na tentativa de eliminar o clientelismo, criou-se, na época, um sistema que enviava os recursos por intermédio de cartões magnéticos, que eram sacados pelas mães das crianças que estivessem frequentando a escola. Por meio dessa ação, se instituiu o exercício de formas democráticas de convívio.

Com o lançamento do Plano de Desenvolvimento da Educação (PDE), o MEC vem reforçar uma visão sistêmica da educação, com ações integradas e sem disputas de espaços e financiamentos. Segundo o PDE, investir na educação básica significa investir na educação profissional e na educação superior, pois ela representa a primeira etapa da instrução, na qual se inicia o desenvolvimento das habilidades e competências. Agora, toda a educação básica, da creche ao ensino médio, passa a ser beneficiada com recursos federais, este compromisso formal assumido pela União com a educação básica deverá se estender até 2020. A construção dessa unidade só será possível com a participação conjunta da sociedade, com o envolvimento de pais, alunos, professores e gestores, e a educação se tornará, consequentemente, um compromisso e uma conquista de todos.

A mais recente conquista histórica do direito à educação, em relação à educação básica, foi a edição da Emenda Constitucional nº 59 em 28 de novembro de 2009. Esse tema será tratado em destaque a seguir.

1.3 Normas do direito à educação no Brasil

Por adotarmos o sistema jurídico da tradição romanista (*Civil Law*) — ao contrário dos Estados Unidos da América e da Inglaterra, que adotaram o da tradição anglo-americana (*Commom Law*) —, o sistema normativo é a principal fonte formal do Direito e, por conseguinte, uma das expressões mais importantes do direito à educação. A fonte primeira do direito à educação, no Brasil, está na Constituição Federal, desde a Constituição do Império (Constituição de 1824), até o texto constitucional brasileiro de 1988 e, mais recentemente, com as alterações trazidas pelas emendas constitucionais. A LDB de 1996, o ECA e o PDE integram e completam o sistema normativo educacional nacional.

Apesar de o tratamento à educação ter sido reduzido na Constituição Política do Império do Brasil, esta, pioneiramente, consagrou o direito individual à gratuidade do ensino público primário. O art. 70 dispunha que "a instrução primária é gratuita a todos os cidadãos". Importa observar que esta garantia formal constitucional não investiu o direito à educação de um caráter universal, visto que a história mostra que a grande maioria da população não tinha acesso à educação, ficando este direito restrito às elites. A partir desse dispositivo, verifica-se que o constitucionalismo do Império teve uma sensibilidade precursora para o social, sem embargo de todo o teor individualista, de raiz liberal, que o caracterizava.[42] Em outras palavras, pela influência da Revolução Francesa, a Constituição se revestia de uma roupagem liberal em um regime conservador, positivando, de forma tímida, alguns direitos sociais, como o direito à gratuidade da instrução primária.

Ao comentar acerca da Constituição Imperial, Paulo Bonavides ressalta que:

> A Constituição do império foi, em suma, uma Constituição de três dimensões: a primeira, voltada para o passado, trazendo as graves seqüelas do absolutismo; a segunda, dirigida para o presente, efetivando, em parte e com êxito, no decurso de sua aplicação, o programa do Estado Liberal; e uma terceira, à primeira vista desconhecida e encoberta, pressentindo já o futuro, conforme acabamos de apontar.[43]

No Brasil Império, por um lado, havia a centralização do ensino, que ficava, em grande parte, sob determinação da coroa,[44] por outro, havia uma descentralização administrativa no que se refere à educação

---

[42] Constituição Política do Império do Brasil de 1824 – "Art. 179. A inviolabilidade dos Direitos Civis, e Políticos dos Cidadãos Brazileiros, que tem por base a liberdade, a segurança individual, e a propriedade, é garantida pela Constituição do Império, pela maneira seguinte. Inciso XXXII. A Instrucção primária, e gratuita a todos os Cidadãos. Inciso XXXIII. Collegios, e Universidades, onde serão ensinados os elementos das Sciencias, Bellas Letras, e Artes" [sic] (BONAVIDES, Paulo; ANDRADE, Paes de. *História do constitucionalismo do Brasil*. 2. ed. Brasília: Paz e Terra Política, 1990. p. 101).

[43] BONAVIDES, Paulo; ANDRADE, Paes de. *História do constitucionalismo do Brasil*. 2. ed. Brasília: Paz e Terra Política, 1990. p. 101.

[44] MALISKA, Marcos Augusto. *O direito à educação e a Constituição*. Porto Alegre: Sergio Antonio Fabris, 2001. p. 169.

infantil, cuja competência (quanto à matéria) para legislar e fiscalizar[45] ficava a cargo das províncias.[46] Mesmo diante destas normas e das previsões constitucionais sobre o direito à educação, não havia um sistema normativo educacional, integrado entre o poder central e as províncias, assim como não havia um projeto nacional de educação com um caráter universal.

Na Constituição Republicana, promulgada em 1891, o Estado passou a ser responsável pela educação pública, estabelecendo que é competência dos Estados (antigas províncias) e Municípios a responsabilidade e a administração do sistema educacional do ensino elementar; o governo federal cuidaria do ensino superior, [47] consagrando, assim, a descentralização do sistema de ensino no período da Primeira República.

A nova Carta passa a prever a obrigatoriedade do ensino apenas para os primeiros quatro anos do ensino primário. Ocorre que, nesta Constituição, não houve nenhum dispositivo legal acerca da gratuidade da instrução primária, contida na Constituição Imperial, ficando a cargo dos Estados decidirem sobre a gratuidade. Note-se, contudo, que a existência de um dispositivo legal, constitucional de gratuidade da instrução primária na Constituição Imperial, não foi garantia de sua efetividade, e, conforme foi acima referido, não tinha um caráter universal. Cabe ressaltar que, para que haja a previsão de obrigatoriedade de ensino, é preciso haver a garantia da gratuidade; neste caso, há uma conexão indispensável entre o dever da obrigatoriedade e o direito à gratuidade. O Estado não pode determinar um dever constitucional aos pais ou responsáveis pelos filhos, obrigando-os ao dever de educar sem lhes dar a contrapartida, uma vez que a educação é um direito social, dependente, por conseguinte, de uma prestação do Estado para a sua fruição. Por essa razão, a obrigatoriedade de quatro anos de ensino primário, sem a garantia para que o indivíduo pudesse exercê-lo, não teve eficácia e tornou-se letra morta.

---

[45] Por meio da Lei de 1º de outubro de 1828, que deu nova forma às Câmaras Municipais, criando-as em cada cidade e vila do Império, no Título III, nas "Posturas Policiaes", em seu art. 70, se estabelece que "terão inspeção sobre as escolas de primeiras letras, e educação [...]"

[46] A Lei nº 16, de 12 de outubro de 1834, faz algumas alterações e adições à Constituição Política do Império, nos termos da Lei de 12 de outubro de 1832. Este Ato Adicional, em seu artigo 10, determina ser de competência das Assembleias das Províncias legislar: "§2º sobre instrução pública e estabelecimentos próprios a promovê-la [...].

[47] Importante observar que, ainda hoje, é de competência dos Estados, Municípios e DF a administração da educação básica, antigo ensino complementar, e da União, o ensino superior.

Capítulo 1
O Direito Fundamental à Educação | 41

A Constituição de 1934 trouxe contribuições para o reconhecimento do direito fundamental à educação. Nesse contexto, no que tange ao disposto no art. 149[48] do texto constitucional, expandiu-se a normatização do direito educacional, pois foi a primeira que tratou a educação como direito de todos, afirmando seu caráter universal. O direito à educação foi elevado à categoria de direito subjetivo público,[49] ganhando, assim, o *status positivus*.[50] Como tal, é definidor de uma situação jurídica que permite ao indivíduo, ser jurídico, encarar as prestações do Estado, as liberdades frente ao Estado e a prestação por conta do Estado, como um direito público a lhe favorecer.

Quanto ao *status positivus*, Maria Cristina de Brito Lima ressalta que:

> O *status* carrega uma força jurídico-constitucional em favor do cidadão, dando aos direitos fundamentais um conteúdo concretamente determinado, formador de um *status* jurídico material, compreendido em direitos e deveres concretos, determinados e limitados materialmente, em cuja atualização e cumprimento a ordem jurídica da coletividade ganha realidade fundamentada e garantida.[51]

Foi a primeira Constituição que dedicou um capítulo inteiro ao tema da educação e falou em educação popular, determinando que o poder público, em especial a União e os Municípios, aplicasse nunca menos de 20% da renda resultante dos impostos na manutenção e no desenvolvimento dos sistemas educacionais.[52] O art. 5º determinou

---

[48] Constituição de 1934 – "Art. 149. A educação é direito de todos e deve ser ministrada pela família e pelos poderes públicos, cumprindo a estes proporcioná-la a brasileiros e estrangeiros domiciliados no país, de modo que possibilite eficientes fatores da vida moral e econômica da Nação, e desenvolva num espírito brasileiro a consciência da solidariedade humana".

[49] O autor assevera que a subjetivização do direito encontra as suas raízes teóricas na Escola de Direito Natural, que dominou o pensamento jurídico europeu nos séculos XVII e XVIII, cuja ideia de que o indivíduo preexiste ao Estado, pois ele é o detentor, enquanto homem, de direitos que o Estado é obrigado a garantir. Nesta lógica, as leis positivas não são senão o meio de assegurar a proteção desses direitos "subjetivos", histórica e ontologicamente dotados de primazia (CHEVALLIER, Jacques. *O Estado pós-moderno*. Tradução de Marçal Justen Filho. Belo Horizonte: Fórum, 2008. p. 119).

[50] LIMA, Maria Cristina de Brito. *A educação como direito fundamental*. Rio de Janeiro: Lumen Juris, 2003. p. 5.

[51] "É certo que essa concepção de *status* evoluiu, passando por Peter Häberle, que trabalha o *status positivus* como uma determinante do processo de concretização dos direitos fundamentais, e chegando a Hesse que absorve os direitos fundamentais da ordem objetiva da coletividade" (*Ibidem*, p. 6).

[52] Constituição de 1934 – "Art. 156 – A União e os Municípios aplicarão nunca menos de dez por cento, e os Estados e o Distrito Federal nunca menos de vinte por cento da renda,

a responsabilidade da União de "traçar as diretrizes da educação nacional" e, no art. 150º, "fixar o plano nacional de educação, compreensivo do ensino em todos os graus e ramos, comuns e especializados" para "coordenar e fiscalizar a sua execução em todo o território do país". Foi a semente para se estabelecer, 27 anos depois, o primeiro sistema normativo nacional, voltado à educação com a edição da Lei nº 4.024/1961.

Ocorre que a sua vigência teve curta duração, sendo revogada pela Constituição, outorgada em 1937, denominada "polaca", por ter sido influenciada pela Constituição da Polônia, que tinha um conteúdo e ideologia de origem totalitária e fascista. O Estado Novo, de espírito autoritário, tentou convencer a população de que não era a liberdade individual a garantia da solução dos problemas sociais, pelo contrário, que caberia ao Estado tornar acessível ao maior número de pessoas os benefícios sociais, decorrentes do desenvolvimento econômico.[53]

O texto constitucional foi o reflexo de uma corrente autoritária que subjugou a democracia, a sua nova política, com as substanciais alterações em relação à Constituição de 1934, teve forte repercussão na educação. A primeira delas foi dar ênfase ao ensino cívico "que se confundia com o culto ao regime e à pessoa do ditador".[54] A segunda foi reservar ao Estado uma função subsidiária na educação, uma vez que o art. 125 dispõe que a educação é "o primeiro dever e o direito natural dos pais", [55] reservando ao Estado uma função secundária para suprir as deficiências e as lacunas da educação particular. Verifica-se, ainda, que a Carta concedeu acentuado privilégio ao ensino particular, mesmo tendo

---

resultante dos impostos na manutenção e no desenvolvimento dos sistemas educativos. Parágrafo único – Para a realização do ensino nas zonas rurais, a União reservará, no mínimo, vinte por cento das cotas destinadas à educação no respectivo orçamento anual".

[53] O ideólogo da Carta de 37, o Ministro Francisco Campos, procurava justificar o Estado Novo e a sua estrutura constitucional, dizendo que: "A transformação operada no mundo pelas grandes revoluções industriais, técnicas e intelectuais mudou o clima político. O conceito político da democracia não era mais adequado aos novos ideais da vida. A liberdade individual e as suas garantias não resolviam o problema do homem. Eram ideais negativos, que não garantiam ao indivíduo nenhum bem concreto, seja no domínio intelectual e político. [...] o princípio de liberdade não garantiu a ninguém o direito ao trabalho, à educação, à segurança" (BONAVIDES, Paulo; ANDRADE, Paes de. *História do constitucionalismo do Brasil*. 2. ed. Brasília: Paz e Terra Política, 1990. p. 346).

[54] MALISKA, Marcos Augusto. *O direito à educação e a Constituição*. Porto Alegre: Sergio Antonio Fabris, 2001. p. 29.

[55] CF 1934. "Art. 125 – A educação integral da prole é o primeiro dever e o direito natural dos pais. O Estado não será estranho a esse dever, colaborando, de maneira principal ou subsidiária, para facilitar a sua execução ou suprir as deficiências e lacunas da educação particular".

contemplado a gratuidade e a obrigatoriedade do ensino primário, ressalvando, porém, que a gratuidade caberia preferencialmente aos mais necessitados e que aos menos necessitados caberia o dever de solidariedade.[56] A terceira foi a centralização do poder, que também marcou a educação. Os arts. 15, IX, e 16, XXIV, determinavam ser "competência privativa da União fixar as bases e determinar os quadros da educação nacional, traçando diretrizes a que deveriam obedecer a formação física, intelectual e moral da infância e da juventude".[57]

A Constituição de 1946, tomando por base a Constituição de 1934, restabeleceu a índole social democrática à Carta Magna e definiu, como atribuição do Estado, o dever para com o ensino, sem excluir, no entanto, a iniciativa privada. O art. 166 dá à educação o caráter universal, ao definir a educação como direito de todos, retoma o valor do princípio de liberdade, usurpado pelo regime autoritário anterior, e enfatiza os ideais de solidariedade humana.[58] Em sede de educação, mantém a competência na União de legislar sobre a matéria das diretrizes e bases da educação nacional, cabendo aos Estados fazê-lo de forma supletiva.[59] Em relação ao ensino primário, manteve também a gratuidade e a obrigatoriedade, estabeleceu a obrigação das empresas, com mais de cem empregados, em promovê-lo aos seus servidores e seus filhos. Entre os princípios da educação, previu, ainda, a liberdade de cátedra e o caráter facultativo do ensino religioso, [60] a liberdade das ciências,

---

[56] CF 1934. "Art. 130 – O ensino primário é obrigatório e gratuito. A gratuidade, porém, não exclui o dever de solidariedade dos menos para com os mais necessitados; assim, por ocasião da matrícula, será exigida aos que não alegarem, ou notoriamente não puderem alegar escassez de recursos, uma contribuição módica e mensal para a caixa escolar" (BRASIL. *Constituição de 1934*. Disponível em: <http://www.planalto.gov.br/ccivil_03/Constituicao/Constituiçao34.htm>. Acesso em: 12 dez. 2010).

[57] MALISKA, *op. cit.*, p. 29.

[58] CF 1946 "Art. 166 – A educação é direito de todos e será dada no lar e na escola. Deve inspirar-se nos princípios de liberdade e nos ideais de solidariedade humana" (BRASIL. *Constituição de 1946*. Disponível em: <http://www.planalto.gov.br/ccivil_03/constituicao/Constituiçao46.htm>. Acesso em: 12 dez. 2010).

[59] Art. 5º. "Compete à União: XV – legislar sobre: d) diretrizes e bases da educação nacional" (BRASIL. *Constituição de 1946*. Disponível em: <http://www.planalto.gov.br/ccivil_03/constituicao/Constituiçao46.htm>. Acesso em: 12 dez. 2010).

[60] CF 1946. "Art. 168 – A legislação do ensino adotará os seguintes princípios: I – o ensino primário é obrigatório e só será dado na língua nacional; II – o ensino primário oficial é gratuito para todos; o ensino oficial ulterior ao primário sê-lo-á para quantos provarem falta ou insuficiência de recursos; II – as empresas industriais, comerciais e agrícolas, em que trabalhem mais de cem pessoas, são obrigadas a manter ensino primário gratuito para os seus servidores e os filhos destes; IV – as empresas industrias e comerciais são obrigadas a ministrar, em cooperação, aprendizagem aos seus trabalhadores menores, pela forma que a lei estabelecer, respeitados os direitos dos professores; V – o ensino religioso constitui disciplina dos horários das escolas oficiais, é de matrícula facultativa e será ministrado

das letras e artes, bem como o dever do Estado para com o amparo da cultura.[61] No que concerne à previsão orçamentária, ela organizou e definiu os recursos como mínimos constitucionais entre a União (10%), os Estados, Municípios e Distrito Federal (20%). Cada ente da federação deveria reservar recursos para educação, respeitando, desta forma, estes mínimos constitucionais.

A Constituição de 1946 retomou os dispositivos contidos na Carta de 1934 sobre a formulação de um plano nacional de diretrizes e bases da educação. Iniciou-se, assim, o processo de discussão da lei, que durou 13 anos, uma vez que o primeiro projeto de lei foi encaminhado pelo Poder Executivo ao legislativo em 1948. Sem dúvida, a primeira Lei de Diretrizes e Bases da Educação foi um dos marcos no sistema normativo educacional, com a edição da Lei nº 4.024, em 1961.

O sistema educacional brasileiro, até 1960, era centralizado, modelo seguido por todos os Estados e Municípios. Com a aprovação da primeira LDB do país, que fixou as Diretrizes e Bases da Educação nacional, os órgãos estaduais e municipais ganharam mais autonomia, diminuindo a centralização do Ministério da Educação e Cultura. Pela primeira vez, o Brasil passou a ter uma legislação específica e unificada sobre o sistema educacional nacional. Sua estrutura continha 120 artigos, organizados em 13 títulos, no qual era regulamentada a existência dos Conselhos Estaduais de Educação e do Conselho Federal de Educação (art. 8 e 9); em sintonia com a Constituição vigente, garante o empenho de 12% do orçamento da União e 20% dos Municípios com a educação (art. 92); estabelece que o dinheiro público não teria uso exclusivo nas instituições de ensino públicas, podendo financiar a iniciativa privada (art. 93 e 95); institui a obrigatoriedade de matrícula nos quatro anos do ensino primário (art. 30); determina a formação do professor para o ensino primário no ensino normal de grau ginasial ou colegial (art. 52 e 53); e a formação do professor para o ensino médio nos cursos de nível superior (art. 59). Estabelece o ano letivo de 180 dias (art. 72), torna o ensino religioso facultativo (art. 97) e permite o ensino experimental (art. 104).[62]

---

de acordo com a confissão religiosa do aluno, manifestada por ele, se for capaz, ou pelo seu representante legal ou responsável; VI – para o provimento das cátedras, no ensino secundário oficial e no superior oficial ou livre, exigir-se-á concurso de títulos e provas. Aos professores, admitidos por concurso de títulos e provas, será assegurada a vitaliciedade; VII – é garantida a liberdade de cátedra" (*Ibidem*).

[61] MALISKA, Marcos Augusto. *O direito à educação e a Constituição*. Porto Alegre: Sergio Antonio Fabris, 2001. p. 32.

[62] BRASIL. *Primeira LDB Lei 4.042/61*. Disponível em: <http://www6.senado.gov.br/legislacao/ListaPublicacoes.action?id=102346>. Acesso em: 2 dez. 2010.

Resultado do golpe militar de 1964, a Constituição de 1967, ainda que promulgada, pois elaborada pelo Congresso Nacional, constituiu-se em verdadeiro retrocesso democrático e, consequentemente, retrocessos para a educação. Os mínimos constitucionais que fixavam percentuais orçamentários aos entes da federação destinados à manutenção e ao desenvolvimento do ensino foram abolidos.

Quanto à educação básica, entre os princípios da legislação do ensino, instituiu a obrigatoriedade e a gratuidade do ensino dos sete aos 14 anos em estabelecimentos oficiais. No entanto, estabeleceu que o ensino seria livre para iniciativa privada, cabendo ao Estado dar amparo técnico e financeiro; e, sempre que possível, o poder público substituiria o regime de gratuidade pelo de concessão de bolsas de estudo,[63] privilegiando o ensino particular. O *caput* do art. 168[64] dava ao direito à educação um caráter universal, uma vez que dispunha ser "a educação um direito de todos", no entanto, esta norma constitucional não lhe atribuía característica de direito subjetivo público, já que determinava que a educação seria "dada no lar e na escola; assegurada a igualdade de oportunidade", e que o "ensino seria ministrado pelos Poderes Públicos". Vale destacar que, pela primeira vez, a legislação constitucional relaciona o direto à educação à igualdade de oportunidade, expressão suprimida pela Constituição de 1969. Verifica-se, contudo, que se trata de normas meramente programáticas e que não havia um sistema normativo consistente, privilegiando o direito à educação.

Dessa forma, a previsão constitucional de um direito fundamental, por si só, não é garantia de sua efetivação. Sobre isso, podemos referir a contribuição de Pontes de Miranda,[65] nos comentários feitos acerca da Constituição de 1967, textualmente, assim se expressou:

---

[63] MALISKA, Marcos Augusto. *O direito à educação e a Constituição*. Porto Alegre: Sergio Antonio Fabris, 2001. p. 34.

[64] CF 1967. "Art. 168 – A educação é direito de todos e será dada no lar e na escola; assegurada a igualdade de oportunidade, deve inspirar-se no princípio da unidade nacional e nos ideais de liberdade e de solidariedade humana. §1º – O ensino será ministrado nos diferentes graus pelos Poderes Públicos. §2º – Respeitadas as disposições legais, o ensino é livre à Iniciativa particular, a qual merecerá o amparo técnico e financeiro dos Poderes Públicos, inclusive bolsas de estudo. §3º – A legislação do ensino adotará os seguintes princípios e normas: I – o ensino primário somente será ministrado na língua nacional. II – o ensino dos sete aos quatorze anos è obrigatório para todos e gratuito nos estabelecimentos primários oficiais" (BRASIL. *Constituição Federal de 1967*. Disponível em: <http://www.planalto.gov.br/ccivil_03/constituicao/Constituicao67.htm>. Acesso em: 2 dez. 2010.

[65] PONTES DE MIRANDA, Francisco Cavalcanti. *Comentários à Constituição de 1967 com a Emenda nº 1 de 1969*. 2. ed., 2. tiragem. São Paulo: Revista dos Tribunais, 1974. t. V, p. 49.

A ingenuidade ou a indiferença ao conteúdo dos enunciados com que os legisladores constituintes lançam a regra "A educação é direito de todos" lembra-nos aquela Constituição espanhola em que se decretava que todos os espanhóis seriam, desde aquele momento, "Buenos". A educação somente pode ser direito de todos se há escolas em número suficiente e se ninguém é excluído delas; portanto, se há direito público subjetivo à educação o Estado pode e tem de entregar a prestação educacional. Fora daí, é iludir o povo com artigos de Constituição ou de leis. Resolver o problema da educação não é fazer leis, ainda que excelentes: é abrir escolas, tendo professores e admitindo alunos.[66]

Note-se a lucidez e a atualidade das posições acima expostas por Pontes de Miranda. Com sua obra instigante na área de Sociologia Jurídica, provavelmente, ele tenha sido um dos juristas a defender com maior consistência e a definir o direito à educação como um direito público subjetivo. Este é um dos problemas, visto que se observa a lacuna ainda entre a existência de um direito formal e a sua efetiva concretização.

A Constituição de 1969 (ou Emenda Constitucional nº 1) trouxe algumas alterações no que se refere ao direito à educação, como a determinação do estabelecimento e a execução de um plano nacional de educação, bem como de um plano regional de desenvolvimento no inc. XIV do art. 8º. Em relação aos princípios da legislação de ensino, substituiu a garantia da liberdade de cátedra pela "liberdade de comunicação de conhecimento no exercício do magistério, ressalvado o disposto no art. 154".[67]

Quanto às dotações orçamentárias para a educação, incluiu o pagamento do salário-educação por parte de empresas comerciais, industriais e agrícolas, com o fim de manter o ensino primário gratuito,[68] conforme o art. 170 da Constituição de 1967. Outra relevante alteração, no que tange à aplicação dos mínimos constitucionais em educação, foi a possibilidade de intervenção nos Municípios, quando da não aplicação anual de 20% da receita tributária no ensino primário.

---

[66] *Ibidem*, p. 52.

[67] MALISKA, Marcos Augusto. *O direito à educação e a Constituição*. Porto Alegre: Sergio Antonio Fabris, 2001. p. 32.

[68] CF 1969, "Art. 178. As empresas comerciais, industriais e agrícolas são obrigadas a manter o ensino primário gratuito de seus empregados e o ensino dos filhos destes, entre os sete e os quatorze anos, ou a concorrer para aquele fim, mediante a contribuição do salário-educação, na forma que a lei estabelecer" (BRASIL. *Constituição Federal de 1969*. Disponível em: <http://www.planalto.gov.br/ccivil/constituicao/Emendas/Emc_anterior1988/emc01-69. htm>. Acesso em: 14 out. 2010).

O salário-educação, criado em 1962, também é um marco no sistema normativo educacional no que concerne às dotações orçamentárias voltadas à educação. Até hoje, essa contribuição continua sendo fonte de recursos para a educação básica brasileira. A educação no Brasil, em 1971, se vê diante de uma nova LDB. O ensino passa a ser obrigatório dos sete aos 14 anos. O texto ainda prevê um currículo comum para o primeiro e segundo graus, assim como uma parte diversificada em função das diferenças regionais. A educação só foi reconhecida como um direito subjetivo público[69] com o advento da Constituição de 1988.

1.3.1 A Constituição Cidadã

Com o advento da Carta Magna de 1988,[70] novo e maior relevo formal foi dado à educação, especialmente ao ensino fundamental. Sob a influência da Declaração Universal dos Direitos Humanos[71] de 1948, o Estado Constitucional consagrou o direito à educação, expressamente como direito subjetivo público.[72] Conferiu-lhe, assim, *status* de direito

---

[69] DANTAS, San Tiago. *Programa de direito civil*: parte geral. 4. tiragem. Rio de Janeiro: Ed. Rio, 1979. p. 151-154. Não se deve confundir direito subjetivo com faculdade jurídica ou qualidade jurídica. Enquanto os direitos subjetivos são caracterizados pela possibilidade de exigir o cumprimento de um dever jurídico por parte de outrem, as faculdades jurídicas, também designadas de direitos potestativos, independem da existência de um dever que recaia sobre outra pessoa, sendo a aptidão reconhecida na norma para que determinado ato produza efeitos jurídicos (*v.g.*: a faculdade de casar, de contratar, de testar etc.). Quanto à qualidade jurídica, indica ela os atributos de que o indivíduo se encontra revestido e que lhe permitem praticar certos atos jurídicos (*v.g.*: o *status* de cidadania, de família — casado, solteiro — etc.). São os pressupostos para o exercício de um direito ou de uma faculdade jurídica.

[70] BONAVIDES, Paulo; ANDRADE, Paes de. *História do constitucionalismo do Brasil*. 2. ed. Brasília: Paz e Terra Política, 1990. p. 489. Os autores, ao discorrerem acerca da Constituição de 1988 e do problema da legitimidade, ressaltam que a nova Carta Constitucional "se defronta com o problema de sua eficácia, a saber, de sua adequação à realidade ou," em termos mais precisos, de sua legitimidade".

[71] Declaração Universal dos Direito Humanos de 1948, "Artigo XXVI. 1. Todo ser humano tem direito à instrução. A instrução será gratuita, pelo menos nos graus elementares e fundamentais. A instrução elementar será obrigatória. A instrução técnico-profissional será acessível a todos, bem como a instrução superior, esta baseada no mérito. 2. A instrução será orientada no sentido do pleno desenvolvimento da personalidade humana e do fortalecimento do respeito pelos direitos humanos e pelas liberdades fundamentais. A instrução promoverá a compreensão, a tolerância e a amizade entre todas as nações e os grupos raciais ou religiosos e coadjuvará as atividades das Nações Unidas em prol da manutenção da paz. 3. Os pais têm prioridade de direito na escolha do gênero de instrução que será ministrada aos seus filhos".

[72] Sobre o direito "subjetivo público", o autor leciona que esta expressão exprime a situação jurídica subjetiva do indivíduo em relação ao Estado, visando a colocar os direitos fundamentais no campo do direito positivo, visto que não pode haver uma declaração de dever

fundamental, com densidade normativa suficiente para garantir a sua concretização pelo Estado, por meio de políticas públicas ou de sua função jurisdicional, dando ênfase à sua universalização e reconhecendo o seu *status positivus libertatis*.[73]

Pode-se afirmar que nenhum outro direito, de todos os previstos, recebeu tratamento tão cuidadoso como o referente à educação, podendo, talvez, ser considerado um dos direitos sociais mais relevantes. A Constituição incorporou bem a visão democrática do direito à educação,[74] estabelecendo que o dever do Estado seja efetivado, mediante a garantia do atendimento especializado aos portadores de deficiência, preferencialmente, na rede regular de ensino. O comando constitucional referido também busca democratizar a educação, pois amplia a oportunidade de acesso ao sistema oficial, ofertando ensino noturno regular, visando a beneficiar a classe trabalhadora.

O reconhecimento expresso do direito à educação como um direito fundamental social está inserido no art. 6º da Constituição Federal. É uma norma constitucional de eficácia direta, incluída no rol das cláusulas pétreas,[75] portanto, não pode ser modificada por processo normal de emenda,[76] visto que tem natureza intangível e possui aplicação imediata.[77] Trata-se de uma proteção que o constituinte

---

do Estado/Administração sem a correspondente transformação daquela obrigação em direito do cidadão, cujo cumprimento pode ser exigido por via judicial (SILVA, José Afonso da. *Curso de direito constitucional positivo*. 23. ed. São Paulo: Malheiros, 2004. p. 285-286).

[73] TORRES, Ricardo Lobo. A cidadania multidimensional da era dos direitos. *In*: TORRES, Ricardo Lobo (Org.). *Teoria dos direitos fundamentais*. Rio de Janeiro: Renovar, 1999. p. 264. O autor sustenta que o mínimo existencial, como direito às condições da liberdade, exibe o *status positivus libertatis*. "A retórica do mínimo existencial não minimiza os direitos sociais, senão que os fortalece extraordinariamente na sua dimensão essencial, dotada de plena eficácia, e os deixa incólumes ou até os maximiza na região periférica, em que valem só na reserva da lei".

[74] "Art. 208. O dever do Estado com a educação será efetivado, mediante a garantia de: III – atendimento educacional especializado aos portadores de deficiência, preferencialmente na rede regular de ensino; IV – educação infantil, em creche e pré-escola, às crianças até 5 (cinco) anos de idade."

[75] "Na interpretação que melhor se adapta ao sentido da Constituição de 1988, estariam os direitos sociais, entre eles o direito à educação, entre as cláusulas pétreas." Estas são normas que constituem os chamados limites materiais de reforma Constitucional (MALISKA, Marcos Augusto. *O direito à educação e a Constituição*. Porto Alegre: Sergio Antonio Fabris, 2001. p. 81).

[76] "Art. 60. A Constituição poderá ser emendada mediante proposta: §4º – Não será objeto de deliberação a proposta de emenda tendente a abolir: [...] V – os direitos e garantias individuais."

[77] "Art. 5º. Todos são iguais perante a lei, sem distinção de qualquer natureza, garantindo-se aos brasileiros e aos estrangeiros residentes no País a inviolabilidade do direito à vida, à liberdade, à igualdade, à segurança e à propriedade, nos termos seguintes: §1º – As normas definidoras dos direitos e garantias fundamentais têm aplicação imediata."

inseriu na Constituição, mormente aos direitos sociais, como o direito à educação. Assim, integrante no catálogo dos direitos fundamentais, o direito à educação está sujeito ao regime jurídico de aplicação direta e imediata.[78] A matéria educacional está inserida no título da ordem social, no Capítulo III da Constituição Federal, e os arts. 205 a 208 confirmam e consagram a fundamentalidade material e formal do direito à educação e definem exatamente as prestações que compõem o objeto do direito à educação. As disposições constitucionais referidas demonstram que, no âmbito de um direito à educação básica, estas representam posições fundamentais de natureza jurídico-subjetiva.

O direito à educação passa a ser objeto de regulamentação mais detalhada, assim como o seu conceito legal o apresenta como direito público subjetivo, de caráter cogente e coercitivo. Além disso, identificam-se outras leis que fluem da Constituição em direção à construção do ordenamento jurídico deste direito, como a LDB, o PDE e o ECA. Sendo assim, o direito à educação básica tornou-se tão relevante quanto todos direitos, evidenciados pelo *caput* do artigo 5º da Carta Magna, como o direito à vida, à liberdade, à igualdade, à segurança e à propriedade. Com força de direito subjetivo público, já pacificamente reconhecido pela doutrina e jurisprudência, em relação ao acesso ao ensino infantil, tem, como consequência, a possibilidade de demanda, independentemente de qualquer política pública que o evidencie.[79]

O art. 205 da Constituição Federal preceitua que a educação é um direito de todos, dando-lhe um caráter universal. Como foi demonstrado no item anterior, para a concretização das finalidades, expostas nesse dispositivo constitucional, o ensino deve obedecer aos princípios do art. 206[80] do texto constitucional, os quais devem constituir a base de qualquer planejamento que se faça na área educacional.[81] Parece, no entanto, que não é possível analisar os artigos 205 e 206 da Constituição Federal, em especial os princípios do direito à educação,

---

[78] SARLET, Ingo Wolfgang. *A eficácia dos direitos fundamentais*: uma teoria geral dos direitos fundamentais na perspectiva constitucional. 10. ed. rev. atual e ampl. Porto Alegre: Livraria do Advogado, 2009. p. 332.

[79] LIMA, Maria Cristina de Brito. *A educação como direito fundamental*. Rio de Janeiro: Lumen Juris, 2003. p. 29.

[80] "Art. 206. O ensino será ministrado com base nos seguintes princípios: I – igualdade de condições para o acesso e permanência na escola; II – liberdade de aprender, ensinar, pesquisar e divulgar o pensamento, a arte e o saber; III – pluralismo de idéias e de concepções pedagógicas, e coexistência de instituições públicas e privadas de ensino; [...]."

[81] GARCIA, Maria. A nova lei de diretrizes e bases da educação nacional. *Cadernos de Direito Constitucional e Ciência Política*, n. 23, p. 87, 2001.

sem harmonizá-los com os princípios fundamentais da República Federativa do Brasil. Isto se justifica na medida em que, atualmente, a doutrina majoritária reconhece a Constituição como um sistema de princípios e normas constitucionais.[82] Todavia, não se discute a fundo as bases e as relações de todos os princípios fundamentais do direito constitucional e do direito à educação, mas ressaltam-se os princípios da liberdade e da igualdade (vista como o direito à igualdade de oportunidades), por tratarem-se de aspirações humanas que servem de pilares do Estado Democrático de Direito na Constituição Federal.

A igualdade de condições para o acesso e a permanência na escola; a liberdade de aprender, ensinar, pesquisar e divulgar o pensamento, a arte e o saber; o pluralismo de ideias e concepções pedagógicas; a coexistência de instituições públicas e privadas de ensino; e a gratuidade do ensino público em estabelecimentos oficiais sintetizam os princípios básicos da educação que embasam o ensino, com dispositivos diretamente aplicáveis e dotados de plena eficácia.[83] Observa-se que a igualdade de condições para o acesso e a permanência na escola, contidos no inciso I do art. 206 da Constituição Federal, representa a concretização do princípio da isonomia, já que o primeiro estabelece a necessidade de haver igualdade de condições para o acesso e a permanência na escola, como norma de dimensão impositiva de condutas ativas, e determina o dever específico do Estado de garantir a igualdade de oportunidade aos cidadãos nessa seara. A liberdade de aprender, ensinar, pesquisar e divulgar o pensamento, a arte e o saber, princípios contidos no inciso II, consagram a liberdade de aprendizado, de ensino, de pesquisa e de divulgação do pensamento, da arte e do saber, que, por tratarem-se de autêntico direito de liberdade, gera, desde já, direitos subjetivos para particulares. A gratuidade do ensino público em estabelecimentos oficiais, garantida no inciso IV, ao prever a não cobrança do ensino público em estabelecimentos oficiais, está gerando um direito subjetivo à gratuidade, sendo assim, esta norma é dotada de plena eficácia e é diretamente aplicável, uma vez que não reclama qualquer ato de mediação legislativa.[84]

---

[82] FREITAS, Juarez. *A interpretação sistemática do direito*. 4. ed. rev. e ampl. São Paulo: Malheiros, 2004. p. 32.

[83] SARLET, Ingo Wolfgang. *A eficácia dos direitos fundamentais*: uma teoria geral dos direitos fundamentais na perspectiva constitucional. 10. ed. rev. atual e ampl. Porto Alegre: Livraria do Advogado, 2009. p. 334.

[84] SARLET, Ingo Wolfgang. *A eficácia dos direitos fundamentais*: uma teoria geral dos direitos fundamentais na perspectiva constitucional. 10. ed. rev. atual e ampl. Porto Alegre: Livraria do Advogado, 2009. p. 334.

Os artigos 209 a 214 estabelecem normas de cunho organizacional e procedimental, definindo a estrutura e a organização das instituições públicas e privadas no sistema nacional educacional, regras sobre participação dos entes federativos no financiamento do sistema de ensino e metas das aplicações dos recursos públicos e a instituição de plano nacional de educação e os seus objetivos.[85] Estas normas constitucionais, por sua vez, revelam posições jurídico-objetivas do direito social à educação.

O comando constitucional, contido no art. 227, *caput*, da CF, estabelece que deve ser prioridade absoluta da família, da sociedade e do Estado assegurar à criança e ao adolescente o direito à educação, à vida, à saúde, à alimentação, ao lazer, à profissionalização, à cultura, à dignidade, ao respeito, à liberdade e à convivência familiar e comunitária.[86] A proteção aos direitos da criança e do adolescente qualifica-se como um dos direitos sociais mais expressivos, impondo ao Estado o dever de prestação positiva, para garantir a efetividade desses direitos. Nesse sentido, há mais um reforço constitucional em relação ao direito à educação, e a norma contida no referido artigo passa a ter força de princípio constitucional de dar prioridade absoluta aos direitos da criança e do adolescente. A educação básica tem esse caráter de prioridade absoluta, pois representa a fase inicial do desenvolvimento da pessoa. A omissão estatal em garantir a sua efetividade resulta em efeitos nocivos e em "um inaceitável insulto a direitos básicos assegurados pela própria Constituição da República, mas cujo exercício estava sendo inviabilizado por contumaz (e irresponsável) inércia do aparelho estatal".[87]

Com o advento da Emenda Constitucional nº 59/09, a educação básica, finalmente, foi erigida à categoria de direito subjetivo público, que conta com garantias constitucionais à sua efetivação. A referida norma alterou o inciso I do art. 208 da CF e inseriu a obrigatoriedade da educação básica, que contém a educação infantil, os ensinos fundamental e médio. Para tanto, não só ampliou o objeto da prestação à educação, que a redação anterior limitava ao ensino fundamental, como

---

[85] *Ibidem*, p. 335.

[86] "Art. 227. É dever da família, da sociedade e do Estado assegurar à criança e ao adolescente, com absoluta prioridade, o direito à vida, à saúde, à alimentação, à educação, ao lazer, à profissionalização, à cultura, à dignidade, ao respeito, à liberdade e à convivência familiar e comunitária, além de colocá-los a salvo de toda forma de negligência, discriminação, exploração, violência, crueldade e opressão."

[87] RE nº 482.611/SC – Relator: Min. Celso de Mello.

se preocupou em garantir mais destinação de recursos para viabilizar a realização dessa ação positiva do Estado. Ao estabelecer os mínimos constitucionais no seu art. 212,[88] dispondo que a União não pode aplicar menos de 18%, e os Estados, Distrito Federal e os Municípios, menos de 25% da receita resultante dos impostos, na manutenção e no desenvolvimento do ensino, o legislador constitucional priorizou a distribuição dos recursos para a educação. Assim, para que o Estado/Administração realmente tenha recursos para executar as políticas públicas[89] de concretização do direito à educação inseridas na Constituição Federal, a Emenda nº 14/96 criou uma fonte adicional de recursos com a contribuição social do salário-educação, recolhida pelas empresas. Mais recentemente, o orçamento fica reforçado pela exclusão da educação da DRU (Desvinculação das Receitas da União), prevista no art. 76 da ADCT, trazida pela EC nº 59, tema que será a seguir desenvolvido. Sendo assim, verifica-se que há uma preocupação constante do legislador em garantir dotação orçamentária à educação. Ocorre que, mais do que falta de recursos, o que se verifica, na prática, é a má gestão dos recursos públicos, que resulta na má qualidade do sistema nacional de ensino.

A competência dos Municípios na atuação, prioritariamente, no ensino fundamental e educação infantil está estabelecida no §2º do art. 211, enquanto o §3º prevê que os Estados e o Distrito Federal atuarão, prioritariamente, nos ensinos fundamental e médio.[90] Consequentemente, tanto os Municípios quanto os Estados possuem competência constitucional de promover o acesso ao ensino, o que significa que têm obrigação de prestar tal serviço, pois a força jurídico-constitucional concede à educação densidade normativa de direito fundamental. Verifica-se,

---

[88] "Art. 212. A União aplicará, anualmente, nunca menos de dezoito, e os Estados, o Distrito Federal e os Municípios vinte e cinco por cento, no mínimo, da receita resultante de impostos, compreendida a proveniente de transferências, na manutenção e no desenvolvimento do ensino."

[89] FIGUEIREDO, Marcelo. O controle das políticas públicas pelo poder judiciário no Brasil: uma visão geral. *Interesse Público*, Belo Horizonte, ano 9, n. 44, p. 38, jul./ago. 2007. Segundo o autor, a Constituição brasileira é programática ou dirigente, pois traça planos, diretrizes e metas que são o fundamento das políticas públicas para a concretização dos diretos fundamentais. Afirma assim que: "Em larga medida, o fundamento da própria política publica está desenhada no texto constitucional. [...] As políticas públicas são um conjunto heterogêneo de medidas e decisões tomadas por todos aqueles obrigados pelo Direito a atender ou realizar um fim ou meta consoante com o interesse público".

[90] "Art. 211. A União, os Estados, o Distrito Federal e os Municípios organizarão, em regime de colaboração, seus sistemas de ensino. §2º Os Municípios atuarão prioritariamente no ensino fundamental e na educação infantil. §3º Os Estados e o Distrito Federal atuarão prioritariamente no ensino fundamental e médio."

porém, na jurisprudência, a constante condenação dos Municípios a garantirem vagas para crianças de zero a seis anos. Em relação aos Estados, ainda não há decisões impondo ao poder público garantir o acesso ao ensino fundamental, quando não há vaga em estabelecimentos oficiais. Esse tema será aprofundado a seguir em capítulo próprio.

No entanto, a inscrição pura e simples desse direito na Constituição brasileira não resolveu, por si só, como não se esperaria que o fizesse, a dificuldade de se definir, com precisão, as prestações que compõem o objeto do direito à educação.[91] Não obstante as iniciativas governamentais na área da educação, amplamente divulgadas, qual a real proteção jurídica a esse direito fundamental? Resta ver, portanto, se há mecanismos jurídicos adequados para essa finalidade ou se se trata de mais uma previsão normativa, fadada a continuar ilustrando os compêndios e os manuais de Direito Constitucional.[92]

Além dos dispositivos e princípios Constitucionais que versam sobre o direito à educação, há leis ordinárias que reforçam e completam as normas contidas na Constituição Federal e intensificam a sua fundamentalidade.

1.3.2 A Lei de Diretrizes e Bases da Educação Nacional

Depois da Constituição Federal, a lei mais relevante que versa sobre o tema é a Lei de Diretrizes e Bases da Educação Nacional, Lei nº 9.394/96,[93] que trata da chamada "educação escolar". Essa lei ordinária, em complemento às normas constitucionais, adota também os princípios basilares da educação. O art. 2º, que coloca a educação como um dever do Estado e da família, é uma repetição do mandamento constitucional, expresso no art. 205, com a exclusão da expressão "direito de todos, que será promovida e incentivada com a colaboração da sociedade". No mencionado art. 2º, há o seguinte acréscimo: "inspirada nos princípios da liberdade e nos ideais de solidariedade humana, acréscimo que se harmoniza com os princípios fundamentais da Constituição Federal".[94]

---

[91] SARLET, Ingo Wolfgang. *A eficácia dos direitos fundamentais*: uma teoria geral dos direitos fundamentais na perspectiva constitucional. 10. ed. rev. atual e ampl. Porto Alegre: Livraria do Advogado, 2009. p. 290.

[92] SIFUENTES, Mônica. *O direito à educação e a exclusão social*. Disponível em: <http://www.redebrasil.inf.br>. Acesso em: 10 maio 2010.

[93] A primeira LDB foi a Lei nº 4.024/61.

[94] BASTOS, Aurélio Wander. *Coletânea da Legislação Educacional Brasileira*. Rio de Janeiro: Lumen Juris, 2000. p. 56.

O art. 3º é praticamente uma cópia do art. 206 da Constituição de 1988, mas com alguns acréscimos, inclusive novos incisos. O inciso IV inclui como princípio básico do ensino a ser ministrado em nossas escolas o "respeito à liberdade e o apreço à tolerância". O inciso X adicionou o princípio da "valorização da experiência extra-escolar", e o último inciso do art. 3º, de número XI, estabeleceu como princípio a "vinculação entre a educação escolar, o trabalho e as práticas sociais".

Essa nova tendência de princípios introduziu-se no direito à educação com o advento da Constituição de 1988, estes impregnaram as leis infraconstitucionais, como a Lei de Diretrizes e Bases da Educação e o Estatuto da Criança e do Adolescente. Nesse sentido, os princípios assumiram funções normativas específicas, destacando-se os princípios doutrinários da ciência jurídica da educação.

O art. 5º reforçou a garantia constitucional de acesso ao Poder Judiciário, em caso de omissão da prestação educacional por parte do poder público, contida no art. 211 da CF. O referido dispositivo qualifica o acesso ao ensino fundamental, como direito público subjetivo, possibilitando a qualquer cidadão, grupo de cidadãos, associação comunitária, organização sindical, entidade de classe ou outra legalmente constituída e, ainda, ao Ministério Público exigir o cumprimento desse dever jurídico por parte do Estado ou acionar o poder público, para exigi-lo.[95]

A LDB trouxe avanços, entretanto, esbarrou em um problema comum às leis brasileiras: muitos comandos não se materializaram, pois a lei não foi totalmente implementada. Não obstante os dispositivos constitucionais e ordinários que criam e priorizam verbas para efetivar o direito à educação, a má gestão dos recursos públicos impede a aplicação eficiente das metas e dos programas educacionais. Um exemplo de artigo da LDB não cumprido é a definição pelo governo federal do valor a ser gasto por aluno nas escolas públicas, para garantir a oferta de ensino fundamental de qualidade. O governo alega que não conseguiu avançar em relação ao custo aluno/qualidade.[96] Com a edição da EC nº 59/09, espera-se que houvesse uma nova postura da União, em retomar a prioridade das políticas públicas em relação à educação básica.

A LDB determinou também que a rede pública passasse progressivamente a oferecer turno integral, no entanto esta realidade ainda

---

[95] Cabe ressaltar que, em decorrência da edição da EC nº 59/09, esta garantia se estende à educação básica, e não só ao ensino fundamental.

[96] BRASIL. Ministério da Educação. *Relatório de 2005*. Disponível em: <http://www.mec.gov.br>. Acesso em: 12 maio 2010.

é exceção no país. O dispositivo que estabelece a obrigatoriedade do diploma de nível superior para todos os professores de educação básica ainda não foi cumprido. O pressuposto é que, para ensinar, o professor deve ter sido bem formado, uma vez que o aprendizado dos estudantes está diretamente ligado ao que acontece na sala de aula. Cientes de que a maioria dos docentes brasileiros não tinha passado pela universidade, os parlamentares deram 10 anos para que a lei fosse cumprida, no caso de creches, pré-escolas e turmas de 1ª a 4ª séries. O prazo terminaria em 2007, mas, em 2003, no primeiro ano da anterior administração federal, o Conselho Nacional de Educação e o MEC decidiram anular a exigência, ou melhor, tiraram o prazo, mantendo apenas a meta.

Em termos de avanços dessa lei, pode-se citar a inclusão das creches no conceito de educação básica. Antes da lei, estas não eram consideradas estabelecimentos de ensino, o que limitava o seu financiamento e o tipo de atividade pedagógica. Reforçando o comando constitucional contido no art. 211 da CF, a lei definiu a competência das prefeituras na manutenção de creches e pré-escolas, além do ensino fundamental, assim como aos governos estaduais, a responsabilidade pelos ensinos médio e fundamental.[97] Por determinação da LDB, as creches atenderão crianças de zero a três anos, ficando a faixa de quatro a seis para a pré-escola e deverão adotar objetivos educacionais, transformando-se em instituições de educação, segundo as diretrizes curriculares nacionais, emanadas do Conselho Nacional de Educação. Essa determinação segue a melhor pedagogia, porque é nessa idade, precisamente, que os estímulos educativos têm maior poder de influência sobre a formação da personalidade e o desenvolvimento da criança, tema que será abordado a seguir.

A Constituição Federal e a LDB são explícitas na distribuição de competências referentes à educação infantil, revelando uma corresponsabilidade das três esferas de governo: Municípios, Estado e União, assim como da família. A articulação com a família visa, mais do que qualquer outra coisa, ao mútuo conhecimento de processos de educação, valores, expectativas, de tal maneira que a educação familiar e a escolar se complementem e se enriqueçam, produzindo aprendizagens coerentes, mais amplas e profundas. Quanto às esferas administrativas, a União e os Estados atuarão de forma subsidiária, porém, necessariamente em apoio técnico e financeiro aos Municípios, consoante o art. 30, VI, da Constituição Federal.

---

[97] LIMA, Maria Cristina de Brito. *A educação como direito fundamental*. Rio de Janeiro: Lumen Juris, 2003. p. 89.

Dentro do sistema da legislação do direito à educação, além de leis emanadas do Poder Legislativo e de medidas provisórias (arts. 59 a 69 da Constituição Federal), temos resoluções, pareceres normativos dos conselhos de educação, atos administrativos normativos — decretos, regulamentos, regimentos —, instruções e portarias do Ministério e das secretarias de educação, regimentos escolares e tratados e convenções internacionais que reforçam ainda mais a crescente importância deste direito fundamental, tanto no direito pátrio, quanto no direito internacional. O Estatuto da Criança e do Adolescente representa um marco regulatório na garantia dos direitos fundamentais e reforça a importância da educação como direito social que garante o pleno desenvolvimento das competências e habilidades da pessoa.

Assim, temos o reforço normativo ao direito à educação pela Lei de Diretrizes e Bases da Educação (Lei nº 9.394, de 26.12.1996) e pelo Estatuto da Criança e do Adolescente (Lei nº 8.069, de 13.07.1990), que destinou os artigos 53 a 59 ao direito à educação, além de outras legislações e normas dispersas que tratam da matéria educacional como princípio fundamental de Direito.[98]

1.3.3 O Estatuto da Criança e do Adolescente

O Estatuto da Criança e do Adolescente, editado na Lei nº 8.069, de 13 de julho de 1990, trata-se de diploma legal avançado, fundado no princípio da proteção integral da infância e da adolescência.

Afastando quaisquer dúvidas sobre o alcance do Estatuto, dispõe o seu art. 3º que a criança e o adolescente gozam de todos os direitos fundamentais inerentes à pessoa humana, sem prejuízo da proteção integral de que trata esta lei. As normas, contidas no estatuto, asseguram, por lei ou por outros meios, todas as oportunidades e facilidades, a fim de lhes facultar os desenvolvimentos físicos, mentais, morais, espirituais e sociais, em condições de liberdade e dignidade.

Como se vê, o objetivo do estatuto foi ampliar, em relação às crianças e aos adolescentes, o rol de direitos previsto no texto constitucional. Especificamente no que se refere ao direito à educação, os arts. 53 e 54 do Capítulo IV do Estatuto reproduzem as normas contidas nos arts. 205 a 208 e 227, *caput*, da Constituição da República, com

---

[98] GARCIA, Maria. A nova lei de diretrizes e bases da educação nacional. *Cadernos de Direito Constitucional e Ciência Política*, n. 23, p. 98, 2001.

acréscimo de outros direitos, como o contido no inc. V do art. 53, que garante o acesso à escola pública e gratuita próxima à residência do educando. O art. 208 da Lei nº 8.069/90 assegura, de forma expressa, a sindicação desses direitos junto ao Poder Judiciário. Dispõe-se que as ações de responsabilidade por ofensa aos direitos assegurados à criança e ao adolescente, referentes ao não oferecimento ou oferta irregular de vagas no sistema educacional, regem-se por esta lei e são oponíveis contra o Estado, que tem a obrigação de concretizar este direito fundamental. Enquanto o constituinte optou por indicar o mínimo existencial com a utilização do designativo direito subjetivo, o legislador infraconstitucional chegou a resultado similar por meio diverso. Somente é possível falar em direito, havendo o correspondente dever jurídico, e só se pode falar em dever caso seja detectada a existência de um poder de coerção, apto a alcançar o resultado almejado, não sendo ele espontaneamente observado. Logo, ao prever a exigibilidade desses direitos prestacionais e assegurar a imediata sindicabilidade judicial dos direitos mencionados no art. 208, o legislador infraconstitucional reconheceu, implicitamente, a sua essencialidade para um desenvolvimento digno das crianças e dos adolescentes. Afora a educação básica, devem ser adotadas as medidas possíveis à imediata implementação do atendimento educacional especializado aos portadores de deficiência, preferencialmente na rede regular de ensino, reforçando o comando constitucional, contido no inc. III do art. 208 da CF. O Estatuto prevê ainda a garantia de escolarização e profissionalização dos adolescentes privados de liberdade e a oferta do ensino noturno regular, adequado às condições do adolescente trabalhador. Estes dispositivos legais refletem a intenção do legislador em atribuir ao direito à educação uma função inclusiva.

Por meio dessa percepção do direito à educação, ele se torna a base para a realização de outros direitos: igualdade, liberdade, saúde, personalidade, segurança, bem-estar econômico, participação social e política. É por meio do direito à educação que a pessoa terá a possibilidade de desenvolver as suas competências e habilidades. O direito à educação, assim como o direito à liberdade e à igualdade, é um ideal a perseguir, e depende de políticas públicas efetivas e da atuação solidária da família e de toda a sociedade. Há uma nova postura, a ser adotada pelo Estado Constitucional contemporâneo, capaz de garantir a concretização deste direito, impregnado de incontestável fundamentalidade.

Com relação ao sistema normativo do direito à educação colacionado, constata-se que as garantias formais são extensas e detalhadas, cabendo, a seguir, a análise dos desafios para a sua concretização.

1.4 Do alcance, contido na norma constitucional, do direito à educação

A partir dos aportes expostos, ficou evidenciado que o direito fundamental à educação destaca-se entre os direitos sociais.[99] A passagem do Estado Liberal para o Estado Social[100] operou-se por meio da consagração dos chamados "direitos sociais,[101] econômicos e culturais".

O Estado Social contemporâneo propõe-se a realizar o constitucionalismo democrático, atribuindo ao Estado comportamento ativo na realização da justiça social, reconhecendo que liberdade e igualdade se comunicam em uma relação dialética pluralista que pretende alcançar um resultado de acordo comum, "revelando uma transição das liberdades formais abstratas para as liberdades materiais concretas".[102]

Essa perspectiva do Estado Social no atual constitucionalismo enfrenta um novo paradigma, pois, no mínimo, propõe mudanças à forma de concepção do Estado, que não mais pode se omitir de realizar o binômio problemático da liberdade-igualdade ou vice-versa. São esses direitos de segunda geração que reclamam do Estado não apenas a abstenção necessária ao respeito dos já reconhecidos direitos de primeira geração (os direitos-liberdade como os direitos à vida, à liberdade, à propriedade e à igualdade perante a lei), mas também, uma atuação positiva, prestacional, no sentido de assegurar a sua concretização.

---

[99] SARLET, Ingo Wolfgang. *A eficácia dos direitos fundamentais*: uma teoria geral dos direitos fundamentais na perspectiva constitucional. 10. ed. Porto Alegre: Livraria do Advogado, 2009. p. 332. O direito fundamental social à educação obteve o seu reconhecimento expresso no art. 6º da Constituição Federal de 1988, passando a integrar o catálogo dos direitos fundamentais, estando, assim, sujeito ao regime jurídico reforçado face ao disposto no art. 5º, §1º, e art. 60, §4º, inc. VI, da CF, que confere aplicação direta e imediata aos direitos fundamentais.

[100] BONAVIDES, Paulo. *Teoria do Estado*. 4. ed. São Paulo: Malheiros, 2003. p. 289. Paulo Bonavides identifica o Estado Social como a terceira revolução. "Como se vê, ela irrompe silenciosa e irreprimível na segunda metade do século XX, com o socialismo ou sem o socialismo. Mas, necessariamente, é a revolução pluralista, democrática que não derrama sangue nem acende labaredas, inspirada menos na referência indivíduo do que no valor pessoa humana, enquanto princípio cuja inserção não se pode separar do grupo ou da categoria coletiva. [...] Ocorre sob a égide de uma liberdade que tanto há de ser material como também formal, ficando, porém, fora do alcance e do golpe intruso de uma vontade eventualmente usurpadora, como é a vontade do Estado, quando se move além do raio de limitações que só a Constituição pode traçar com legitimidade".

[101] SARLET, *op. cit.*, p. 47. O autor refere que os direitos sociais representaram uma mudança de paradigma no fenômeno do direito, a modificar a postura abstencionista do Estado para o enfoque prestacional, característico das obrigações de fazer que surgem com os direitos sociais.

[102] *Ibidem*, p. 47.

Com efeito, ao contrário da não intervenção reclamada pelos direitos consagrados no Estado Liberal, ao Estado Social incumbe atuação proativa no sentido de assegurar a fruição dos direitos sociais pelos titulares, diante de sua qualificação de direitos prestacionais, já que exigem prestações estatais positivas para a sua implementação. O Estado Constitucional contemporâneo, por sua vez, integra à legalidade a legitimidade em concretizar valores e princípios que dão fundamentalidade às normas constitucionais, visto que os direitos fundamentais integram a essência desse Estado, pois constituem a parte formal e também são o elemento nuclear da Constituição material.

O direito fundamental à educação está inserido na Constituição Federal como direito subjetivo público[103] de segunda geração, cuja fundamentalidade formal nasce no Estado Social e qualifica-se como um dos direitos sociais mais expressivos. Por prerrogativa constitucional, trata-se de um direito de cunho prestacional, sendo assim, condiciona a Administração Pública no indeclinável dever jurídico de realizá-lo, por meio de políticas públicas,[104] desenvolvidas de acordo com os ditames constitucionais, criando condições objetivas que propiciem aos destinatários desse direito o pleno acesso ao sistema educacional e ao ensino de qualidade.

O reconhecimento expresso da educação como um direito fundamental social está inserido na norma contida no art. 6º da Constituição Federal. Assim, integrante no catálogo dos direitos fundamentais, o direito à educação está sujeito ao regime jurídico de aplicação direta e imediata dos direitos fundamentais. Essa norma, segundo parte da doutrina,[105] tem um cunho principiológico que visa a assegurar a força dirigente e vinculante dos direitos e das garantias fundamentais,

---

[103] "O direito subjetivo público confere ao indivíduo a possibilidade de transformar a norma geral e abstrata contida em determinado ordenamento jurídico em algo que possua como próprio. A maneira de fazê-lo é poder acionar as normas jurídicas (direito objetivo), transformando-as em seu direito (direito subjetivo)" (DUARTE, Clarisse Seixas. Direito subjetivo público e políticas educacionais. *In*: BUCCI, Maria Paula Dallari (Org.). *Políticas públicas*: reflexões sobre o conceito jurídico. São Paulo: Saraiva, 2006. p. 267-268).

[104] BUCCI, *op. cit.*, p. 11. "As políticas públicas como programa de ação governamental, visando a realizar objetivos determinados, têm distintos suportes legais. Podem ser expressas em disposições constitucionais, ou em leis, ou ainda em normas infralegais, como decretos e portarias e, até mesmo, em instrumentos jurídicos de outra natureza, como contratos de concessão de serviços públicos, por exemplo, e representam geralmente uma melhoria de caráter econômico, político ou social na comunidade".

[105] Parte expressiva da doutrina, ao fazer uma interpretação sistemática da norma contida no §1º do art. 5º da CF, sustenta que os direitos e as garantias constitucionais têm eficácia e aplicabilidade imediata. Podemos referir Ingo Sarlet, Eros Grau, Marcos Augusto Maliska e Flávia Piovesan, entre outros.

objetivando transformar direitos em prerrogativas diretamente aplicáveis pelo Estado.

Inseridos no título da ordem social no Capítulo III da Constituição Federal, os arts. 205 a 208 confirmam e consagram a fundamentalidade material e formal do direito fundamental à educação e o seu cunho de direito social.[106] Nos termos do art. 208, inciso I, da CF, o direito à educação básica está no rol de direitos sociais em que não há qualquer dúvida quanto à imperatividade da norma e à exigibilidade do bem tutelado. A declaração, prevista no §1º do mesmo artigo, expressa que o acesso ao ensino obrigatório é direito subjetivo público, eis que decorre de uma situação jurídica subjetiva pela qual o ordenamento tutela um interesse individual, mediante o reconhecimento ao titular de um poder da vontade, respeitante às relações em prevalência do direito público.[107]

Sendo assim, no âmbito dos direitos sociais, o reconhecimento da educação como um direito subjetivo público reclama uma atuação estatal voltada à garantia de sua fruição pelos cidadãos, não se restringindo ao campo legislativo. Incumbe ao legislador não somente dotar o sistema de regramentos que possibilitem o alcance das normas constitucionais, mas também compete à Administração Pública criar mecanismos de implementação desses direitos e garantias, por via da elaboração e execução de políticas públicas. Trata-se aqui, a toda evidência, do processo político de escolha de prioridades para o governo, estabelecendo metas, diretrizes ou objetivos que direcionem a atividade estatal para a materialização da norma fundamental. Com isso, os diretos fundamentais são o norte do constitucionalismo, de sua legitimidade, de sua ética, de sua axiologia, de sua positividade.

Um direito é disciplinado e assegurado pela norma em abstrato, isto é, o seu exercício e efetividade dependerão da sua densidade normativa. O direito à educação possui alta densidade normativa, visto que a sua fundamentalidade formal está expressa na ordem constitucional que lhe conferiu *status* de direito subjetivo público.

A definição do objeto a ser prestado pelo Estado em atenção ao direito à educação e a definição dos titulares deste direito devem ser esclarecidas. Mesmo mediante um sistema normativo amplo, a

---

[106] SARLET, Ingo Wolfgang. *A eficácia dos direitos fundamentais*: uma teoria geral dos direitos fundamentais na perspectiva constitucional. 10. ed. rev. atual e ampl. Porto Alegre: Livraria do Advogado, 2009. p. 333.

[107] KIM, Richard. *Direito subjetivo à educação infantil e responsabilidade pública*. Publicado na CONPEDI. Disponível em: <www.conpedi.org/manaus/.../Richard%20P.%20Pae%20Kim. pdf>. Acesso em: 24 fev. 2010.

Capítulo 1
O Direito Fundamental à Educação | 61

dificuldade de delimitação do conteúdo do direito à educação é um obstáculo à sua efetividade.

1.4.1 A eficácia, a efetividade e a fundamentalidade

No sistema jurídico brasileiro, são verificadas dificuldades em estabelecer quais dispositivos constitucionais são diretamente aplicáveis e dotados de plena eficácia e as situações em que o direito fundamental à educação terá real *status* de direito subjetivo público.[108] Partindo da posição doutrinária da aplicação direta e imediata dos direitos fundamentais, entende-se que o preceito no qual este direito está inscrito é autossuficiente, uma vez que não reclama, porque dele independe qualquer ato legislativo ou administrativo que anteceda a decisão na qual se consume a sua efetividade.[109] Sendo assim, pode-se dizer que a eficácia está vinculada à aplicabilidade da norma. Ocorre que a dificuldade está exatamente em definir qual dos vários preceitos do direito à educação terá essa qualidade.

Parte dos doutrinadores, entre eles José Afonso da Silva e Eros Grau, distingue a eficácia em jurídica e social: a primeira "designa a qualidade de produzir, em maior ou menor grau, efeitos jurídicos, ao regular, desde logo, as situações, as relações e os comportamentos nela indicados",[110] enquanto a segunda "refere-se ao fato de a norma ser realmente aplicada".[111] Nesse sentido, o conceito de eficácia social coincide com o de efetividade e introduz o conceito de eficácia como:

> o modo de apreciação das consequências das normas jurídicas e de sua adequação aos fins por elas visados. Daí, por que basta a possibilidade — que não necessariamente a efetividade — da geração de tais efeitos para que ocorra a eficácia jurídica da norma.[112]

---

[108] O direito subjetivo veicula a faculdade conferida ao seu titular de agir, em conformidade com a situação jurídica, abstratamente prevista na norma, para exigir de outrem o cumprimento de um dever jurídico.

[109] Eros Grau assevera que, segundo Antoine Jeammaud, a efetividade de uma norma refere-se à "relação de conformidade (ou, pelo menos, de não contrariedade), com ela, das situações ou dos comportamentos que se realizam no seu âmbito de abrangência" (GRAU, Eros Roberto. *A ordem econômica na Constituição de 1988*. 11. ed. São Paulo: Malheiros, 2006. p. 323).

[110] GRAU, Eros Roberto. *A ordem econômica na Constituição de 1988*. 11. ed. São Paulo: Malheiros, 2006. p. 323.

[111] *Ibidem*, p. 323.

[112] GRAU, Eros Roberto. *A ordem econômica na Constituição de 1988*. 11. ed. São Paulo: Malheiros, 2006. p. 323-324.

Neste sentido, a realização dos direitos sociais depende de um conjunto de ações que incluem a existência de comando constitucional, a sua validade, pois o seu texto está em conformidade com o regramento que lhe dá base, a sua eficácia jurídica, que se traduz na aplicabilidade da norma, e, finalmente, a sua eficácia social ou efetividade, que é a obtenção dos resultados propostos pela norma em certo espaço de tempo.

Sobre o tema, Eros Grau afirma que o conceito de aplicação coabita com os conceitos de eficácia e efetividade, assim como esclarece que a eficácia implica a realização efetiva dos resultados pela norma[113] que se completa na efetividade. Por essa razão, a eficácia direta e a aplicabilidade imediata se verificam na força normativa de determinado direito que, por si só, se efetivará independente de comandos externos à norma.

A efetividade, por sua vez, pode ser compreendida por sua dimensão jurídica (ou formal) e material. Segundo Eros Grau, a efetividade jurídica é aquela que concede um reconhecimento efetivo de um direito a determinado sujeito, "quando realizada a conformidade de uma situação jurídica concreta ao modelo que constitui a norma; ou [...] quando tiver sido produzida a norma individual que interpreta e atualiza a norma aplicada".[114] A efetividade material, entretanto, manifesta-se vinculada à efetividade jurídica, produzindo a conduta requerida pela norma individual ou "quando realizada a conformidade da situação de fato à situação jurídica da aplicação da norma".[115] Portanto, reside na conformação destes conceitos e entendimentos a dificuldade em se garantir que a eficácia se realize por meio da efetividade jurídica e material.

Essas questões surgem a partir da nova conformação do direito no Estado constitucional contemporâneo, que deixa de ser mera estrutura para assumir-se funcionalmente. No Estado Constitucional moderno, a normatividade jurídica tornou-se o vetor da racionalidade social, isto é, era racional tudo aquilo que estava conforme as normas jurídicas, que tinham como função enquadrar os comportamentos (direitos de defesa). Havia, assim, uma confiança quase que absoluta depositada no Estado e no Direito, com a visão idealizada de que a formalização de um direito era a garantia de sua efetividade material.

As transformações, operadas no Estado Constitucional contemporâneo, alteraram este paradigma: "a legitimidade não é mais

---

[113] *Ibidem*, p. 323.

[114] *Ibidem*, p. 324.

[115]*Ibidem*, p. 324.

adquirida de pleno direito", eis que os direitos sociais supõem, para a sua realização, a mediação do Estado. Chevallier explica que "a instrumentalização crescente de um direito, concebido na era do Estado-Providência",[116] como um meio de ação a serviço do Estado, não o coloca mais integralmente na ordem "racional". Desta forma, o direito se encontra submetido ao "crivo do julgamento crítico", não sendo mais a racionalidade do direito presumida. "A norma passa pelo crivo da eficiência, que se torna condição e a garantia da legitimidade." Assim, "esse direito é caracterizado por uma nova positividade e governado por uma lógica de eficiência", havendo a real preocupação da obtenção dos resultados pretendidos.[117] A eficácia envolve, então, a concretização efetiva dos resultados desejados pela norma, pois está vinculada à sua aplicabilidade, sem mediação.

Por conseguinte, as transformações operadas no modelo atual de Estado produziram uma nova conformação ao direito, "concedido como instrumento de ação nas mãos do Estado, colocado a serviço da realização de políticas públicas",[118] visando a atingir certos objetivos e a produzir efeitos sociais e econômicos. As políticas públicas atuam de forma complementar, para viabilizar a efetividade dos direitos sociais, "preenchendo os espaços normativos e concretizando os princípios e as regras, com vista a objetivos determinados".[119] Nesse sentido, verifica-se que há um movimento para que o Estado tenha um papel mais "intervencionista",[120] seja como mediador, partícipe, indutor ou regulador do processo econômico e como garantidor dos direitos sociais.

Enquanto nos países desenvolvidos ocorreu o declínio do Estado do Bem-Estar Social nos anos 80, nos quais se suprimiram ou se reduziram o alcance dos direitos sociais, justificados pela perda de competitividade daqueles países em função da manutenção das dispendiosas

---

[116] Ressalte-se que, na França, a referência que se dá ao Estado Social é a de Estado Providência, visto que o fenômeno dos direitos sociais se opera em cada país com diferentes peculiaridades, conforme a realidade social e econômica de cada cultura.

[117] CHEVALLIER, Jacques. *O Estado pós-moderno*. Tradução de Marçal Justen Filho. Belo Horizonte: Fórum, 2008. p. 120.

[118] *Ibidem*, p. 120.

[119] BUCCI, Maria Paula Dallari. *Políticas públicas*: reflexões sobre o conceito jurídico. São Paulo: Saraiva, 2006. p. 26.

[120] *Ibidem*, p. 5. Sobre o papel intervencionista do Estado, a autora explica que: "Esse processo de ampliação de direitos, por demanda da cidadania, enseja um incremento da intervenção do Estado no domínio econômico. A intervenção do Estado na vida econômica e social é uma realidade, a partir do século XX. [...] O paradigma dos direitos sociais, que reclama prestações positivas do Estado, corresponde, em termos da ordem jurídica, ao paradigma do Estado intervencionista, de modo que o modelo teórico que se propõe para os direitos sociais é o mesmo que se aplica às formas de intervenção do Estado na economia. Assim, não há um modelo jurídico de políticas sociais distinto do modelo de políticas públicas econômicas".

estruturas de serviços públicos criados para concretizá-los, no Brasil é a falta de uma implementação sistemática e uniforme desses serviços que resulta nas desigualdades sociais históricas e na menor competitividade do país. Isto se constata principalmente em relação à educação, uma vez que o fator do domínio tecnológico é um diferencial no desenvolvimento das empresas e, consequentemente, do Estado, estando a baixa escolaridade associada à redução da capacidade de competição e inserção do país na economia mundial.

No contexto brasileiro, a implementação do Estado Social ainda é precária, pois a nossa realidade demonstra que as ações estatais não têm sido eficientes para atender às expectativas mínimas dos direitos sociais. Neste sentido, a nova conformação do Direito e do Estado que se desenha vai se adaptar à realidade social e econômica e às peculiaridades de cada país. Os direitos sociais[121] representaram uma mudança de paradigma no fenômeno do Direito, uma vez que, a partir do século XX, na maioria das Constituições, passaram-se a conter normas específicas, garantindo direitos fundamentais sociais, além das normas de estruturação de poder e das liberdades públicas, típicas do Estado moderno.

Assim, os direitos sociais apareceram nos textos normativos a partir da Constituição mexicana, de 1917, e da Constituição de Weimar, de 1919; no Brasil, surgem, formalmente, a partir da Constituição de 1934, mas é, na Constituição de 1988, que realmente passam a ter maior força jurídica e a integrar-se ao sistema normativo pátrio, tendo alguns deles *status* constitucional de direito subjetivo público, como é o caso do direito fundamental à educação. Como já foi referida, a previsão formal de um direito, por si só, não é garantia de sua realização material. Em relação aos direitos sociais, essa dificuldade se acentua em decorrência de seu cunho prestacional.[122]

---

[121] Ressalte-se que a Emenda Constitucional nº 64/10 altera o art. 6º da Constituição Federal, para introduzir a alimentação como direito social. "Art. 1º. O art. 6º da CF passa a vigorar com a seguinte redação: Art. 6º São direitos sociais a educação, a saúde, a alimentação, o trabalho, a moradia, o lazer, a segurança, a previdência social, a proteção à maternidade e à infância, a assistência aos desamparados, na forma desta Constituição" (BRASIL. *Constituição Federal de 1988*. Disponível em: <http://www.planalto.gov.br/ccivil_03/Constituicao/Emendas/Emc/quadro_emc.htm>. Acesso em: 9 out. 2010).

[122] BUCCI, Maria Paula Dallari. *Políticas públicas*: reflexões sobre o conceito jurídico. São Paulo: Saraiva, 2006. p. 7. Sobre a dificuldade da introdução dos direitos sociais no universo jurídico e os desafios de cada Estado em garantir e assegurar seu exercício para além da mera previsão legal, a autora ressalta que: "especialmente nas sociedades com menor tradição de garantia de liberdades e mais atrasadas do ponto de vista das condições econômicas e sociais de seu povo, a introdução dos direitos sociais só faz sentido, do ponto

Conforme acertada afirmação de Sarlet, a problemática da eficácia do direito social à educação depende, ainda, da fundamentalidade ou não dos diversos preceitos constitucionais e, em consequência, do complexo de normas que constituem o núcleo essencial desse direito.[123] A eficácia mínima de um direito fundamental é a garantida pela proteção do seu núcleo essencial, sob pena de pôr em risco a sua fundamentalidade. Em outras palavras, essa garantia de proteção do núcleo essencial dos direitos fundamentais direciona para a parcela do conteúdo de um direito sem a qual ele perde a sua eficácia mínima, deixando de ser reconhecido como um direito fundamental.

Esta posição está em sintonia com a corrente doutrinária da eficácia direta e aplicabilidade imediata do direito fundamental à educação e se justifica, uma vez que sua fundamentalidade jurídica está expressamente estabelecida pela ordem constitucional que lhe concede alta densidade normativa. A norma contida no §1º do art. 5º estabelece que os preceitos definidores de direitos e garantias fundamentais têm eficácia direta e aplicação imediata, pois, por sua fundamentalidade, não estão condicionados a um ato de natureza concretizadora para que possam ser imediatamente aplicáveis, adquirindo, segundo Ingo Sarlet,[124] um cunho principiológico. Esta norma, por conseguinte, objetiva tornar direitos prerrogativas diretamente aplicáveis.[125]

No plano internacional, recentemente, em reunião em Nova Deli, a Comissão Nacional de Direitos Humanos da ONU divulgou o "Draft Resolution on the Right to Education", que contém comandos que reconhecem a eficácia plena e aplicabilidade imediata do direito à educação. Esse documento vem ao encontro de todas as afirmações, feitas até o momento neste trabalho, visto estabelecer, entre outras

---

de vista normativo, se estiver associada a um conjunto de garantias equivalentes ao que permitiu que os direitos individuais se transformassem em pilar e referencial político e jurídico dos Estados democráticos modernos".

[123] SARLET, Ingo Wolfgang. *A eficácia dos direitos fundamentais*: uma teoria geral dos direitos fundamentais na perspectiva constitucional. 10. ed. rev. atual e ampl. Porto Alegre: Livraria do Advogado, 2009. p. 334. O autor entende que, no mínimo, quanto aos artigos 205 a 208 da CF, "se poderá considerá-los integrantes da essência do direito fundamental à educação, compartilhando, portanto, a sua fundamentalidade material e formal".

[124] SARLET, Ingo Wolfgang. *A eficácia dos direitos fundamentais*: uma teoria geral dos direitos fundamentais na perspectiva constitucional. 10. ed. rev. atual e ampl. Porto Alegre: Livraria do Advogado, 2009. p. 240. Sarlet sustenta que a norma contida no §1º do art. 5º tem cunho principiológico, pois constitui-se em verdadeira "espécie de mandado de otimização ou (maximização), isto é, estabelecendo aos órgãos estatais a tarefa de reconhecerem a maior eficácia possível aos direitos fundamentais".

[125] MALISKA, Marcos Augusto. *O direito à educação e a Constituição*. Porto Alegre: Sergio Antonio Fabris, 2001. p. 112.

diretrizes e resoluções, que o Estado não precisa esperar por uma legislação infraconstitucional para concretizar o direito à educação,[126] o que ratifica a preocupação, em nível internacional, da urgência para se concretizar, na maior medida possível, o direito à educação no seu primeiro estágio, com a universalização da educação básica.

Os normativos colacionados no referido documento impõem aplicabilidade direta e imediata do direito à educação, reconhecendo, assim, a sua eficácia plena, a qual decorre da sua incontestável relevância social, identificada pela maior parte da comunidade mundial. A resolução reconhece que, por meio da educação, concretizam-se muitos outros direitos sociais, visto que é com a participação ativa e consciente da pessoa como cidadão que se viabiliza o Estado Democrático. Com essa visão, estabelece que caberá ao Estado e a toda a sociedade a busca de soluções capazes de viabilizar a concretização deste direito, aplicando o direito da solidariedade.[127] Acrescenta que os governos locais têm a responsabilidade de garantir o direito à educação com participação ativa e envolvimento dos administradores, das comunidades e do setor privado. Cabe ressaltar também que isso não retira a responsabilidade do Estado,[128] uma vez que é dele a titularidade de estabelecer as políticas públicas para a concretização dos direitos sociais.

O referido documento recomenda, ainda, que é necessária uma convergência de esforços e de investimentos de todos os setores da sociedade, pois a educação deve ser prioridade em todos os orçamentos.[129] Esta postura mostra que também, em sede de direitos humanos, o direito à educação ocupa relevante posição entre os direitos sociais e demonstra a consciência da comunidade internacional quanto à necessidade de se garantir uma maior eficiência na concretização do direito à educação.

---

[126] "The State governments need not wait for a Central legislation in order to execute right to education. Legislation is to enforce quality & make it more justiciable. Constitutional amendment cannot be subjugated to legislation" — esta é a transcrição do "Draft Resolution on the Right to Education".

[127] SARLET, *op. cit.*, p. 48. "Os direitos de terceira dimensão, também denominados 'direitos de fraternidade ou de solidariedade', trazem nota distintiva o fato de desprenderem, em princípio, da figura do homem-indivíduo como o seu titular, destinando-se à proteção de grupos humanos (família, povo, nação) e caracterizando-se, consequentemente, como direitos de titularidade coletiva ou difusa".

[128] "Draft Resolution on the Right to Education – Local government bodies must assume the responsibility of ensuring right to education with active participation and involvement of local management committees, communities, non-profit organizations and private sector agencies. However, it does not absolve responsibility of Centre and State Governments" (ORGANIZAÇÃO DAS NAÇÕES UNIDAS. Disponível em: <http://nhrc.nic.in/dispArchive. asp?fno=1609>. Acesso em: 7 nov. 2010).

[129] "What we need is a convergence of efforts & investments made for the same by Tribal Departments, Voluntary Organisations, Infrastructure and Employment schemes & even private sectors. Education should be prioritised while budgeting" (*Ibidem*).

Verifica-se, assim, a confirmação de que, para a efetivação dos direitos sociais, deve haver uma união de forças de todos os setores do Estado/ Administração, juntamente com a sociedade e a família, rompendo-se a dicotomia público/privado[130] e passando-se a uma realidade, na qual todos assumem a responsabilidade de viabilizar a efetividade do direito à educação.

1.4.2 O direito à educação e o seu alcance na doutrina e na jurisprudência como direito subjetivo público

Por força constitucional, o Estado tem o dever de efetivar o direito à educação, reconhecendo o seu *status* de direito subjetivo público,[131] mediante a garantia de acesso ao sistema educacional público e gratuito, a todos que assim desejarem. Este reconhecimento expresso autoriza a possibilidade de, constatada a ocorrência de uma lesão, o direito ser exigido contra o poder público de imediato e individualmente. Ricardo Lobo Torres assevera que:

> a elevação do direito à educação como subjetivo público confere-lhe o *status* de direito fundamental, mínimo existencial, arcando o Estado, nos limites propostos, com prestações positivas e igualitárias, cabendo a este, também, através de sua função jurisdicional, garantir-lhes a execução.[132]

---

[130] ARENDT, Hannah. *A condição humana.* 10. ed. Rio de Janeiro: Forense Universitária, 2008. p. 79. Por meio de sua incontestável genialidade, já nessa importante obra, a autora colocava que a contradição entre o público e o privado foi um fenômeno temporário, típico dos estágios iniciais da era moderna, que resultou na completa extinção da própria diferença entre estas esferas e a "submersão de ambas na esfera social. Pela mesma razão, estamos em posição bem melhor para compreender as conseqüências, para a existência humana, do desaparecimento de ambas esferas da vida — a esfera pública, porque se tornou função da esfera privada, e a esfera privada, porque se tornou a única preocupação comum que sobreviveu." Isto ocorre, uma vez que ela entende que a contradição óbvia do moderno conceito de governo é que a única coisa que as pessoas têm em comum são os seus interesses privados. Neste sentido, inicia-se uma conscientização da sociedade atual de um dever de solidariedade, pois é por meio da solidariedade e do reconhecimento da necessidade de uma atuação multidimensional entre todos os atores da sociedade e do Estado que serão preservados os interesses privados.

[131] Norma contida no art. 208, §1º, inciso IV, da Constituição Federal, com o reconhecimento pretoriano do STF no RE nº 436996/SP, na ADPF/DF nº 45 e, recentemente, no AI nº 677274/ SP, Informativo do STF nº 520, relator, Min. Celso de Mello reconhece o direito subjetivo público à educação somente à criança de até cinco anos de idade, com atendimento em creche e em pré-escola (CF, art. 208, IV, redação dada pela EC nº 53/2006). "Compreensão global do Direito Constitucional à educação, dever jurídico cuja execução se impõe ao poder público, notadamente ao Município".

[132] TORRES, Ricardo Lobo. *Os direitos humanos e a tributação:* imunidades e isonomia. Rio de Janeiro: Renovar, 1995. p. 161.

Em princípio, isso significa que qualquer pessoa (sujeito de direito), se assim o desejar, terá a tutela dessa garantia inserida na Constituição. Caso lhe seja negado esse direito, tanto por ação quanto por omissão do Estado/Administração, caberá ao seu titular recorrer à justiça para garantir a sua concretização.

A partir dessa posição, estamos diante de um desafio, eis que é preciso definir quem é titular desse direito, quais são os objetivos constitucionais, para verificar a sua efetividade e quais dispositivos constitucionais geram um direito subjetivo público. A Constituição Federal, no Capítulo da Ordem Social,[133] contempla as normas balizadoras para a concretização do direito fundamental à educação, estabelecendo que os objetivos constitucionais da educação são: o pleno desenvolvimento da pessoa; o seu preparo para o exercício da cidadania e a sua qualificação para o trabalho.[134] Sendo assim, o direito à educação se efetiva por meio da garantia de acesso ao sistema oficial de ensino de qualidade, tendo como finalidade os objetivos já referidos.

Verifica-se, assim, a importância conferida a esse direito pela norma constitucional, uma vez que os seus objetivos concretizados promoverão a realização de outros direitos fundamentais, o que eleva o direito à educação a um patamar de destaque no sistema normativo. Um deles é o direito à igualdade de oportunidades que está inserido no princípio da igualdade, fundamento do Estado Democrático.

A Constituição Federal consagra o direito à educação como direito de todos,[135] mas um dever do Estado e da família, cuja promoção e incentivo contará, inclusive, com a colaboração da sociedade. Apesar de tratar-se de um dos serviços essenciais do Estado, pode ser prestado também pela iniciativa privada, entretanto isto não afastará a responsabilidade primordial do Estado em efetivá-lo, sem a necessidade de mediação legal. Sendo assim, este serviço público prestacional não é de exclusiva competência da Administração Pública, podendo ser exercido pela livre iniciativa, desde que atendidas as condições constitucionalmente estabelecidas.[136] Tendo em vista que o Brasil

---

[133] A partir do Capítulo III, art. 205 da Constituição Federal de 1988.

[134] MALISKA, Marcos Augusto. Educação, Constituição e democracia. *In*: SOUZA NETO, Cláudio Pereira de; SARMENTO, Daniel (Coord.). *Direitos sociais, fundamentos, judicialização e direitos sociais em espécie*. Rio de Janeiro: Lumen Juris, 2008. p. 792.

[135] Como típico direito social, o direito à educação remete ao Estado a obrigação de oferecer acesso ao sistema educacional a todos os interessados em usufruir desta prerrogativa, e é neste sentido que a norma constitucional refere que o direito à educação é um direito de todos.

[136] O art. 209 da Constituição Federal dispõe que "O ensino é livre à iniciativa privada, atendidas as seguintes condições: 1 – cumprimento das normas gerais da educação nacional; II – Autorização e avaliação de qualidade pelo Poder Público," pois a educação, assim como

Capítulo 1
O Direito Fundamental à Educação | 69

constitui-se em um Estado Constitucional de regime democrático, o cidadão tem a liberdade de decidir se quer ou não usufruir os serviços públicos colocados à sua disposição. Todavia, o Estado não tem liberdade para deixar de oferecer serviços públicos, de acordo com a sua conveniência, quando forem de natureza estratégica, portanto, indelegáveis, como a segurança pública, por exemplo. Conforme referido anteriormente, o direito à educação está contido entre os serviços essenciais que devem ser exercidos pela Administração Pública, mas que podem também ser delegados à livre iniciativa, devido ao fato de a Constituição excepcionar o comando geral do artigo 175.[137] Nesse sentido, o constituinte delimitou o âmbito de proteção do direito à educação por meio de um conjunto de normas que definem o núcleo de atuação desses serviços públicos a serem prestados pelo poder estatal.

O direito à educação formal, em sentido amplo, contém em seu âmbito de proteção: o direito à educação infantil, ao ensino fundamental, médio e superior, ministrada no sistema público e privado, independentemente da idade do seu sujeito. A educação como um direito de todos consagra ainda o princípio da universalidade como típico direito social, eis que remete ao Estado a obrigação de oferecer acesso à educação básica no sistema público de ensino a todos os interessados em usufruir desta prerrogativa, por meio da gratuidade do ensino público. Estas normas consagram a sua fundamentalidade e a sua alta densidade normativa, justificando a sua concretização na maior medida possível. Por essa razão, o constituinte expressamente concedeu-lhe *status* de direito subjetivo público,[138] com eficácia direta e aplicabilidade imediata.

Cabe asseverar que o direito subjetivo retomou o seu poder de destaque na ordem jurídica com o reconhecimento dos direitos sociais. As doutrinas objetivistas fizeram o indivíduo descer da posição central que ocupava na cena jurídica do direito moderno. Elas se desenvolveram na primeira metade do século XX, e Duguit era um dos seus doutrinadores, e assim afirmava que "direitos e liberdades não poderiam,

---

[137] a saúde, a assistência social, a previdência social, entre outros, é um típico serviço público que deve ser prestado pelo Estado, mas também por particular. Tendo em vista que o seu núcleo de atuação é essencial, a sua prestação tem de ser autorizada e fiscalizada pelo Estado na forma da Constituição e das leis infraconstitucionais.

[137] O art. 175 da Constituição Federal dispõe que "Incumbe ao Poder Público, na forma da lei, diretamente ou sob regime de concessão ou permissão, sempre através de licitação, a prestação de serviços públicos".

[138] Previsto de forma expressa no §1º do art. 208, o que significa que qualquer pessoa (sujeito de direito) tem garantia da Constituição ao acesso gratuito à educação básica, podendo recorrer à Justiça para garantir tal direito. Trata-se de um direito do cidadão perante o Estado, que, uma vez violado, poderá ter a sua tutela por via judicial.

com efeito, ter existência concreta fora da sua consagração pelo direito positivo" (não existem, então, "direitos subjetivos", apenas "situações jurídicas subjetivas").[139] A partir de então, esta corrente doutrinária considera que o direito encontra as suas raízes não mais no indivíduo, mas no grupo social, que forma um "estado de consciência", a "fonte criadora do direito". Essa teoria pretende substituir o direito natural pelo direito social, tentando superar a ideia do indivíduo como centro das ações do Estado, das teorias subjetivistas, que detêm direitos anteriores a toda a vida social, aos quais não renunciará, mesmo diante do "contrato social".

Com o desenvolvimento dos direitos sociais, assistimos a um "refluxo do subjetivismo", uma vez que a concepção individualista reinsere o indivíduo na cena jurídica em posição central, garantindo-lhe direitos e concedendo-lhe poder de exigibilidade em face do Estado.[140] A nova concepção do direito apoia-se sobre outra lógica, "abandona-se o universo das certezas, resultantes do primado da Razão, para entrar em um mundo de in-certeza, de relativismo de in-determinação".[141]

São estas incertezas e indeterminações, contidas no sistema normativo, que dificultam a determinação das situações concretas de aplicação e efetivação de um direito, por isto, a dificuldade está exatamente na conceituação do direito subjetivo. Alexy, ao comentar sobre o tema, assevera que a discussão sobre o conceito de direito subjetivo não caminhou na direção de um consenso. Para o autor, quando há uma indagação em determinado sistema jurídico, se uma pessoa tem determinado direito subjetivo, está-se diante de uma questão jurídico-dogmática.[142] O direito subjetivo decorre de uma situação jurídica,

---

[139] CHEVALLIER, Jacques. *O Estado pós-moderno*. Tradução de Marçal Justen Filho. Belo Horizonte: Fórum, 2008. p. 123.

[140] Sobre a nova concepção do Direito, *vide* CHEVALLIER, Jacques. *O Estado pós-moderno*. Tradução de Marçal Justen Filho. Belo Horizonte: Fórum, 2008. p. 124.

[141] *Ibidem*, p. 124.

[142] ALEXY, Robert. *Teoria dos direitos fundamentais*. Tradução de Virgílio Afonso da Silva. São Paulo: Malheiros, 2008. p. 181. O autor sustenta que há um modelo de direitos subjetivos em três níveis, pois são compreendidos como posições e relações jurídicas, sendo possível distinguir entre "(a) razões para direitos subjetivos, (b) direitos subjetivos como posições e relações jurídicas e (c) a exigibilidade jurídica dos direitos subjetivos". Para ele, uma das principais causas da interminável polêmica acerca do conceito de direito subjetivo, é a insuficiente distinção entre estas três questões. p. 185. Em nota de rodapé, o autor se refere às teorias do interesse e da vontade, citando o conceito de direito subjetivo, segundo alguns autores. Segundo Windscheid, "direito subjetivo é um poder ou um domínio da vontade, outorgado pelo ordenamento jurídico". Para Jellinek, direitos subjetivos são "interesses juridicamente protegidos [...] é, portanto, um poder da vontade humana, reconhecido e protegido pelo ordenamento jurídico e dirigido a um bem ou interesse". Alexy diz que "os

Capítulo 1
O Direito Fundamental à Educação | 71

pela qual o ordenamento tutela um interesse individual, através do reconhecimento ao titular de um poder da vontade, o que resultará na proteção jurídica desse direito. Nesse sentido, há uma desafiadora dificuldade doutrinária e jurisprudencial em se estabelecer o conteúdo e o alcance de tal direito, assim como verificar as situações em que há real *status* de direito subjetivo público,[143] uma vez que a sua eficácia depende, entre outros fatores, da certeza da fundamentalidade dos diversos preceitos constitucionais.[144]

Em relação ao direito à educação, para Ingo Sarlet, em pertinente observação, o artigo 205 não possibilita, por si só, o reconhecimento de um direito subjetivo público, porque sustenta se tratar de norma de eficácia limitada, que estabelece fins genéricos a serem alcançados e diretrizes a serem respeitadas pelo Estado e pela comunidade na realização desse direito.[145] Desse modo, em sintonia com a posição referida pelo autor, a jurisprudência atual do Supremo Tribunal Federal não reconhece que, por força deste preceito normativo, se configure um direito subjetivo público genérico à educação. Em reiteradas decisões, Celso de Mello assinala a relevância atribuída a esse direito, por representar prerrogativa constitucional deferida a todos (norma contida no art. 205 da CF), mas o reconhecimento pretoriano, como direito subjetivo público oponível ao Estado, se revela apenas em relação às crianças de zero a cinco anos (norma contida no inc. IV do art. 208 da CF). Estas decisões se assentam com base na norma, contida no inciso IV do art. 208,

---

pólos, em redor dos quais gira a polêmica sobre os direitos subjetivos, foram caracterizados com insuperável concisão por Jhering: 'Dois são os momentos que constituem o conceito de direito: um substancial, no qual reside a finalidade prática do próprio direito, a saber, a utilidade, a vantagem, o lucro, a qual deve ser garantida pelo direito; e um formal, o qual se relaciona com aquela finalidade apenas como meio, a saber, a proteção jurídica, a ação judicial'" (*Ibidem*, p. 186).

[143] O direito subjetivo é intitulado de público ou privado conforme a natureza da norma que o consagra. Sendo assim, direito subjetivo público é o decorrente de norma de caráter público, designativo que aufere suas características básicas no objeto da relação jurídica e na sua indisponibilidade, sendo necessário que o Estado figure em um dos polos da relação jurídica.

[144] ALEXY, Robert. *Teoria dos direitos fundamentais*. Tradução de Virgílio Afonso da Silva. São Paulo: Malheiros, 2008. p. 350.

[145] Quanto ao artigo 205, diz que "está, na verdade, revelando uma feição notadamente programática e impositiva, não possibilitando, *por si só*, o reconhecimento de um direito subjetivo — já que — norma de eficácia limitada — apenas estabelece fins genéricos a serem alcançados e diretrizes a serem respeitadas pelo Estado e pela comunidade na realização do direito à educação [...] Enquanto exerce a função de impor tarefas e objetivos aos órgãos públicos e, em especial, ao legislador, serve, além disso, como parâmetro obrigatório para a aplicação e a interpretação das demais normas jurídicas" (*Ibidem*, p. 350-352). Dessa forma, não defende que haja um direito subjetivo genérico à educação, sim os colacionados no art. 207 e no inciso I e IV do artigo 208 da CF.

e o Estado só se desincumbirá desta obrigação, criando "condições objetivas que propiciem aos titulares desse mesmo direito o acesso pleno ao sistema educacional, inclusive ao atendimento, em creche e pré-escola, 'às crianças até cinco anos de idade'".[146]

Portanto, fazendo-se uma interpretação sistemática das posições doutrinárias e jurisprudenciais, anteriormente expostas, conclui-se que a universalização do direito ao acesso gratuito à educação está relativizada nas próprias normas constitucionais. Ao realizar uma interpretação do artigo 208 da Carta Magna, encontra-se uma restrição à universalização deste direito fundamental, uma vez que o dever do Estado em concretizar o direito à educação fica limitado à garantia de acesso ao ensino básico nos estabelecimentos oficiais de ensino, mesmo que seja independente da idade do aluno. A garantia do acesso gratuito somente em estabelecimentos públicos restringe o direito à educação, pois onde não houver estabelecimentos oficiais de ensino, ou no caso de falta de vagas nos mesmos, ou ainda se forem de difícil acesso, os jurisdicionados ficarão sem a tutela de seu direito.

A jurisprudência do STF firmou-se no sentido de reconhecer o direito subjetivo público ao acesso à educação gratuita onde houver vaga, independentemente de se serem estabelecimentos públicos ou privados, somente às crianças de até cinco anos de idade,[147] enquanto em relação aos ensinos fundamental e médio, ainda não há esse reconhecimento. Em outras palavras, a doutrina e a jurisprudência majoritária interpretam que, do texto constitucional e das leis infraconstitucionais citadas,

---

[146] AI nº 677274. SP, 18 de setembro de 2008. No relatório da referida ação, o Ministro Celso de Mello fundamenta a sua decisão, afirmando que "é preciso assinalar, neste ponto, por relevante, que o direito à educação — que representa prerrogativa constitucional deferida a todos (CF, art. 205), notadamente às crianças (CF, arts. 208, IV, e 227, *caput*) (grifo nosso) — qualifica-se como um dos direitos sociais mais expressivos, subsumindo-se à noção dos direitos de segunda geração (RTJ 164/158-161), cujo adimplemento impõe ao Poder Público a satisfação de um dever de prestação positiva, consistente em um 'facere', pois o Estado dele só se desincumbirá, criando condições objetivas que propiciem aos titulares desse mesmo direito o acesso pleno ao sistema educacional, inclusive ao atendimento, em creche e pré-escola, 'às crianças até 5 (cinco) anos de idade' (CF, art. 208, IV, na redação dada pela EC nº 53/2006)". Ainda sobre o tema RE nº 463.210 – AgR, Relator Min. Carlos Velloso, Segunda Turma, *DJ*, 3 fev. 2006 "EMENTA: Constitucional. Atendimento em creche e pré-escola. I. – Sendo a educação direito fundamental assegurado em várias normas constitucionais e ordinárias, a sua observância pela administração pública enseja a sua proteção pelo Poder Judiciário. II. – Agravo não provido".

[147] RE nº 554075 AgR/SC Relator(a): Min. Cármen Lúcia. Julgamento: 30.06.2009 – Órgão Julgador: Primeira Turma EMENTA: Agravo regimental no recurso extraordinário. Art. 208, inc. IV, da Constituição da República. Atendimento de crianças até cinco anos de idade em creches e pré-escolas: direito subjetivo público. Possibilidade de intervenção do Poder Judiciário. Precedentes. Agravo regimental ao qual se nega provimento. p. 1721.

Capítulo 1
O Direito Fundamental à Educação | 73

o direito fundamental à educação como direito subjetivo público só é capaz de garantir o acesso gratuito aos ensinos fundamental e médio, independentemente da idade do aluno, em estabelecimentos oficiais, fora deles não. Já no que concerne ao ensino infantil, para crianças de zero a cinco anos, há a garantia de acesso independentemente de ser ou não no sistema público de ensino, garantindo à criança a gratuidade da educação no estabelecimento que tiver vaga disponível. O STF já firmou jurisprudência nesse sentido, uma vez que, até a presente data, só há o reconhecimento pretoriano[148] quanto ao inciso IV do artigo 208 da Constituição Federal.

Há, porém, doutrinadores que fazem uma interpretação mais extensiva do art. 205 da Constituição Federal. Wilson Liberati[149] entende que é dever do Estado garantir o oferecimento da educação a todos que dele desejarem usufruir, não ficando o acesso gratuito restrito ao sistema oficial de ensino. Fundamenta a sua posição ao interpretar que da redação da norma constitucional se extrai o princípio da isonomia[150] e da universalidade,[151] já que o comando constitucional estaria garantindo a todos a igualdade de oportunidade de usufruir o direito à educação.

---

[148] Informativo do STF nº 520. No AI nº 677274/SP, o relator Min. Celso de Mello reconhece o direito à creche como direito fundamental à educação, dando-lhe *status* de direito subjetivo público, garantindo à criança de até cinco anos de idade o atendimento em creche e em pré-escola (CF, art. 208, IV, redação dada pela EC nº 53/2006).

[149] Wilson Donizeti Liberati, em seu artigo "Conteúdo material do direito à educação escolar", coloca que, embora o texto do art. 208, §1º, da CF tivesse indicado como direito público subjetivo o acesso ao ensino obrigatório e gratuito, o principal comando constitucional, disposto no artigo 205, orienta para outra direção, mais extensiva, sacralizando a educação como um direito de todos. Para ele, o princípio da universalização do atendimento escolar significa que todos têm direito a ingressar na escola e nela permanecer. Não se trata somente de um movimento mecânico de garantir a matrícula; a garantia da matrícula passa pela disposição política de implantar o serviço essencial da educação (LIBERATI, Wilson Donizeti (Org.). *Direito à educação*: uma questão de justiça. São Paulo: Malheiros, 2004. p. 214).

[150] PONTES DE MIRANDA, Francisco Cavalcanti. *Tratado do direito privado*. Rio de Janeiro: Borsoi, 1954. (Parte Geral, v. 1). Sempre atual, o autor entende que a capacidade de direito é a mesma para todos os homens. Todos são iguais perante a lei, baseando-se no princípio da igualdade formal, integrante da corrente doutrinária jusnaturalista, entendia que a capacidade de direito era um direito subjetivo: "a pessoa já nasce com a titularidade concreta, que é a do direito de personalidade como tal, o direito a ser sujeito de direito" (p. 160). "A personalidade em si não é direito; é qualidade, é o ser capaz de direito, o ser possível estar nas relações jurídicas como sujeito de direito" (*Ibidem*, p. 161) "[...] porque ser pessoa é apenas ter a possibilidade de ser sujeito. Ser sujeito de direito é estar na posição de titular de direito [...] O ser pessoa é fato jurídico" (*Ibidem*, p. 153).

[151] CANOTILHO, José Joaquim Gomes. *Direito constitucional e teoria da Constituição*. 3. ed. Coimbra: Coimbra Ed., 1999. p. 416-417. O *princípio da universalidade* preza que, em regra, os direitos fundamentais são para todos os seres humanos, visto que o processo de fundamentalização dos direitos colocou o indivíduo, a pessoa, como centro da titularidade de direito. A dificuldade está em se identificar a delimitação do âmbito desta titularidade, isto é, para quem e quando começa e acaba a titularidade de cada direito fundamental.

Por essa razão, o autor sustenta a ideia de que esse dispositivo é mais extensivo do que o art. 208, sacralizando a educação como um direito de todos e dever do Estado. Defende, assim, um direito subjetivo genérico à educação e não restrito ao acesso gratuito ao ensino básico somente em estabelecimentos oficiais, o que resultaria, segundo ele, em colocar à margem muitos titulares desse direito. Em virtude dessa posição, na falta de vagas em estabelecimentos oficiais na educação infantil, no ensino fundamental e no ensino médio, poderia o aluno buscar, no poder judicial, a tutela de seu direito, garantindo o seu acesso ao estabelecimento educacional que tivesse vaga, mesmo que fosse privado. Nesse caso, caberia à autoridade competente custear os seus estudos por força do princípio constitucional da gratuidade e da ordem constitucional que prevê, expressamente, a responsabilidade plena da autoridade competente na hipótese de não oferecimento do ensino obrigatório pelo poder público ou por sua oferta irregular.

O direito subjetivo público genérico à educação é de difícil conceituação e complexa concretização, além das sempre limitantes verbas orçamentárias. Ressalvadas posições contrárias, interpretar o texto constitucional de forma restritiva, reduzindo-se a efetividade do direito à educação à garantia de acesso apenas às crianças de zero a cinco anos, como tem feito o Supremo Tribunal Federal, deixando de reconhecer a norma constitucional expressa, que considera a educação básica também um direito subjetivo público, não é a aplicação da melhor hermenêutica e dos princípios constitucionais. Essa posição deve ser ampliada, tanto em relação ao acesso à rede de ensino, quanto à criação de condições de manutenção do aluno no sistema educacional e à garantia do aprendizado de qualidade. O direito à educação não se restringe ao acesso gratuito ao sistema público de ensino, tendo em vista que, pela sua fundamentalidade, ele é um bem da vida, tornando a cidadania um atributo que faz parte da sua própria essência e representa um dos objetivos constitucionais para a sua realização.[152]

---

[152] DUARTE, Clarisse Seixas. Direito subjetivo público e políticas educacionais. *In*: BUCCI, Maria Paula Dallari (Org.). *Políticas públicas*: reflexões sobre o conceito jurídico. São Paulo: Saraiva, 2006. p. 271. "o direito à educação não se reduz ao direito do indivíduo de cursar a educação básica para alcançar melhores oportunidades de emprego e contribuir para o desenvolvimento econômico da nação. Deve ter como escopo o oferecimento de condições para o desenvolvimento pleno de inúmeras capacidades individuais, [...], pois o ser humano é fonte inesgotável de crescimento e expansão no plano intelectual, físico, espiritual, moral, criativo e social. O sistema educacional deve proporcionar oportunidades de desenvolvimento nestas diferentes dimensões, preocupando-se em fomentar valores, como o respeito aos direitos humanos e a tolerância, além da participação social na vida pública, sempre em condições de liberdade e dignidade. Logo, no Estado Social, a proteção do direito individual faz parte do bem comum."

Em se tratando da limitação do Poder Judiciário para a ingerência no poder discricionário do Executivo, o STF também consolidou o entendimento de que é possível essa intervenção, visando à efetivação dos direitos sociais, quando houver omissão do cumprimento das disposições constitucionais pela Administração Pública. Sobre o tema, em recente decisão,[153] o Ministro Celso de Mello concluiu o seguinte:

> É certo que não inclui, ordinariamente, no âmbito das funções institucionais do Poder Judiciário — a nas desta Suprema Corte, em especial — a atribuição de formular e de implementar políticas públicas, pois, nesse domínio, como adverte a doutrina, o encargo reside, primariamente, nos Poderes Legislativo e Executivo. Impende assinalar, no entanto, que tal incumbência poderá atribuir-se, embora excepcionalmente, ao Poder Judiciário, se e quando os órgãos estatais competentes, por descumprirem os encargos político-jurídicos que sobre eles incidem em caráter mandatório, vierem a comprometer, com tal comportamento, a eficácia e a integridade de direitos individuais e/ou coletivos impregnados de estrutura constitucional, como sucede na espécie ora em exame.

As reiteradas decisões do STF nesse sentido reconhecem o caráter fundamental do direito à educação e o enorme significado social de que se reveste a educação básica. Assim, por meio dessa posição, tentam mitigar os efeitos causados pelo descaso do poder público com os direitos básicos dos cidadãos, em decorrência da ineficiência da Administração Pública na adequada implementação e gestão dos recursos públicos destinados à educação. Dada a complexidade do tema da sindicabilidade dos atos administrativos pelo Poder Judiciário, este não será aprofundado no momento.

Assim, o direito à educação qualifica-se como um dos direitos sociais mais expressivos; portanto, por prerrogativa constitucional, condiciona a Administração Pública no indeclinável dever jurídico de realizá-lo, sendo que caberá ao Estado, por sua vez, a obrigação de criar políticas públicas[154] e condições objetivas que propiciem aos titulares deste direito o pleno acesso ao sistema educacional.

---

[153] RE nº 436.996-AgRg/SP.

[154] BUCCI, Maria Paula Dallari. *Políticas públicas*: reflexões sobre o conceito jurídico. São Paulo: Saraiva, 2006. p. 47. No que se refere à definição de um conceito jurídico de políticas públicas, a autora entende que: "Não há propriamente um conceito jurídico, uma vez que as categorias que estruturam o conceito são próprias ou da política ou da administração pública. Entretanto, se não há um conceito jurídico, deve haver, com certeza, uma metodologia jurídica. As tarefas destas são descrever, compreender e analisar as políticas públicas, de modo a conceber as formas e os processos jurídicos correspondentes".

Na decisão de Agravo Regimental no Recurso Extraordinário nº 410.715-5,[155] o relatório baseado na petição do Ministério Público Estadual agravante põe em relevo o princípio da solidariedade dos poderes públicos na realização dos direitos sociais, principalmente face às limitações financeiras para a sua implementação.

> [...] não há como se cobrar, somente do Município, a manutenção do sistema de ensino, especificamente o atendimento a crianças em creches e escolas de educação infantil. A oferta de educação pública, obrigatória e gratuita, pois, é um dever do Poder Público Federal, Estadual e Municipal, de acordo com o dispositivo da CF alterado pela Emenda Constitucional n. 14/96 [...].[156]

Mesmo diante das alegações anteriormente referidas, as decisões majoritárias do STF têm determinando a garantia do acesso das crianças de até cinco anos ao sistema educacional oficial e, na falta dele, ao sistema particular, cabendo ao Município concretizar esta garantia constitucional, pagando a vaga em estabelecimento particular. As referidas posições jurisprudenciais fundamentam-se no sistema constitucional, que estabelece que a competência para garantir o acesso ao sistema educacional público em relação ao ensino infantil e fundamental, com atenção especial ao ensino infantil, é, prioritariamente, dos Municípios;[157] enquanto os Estados e o Distrito Federal atuarão nos ensinos fundamental e médio.[158] Sendo assim, há um dever constitucional dos Estados e Municípios em assegurar a universalização da gratuidade da educação básica, organizando os seus sistemas educacionais e definindo formas de colaboração entre os entes da federação.

O artigo 208 da Constituição Federal estabelece diretrizes e mecanismos que devem ser adotados pelo Estado, cuja competência recai no Município, na implementação do direito à educação, prevendo, no

---

[155] SÃO PAULO. Segunda Turma RE nº 410715 Agravo Regimental/SP-São Paulo. Ag. Reg. no Recurso Extraordinário. Relator(a): Min. Celso de Mello. Julgamento: 22.11.2005.

[156] Art. 211, "§1º A União organizará o sistema federal de ensino e o dos Territórios, financiará as instituições de ensino públicas federais e exercerá, em matéria educacional, função redistributiva e supletiva, de forma a garantir equalização de oportunidades educacionais e padrão mínimo de qualidade do ensino mediante assistência técnica e financeira aos estados, ao Distrito Federal e aos Municípios" (Disponível em: <http://portal.mec.gov.br/seb/arquivos/pdf/ecn1496.pdf>. Acesso em: 14 set. 2010).

[157] Previsão expressa do §2º do artigo 211 da Constituição Federal de 1988.

[158] Conforme o §3º do artigo 211 da Constituição Federal de 1988, ocorre que, em relação ao ensino médio (inc. II), a Carta Magna prevê a progressiva universalização da sua gratuidade, enquanto há a garantia constitucional expressa da universalização do ensino fundamental e infantil gratuito.

seu inciso I, expressamente, a garantia da educação básica[159] obrigatória e gratuita, assegurada, inclusive, a sua oferta gratuita para todos os que a ela não tiverem acesso na idade própria. Quanto à parte final desta norma, verifica-se a preocupação do constituinte em garantir acesso à educação básica aos jovens e adultos que a ela não tiveram acesso na idade correta como uma das principais finalidades para a erradicação do analfabetismo.[160]

Nesses termos, o direito à educação básica está contido no rol de direitos sociais em que não há qualquer dúvida quanto à imperatividade da norma e à exigibilidade do bem tutelado, reforçado pela declaração, prevista no §1º do mesmo artigo, expressando que o acesso ao ensino obrigatório e gratuito é direito subjetivo público. Conclui-se, então, que o direito social à educação está inserido no complexo de normas que constituem o núcleo essencial dos direitos fundamentais.

Diante da complexidade do direito à educação e do real alcance que lhe foi atribuído constitucionalmente, essas questões permanecem em discussão. Cabe ressaltar que não há mais dúvidas quanto ao reconhecimento da fundamentalidade do direito à educação, tampouco quanto à sua relevância como direito social. Dessa forma, cabe ao Estado buscar a sua concretização, na maior medida possível, atendendo às necessidades imediatas dos cidadãos, por meio de políticas públicas mais eficientes e eficazes, uma vez que estas são mecanismos imprescindíveis à fruição dos direitos fundamentais.

Assim, conclui-se que o conteúdo mínimo do direito à educação constitucionalmente estabelecido é o direito de acesso à educação básica, mas não a qualquer educação, e sim àquele que atende aos objetivos expressos na Constituição que são: "o pleno desenvolvimento da pessoa", "o seu preparo para o exercício da cidadania" e "a sua qualificação para o trabalho". A educação promoverá o acesso ao conhecimento básico, no qual se desenvolverão as habilidades e competências suficientes, garantindo, assim, o direito à igualdade de oportunidades. Sob a vigência do Estado Constitucional contemporâneo, a concretização do direito à educação torna-se indispensável para que se alcance a plenitude da democracia.

---

[159] Alteração trazida pela EC nº 59/09.

[160] INSTITUTO DE PESQUISA APLICADA (IPEA). *Brasil em desenvolvimento*: Estado, planejamento e políticas públicas. Determinantes do Desenvolvimento na Primeira Infância no Brasil. Brasília: IPEA, 2009. v. 3, p. 620. Segundo o relatório do IPEA, o índice médio de analfabetismo no Brasil em 2007 era de 10% da população.

Capítulo 2

Educação e Democracia

Sumário: 2.1 A educação como instrumento da pessoa para o exercício da cidadania – 2.2 A educação, a dignidade da pessoa humana e a autonomia – 2.3 Dever fundamental de educar

O pleno exercício da democracia só será alcançado quando o Estado possuir cidadãos aptos e capazes de tomar suas próprias decisões e de assumirem as suas responsabilidades dentro da sociedade.[161] Quanto maior for o nível de escolaridade em uma sociedade, maiores condições terão os seus integrantes de formarem juízos de valor para construírem soluções concretas com a finalidade de alcançar os ideais de justiça social. Por meio da educação de qualidade e da educação para a cidadania ativa, é possível garantir o direito à igualdade de oportunidades, que é a verdadeira igualdade do ideal democrático.

2.1 A educação como instrumento da pessoa para o exercício da cidadania

O Estado Constitucional contemporâneo[162] tem um caráter participativo, assumindo a primordial responsabilidade de ser o

---

[161] MALISKA, Marcos Augusto. *O direito à educação e a Constituição*. Porto Alegre: Sergio Antonio Fabris, 2001. p. 57. "Se o mundo, hoje, fala em democracia como sendo o regime mais adequado à sociedade moderna, deve, necessariamente, ter também presente que, sem um Estado que propicie condições para a emancipação de seus cidadãos, não se pode nem pensar em democracia."

[162] BONAVIDES, Paulo. *Teoria do Estado*. 4. ed. São Paulo: Malheiros, 2003. p. 41. Cabe ressaltar que o Estado Constitucional contemporâneo equivale ao "Estado constitucional da Democracia participativa", referido por Bonavides. "É o Estado onde se busca levar a cabo, em proveito da cidadania/povo e da cidadania/Nação, concretamente dimensionadas, os direitos de justiça, mediante um Constitucionalismo de normas indistintamente designadas como principiais, principais, principiológicas ou de princípio. [...] O Estado constitucional, assim teorizado, tem um traço de extrema universalidade; nele se inserem todos os direitos fundamentais conhecidos, que se concentram no binômio *liberdade e justiça*."

instrumento para a construção de uma sociedade justa, livre e solidária. Nesse contexto, são fundamentos basilares do Estado Democrático de Direito[163] os valores da "cidadania",[164] da "dignidade da pessoa humana",[165] e da "justiça social". Estes objetivos estabelecidos na ordem constitucional serão realizados pelo Estado com ampla participação da sociedade, a qual lhes dá real legitimidade. Neste cenário, onde o homem migrou do *status* de súdito para cidadão,[166] por certo, o direito à educação passa a ser um dos principais instrumentos de emancipação intelectual dos indivíduos, sendo capaz de habilitá-los à participação política livre e consciente. Nesse ponto, em um sistema democrático, a Constituição torna-se o principal instrumento de sustentação do Estado e assim assume posição central no ordenamento jurídico, exercendo um papel de guia condutor da sociedade e do Estado. Ocorre que, para que o Estado Democrático de Direito se realize, a força normativa da Constituição e os direitos fundamentais por ela albergados têm que ser respeitados.

A atual conformação do Estado já superou a acepção estrita do conceito de cidadania definido no Estado Liberal, a qual se restringia à ideia de titularidade e gozo de direitos políticos, uma titularidade coletiva identificada na Nação, cuja soberania se assentava no Estado.[167]

---

[163] MALISKA, Marcos Augusto. *O direito à educação e a Constituição*. Porto Alegre: Sergio Antonio Fabris, 2001. p. 55. "Outro aspecto que caracteriza a noção de Estado Social Democrático de Direito é estar ele constantemente controlado pela sociedade civil organizada, de forma a expressar posições de governo, que se encontram em conformidade com uma ordem democrática. Essa democracia abrange muito mais que o simples gesto do 'voto', realizado de tempos em tempos e que, em especial no Brasil — pelo sistema eleitoral que temos — pouco conta em termos de representação. A democracia é, aqui, vista como estando em conformidade com a Constituição. As normas constitucionais expressam valores democráticos e necessitam possuir força normativa suficiente para derrogar toda e qualquer tentativa de abalo nas instituições democráticas."

[164] ARÉNILLA, Luis *et al*. *Dicionário de pedagogia*. Lisboa: Instituto Piaget, 2000. p. 88: Cidadania "derivada do latim *civitas* (conjunto dos cidadãos que compunham uma cidade) a palavra contém a ideia de direitos e obrigações em um âmbito territorial".

[165] O tema educação, dignidade da pessoa humana e democracia será abordado no próximo item deste capítulo.

[166] Por meio da abordagem desse momento histórico, referida por Bobbio, conclui-se que o "Estado de Direito é o Estado dos cidadãos". "É com o nascimento do Estado de Direito que ocorre a passagem final do ponto de vista do príncipe para o ponto de vista do cidadão. No Estado despótico, os indivíduos singulares só têm deveres e não direitos. No Estado absoluto, os indivíduos possuem, em relação ao soberano, direitos privados. No Estado de direito, o indivíduo tem, em face do Estado, não só direitos privados, mas também, direitos públicos." Portanto, os direitos subjetivos públicos nascem no Estado de Direito. Na concepção de Estado Constitucional ora proposta, se acrescenta que o *Estado Democrático de Direito é o Estado dos cidadãos*, uma vez que, ao longo deste capítulo, vai se desenvolver a ideia de cidadania ativa, proposta por Bobbio (*A era dos direitos*. 4. ed. Rio de Janeiro: Elsevier, 2004. p. 76).

[167] FREIRE, Laudelino (Org.). *Grande e novíssimo dicionário da língua portuguesa*. Rio de Janeiro: José Olympio, 1954. p. 1394. Neste contexto, o conceito de cidadão é "aquele que está no gozo dos direitos civis e políticos num Estado," enquanto a cidadania é a "qualidade de cidadão".

Com efeito, esta concepção inicial de cidadania está estritamente ligada à nacionalidade, é uma maneira de definir as relações entre o indivíduo e a coletividade em um determinado território ou Nação. Implica, inclusive, adesão implícita ou explícita aos valores nacionais, e é a posição que o indivíduo ocupa como possuidor de direitos dentro daquela comunidade, como o direito de voto, de elegibilidade, de ocupar uma função, um emprego ou cargo público, estando este mais ligado aos direitos políticos. Em uma visão alargada, está a cidadania social, que é a prática dos direitos e dos deveres do indivíduo no exercício das liberdades coletivas. Dessa forma, a noção de cidadania individual deixa de ser passiva, como na tradição liberal, e aparece como uma força simbólica capaz de liberar energias sociais de luta, possibilitando a criação de condições que abrem caminho a conquistas no campo da cidadania coletiva.[168]

Nesse sentido, a ideia contemporânea de cidadania é mais abrangente, pois serve para conduzir o agir social do sujeito, reconhecendo-lhe uma posição de participação sociopolítica mais ativa, a qual se transpõe aos tradicionais mecanismos de participação na vida pública, como a participação eleitoral. É a partir da teoria de Thomas Marshall[169] que se rompe o conceito da clássica tradição liberal de cidadania das revoluções burguesas, ligada apenas aos direitos políticos. Para ele, a cidadania se amplia aos direitos civis e sociais, representando o principal elemento de mudança social nas sociedades industriais do pós-guerra. Assim, o autor conceitua a cidadania, partindo de seus três elementos constitutivos: direitos civis, direitos políticos e direitos sociais. Neste período histórico, a cidadania, ampliada para além dos direitos políticos, ainda se encontrava imbricada no modelo de Estado Social.[170] É neste momento de transformação do Estado que se identifica a participação

---

[168] FREITAS, Fábio F. B. de. *Viver a democracia*: uma breve análise sobre democracia, direitos humanos e cidadania. Recife: Bagaço, 2002. p. 6. Texto publicado para o curso de "Capacitação em educação em Direitos Humanos" na UFCG, fev./mar. 2008. Para o autor, a noção de cidadania contemporânea define aqueles que são membros de uma coletividade, de um espaço comum de existência, revelando a sua natureza política.

[169] MARSHALL, Thomas H. *Cidadania, classe social e status*. Rio de Janeiro: Zahar, 1967. p. 76.

[170] SOUZA JUNIOR, Cezar Saldanha. *Consenso e tipos de Estado no Ocidente*. Porto Alegre: Sagra Luzzatto, 2002. p. 71. Sobre a participação política no Estado Social, Saldanha identifica que "O advento do Estado Social teve também as suas causas políticas, especialmente duas, interligadas: a universalização do sufrágio e a organização dos partidos ideológicos modernos. Esses dois fatores viabilizaram a participação política das massas no processo eleitoral, o que acabou propiciando a ascensão ao poder — mesmo no caso de minorias conservadoras — de grupos comprometidos com programas intervencionistas, tanto para a tutela do operariado, como para a promoção do bem-estar social da comunidade em geral".

política das massas no processo eleitoral, as quais são formadas em decorrência das transformações sociais ocorridas no final do século XIX e início do século XX. Por meio de uma relação instrumental entre cidadania, poder político e Estado, o autor faz uma análise das relações entre a cidadania, a sociedade e os órgãos institucionais que garantem o seu exercício, baseado, ainda, na concepção Estado-Nação. A titularidade de gozo dos direitos políticos, sociais e civis ainda estava inserida dentro das nações.[171] A soberania, nesta concepção de Estado, é nacional, enquanto, sob a concepção do Estado Democrático de Direito, passa a ser constitucional, isto é, "a forma mais avançada, ilustrada, fiel e legítima da vontade popular expressa na Lei das leis",[172] ou seja, na Constituição. Por conseguinte, a soberania passa do Estado (na concepção de Estado-Nação) para a Constituição, que é o poder vivo do povo.[173]

Em sintonia com as assertivas expostas, Bobbio afirma que os direitos da cidadania são históricos e não se restringem à clássica concepção, baseada no Estado-Nação,[174] trazendo uma noção ampliada e global da cidadania do mundo.[175] Os direitos da cidadania são históricos, pois se revelam a partir da cultura, das tradições e dos costumes de um povo, formando a base material da Constituição. Neste novo contexto, identificamos a presença de duas titularidades coletivas: a Nação e a Humanidade.[176] Para Häbermas, as novas formas de cidadania devem estender-se de modo a serem exercidas para além do universo restrito

---

[171] BONAVIDES, Paulo. *Teoria do Estado*. 4. ed. São Paulo: Malheiros, 2003. p. 40. O autor qualifica o direito à democracia como um direito fundamental de quarta dimensão.

[172] Quanto ao tema, Bonavides afirma que a soberania constitucional é a soberania dos princípios. Partindo da premissa de que os mais altos princípios radicam na vontade do Povo e da Nação e que só esta vontade, uma vez traduzida na Constituição, por obra do constituinte, faz a legitimação dos governos. Sobre a matéria principiológica, acrescentamos, em seguida, acerca da natureza jurídica dos princípios: "Os princípios são a quinta essência dos fundamentos da normatividade constitucional no pensamento jurídico" (*Ibidem*, p. 41).

[173] "Com a Democracia participativa, a soberania passa do Estado para a Constituição, porque a Constituição é o poder vivo do povo, o poder que ele não alienou em nenhuma assembléia ou órgão de representação, o poder que faz as leis toma as decisões fundamentais e exercita uma vontade que é sua e não de outrem, porque vontade soberana não se delega senão na forma decadente da intermediação representativa dos corpos que legislam, segundo ponderava Rosseau, com absoluta carência de legitimidade em presença do vulto e significado e importância da matéria sujeita" (*Ibidem*, p. 44).

[174] BOBBIO, Norberto. *O futuro da democracia*. 11. ed. São Paulo: Paz e Terra, 2009. p. 197.

[175] FREITAS, Fábio F. B. de. *Viver a democracia*: uma breve análise sobre democracia, direitos humanos e cidadania. Recife: Bagaço, 2002. p. 8.

[176] BONAVIDES, Paulo. *Teoria do Estado*. 4. ed. São Paulo: Malheiros, 2003. p. 40.

dos Estados-Nação. Assim como Bobbio, entende que a forma histórica de Estado-Nação encontra-se ultrapassada, e o desafio atual é desenvolver novas capacidades de ações políticas em nível supranacional, buscando uma nova elaboração de autodeterminação política.[177] A cidadania, na reflexão de Hannah Arendt, é o direito de ter direitos, sendo o primeiro direito humano, do qual derivam todos os demais. O que Hannah Arendt estabelece "é que o processo de asserção dos direitos humanos, como invenção para convivência coletiva, exige um espaço público," e o pleno acesso a este espaço se dará por meio da cidadania.[178]

Como podemos verificar, com o advento da globalização,[179] esta noção de cidadania se alargou. No campo do conteúdo ético da educação, o cidadão, participante da vida política e social do país, precisa ter um nível educacional mais elevado que antes, pois quanto maior for seu nível de conhecimento, maiores serão as suas oportunidades de participação na vida política, social e econômica. Consequentemente, os sistemas de ensino precisam preocupar-se com a formação do cidadão de um mundo global, no qual são centrais temas como pluralidade cultural, paz, violência, disparidades sociais, meio ambiente, consumo, saúde, drogas e segurança. É neste sentido que o conceito de cidadania se amplia para além da Nação, eis que, nas suas relações com o mundo, o cidadão passa a poder agir de forma independente dos Estados nacionais. Assim sendo, o novo e grande desafio para os sistemas educacionais contemporâneos é a formação de um cidadão global.[180] É neste

---

[177] HABERMAS, Jürgen. *The Inclusion of the Other*: Studies in Political Theory. Frankfurt am Main: Edited by Ciaran Cronin and Pablo de Greiff, 1998. p. 106.

[178] LAFER, Celso. *A reconstrução dos direitos humanos*: um diálogo com o pensamento de Hannah Arendt. São Paulo: Companhia das Letras, 2006. p. 166.

[179] BECK, Ulrich. *Qué es la globalización*: falácias del globalismo, respuestas a la globalización. Barcelona: Paidós, 2002. p. 98. Conforme Ulrich Beck, com o termo globalização são identificados processos que têm por consequência "a subjugação e a ligação transversal dos estados nacionais e sua soberania através de atores transnacionais, suas oportunidades de mercado, orientações, identidades e redes". Deve-se destacar a sua proposta com relação à substituição das relações "internacionais" de conflito e/ou disputa por relações "transnacionais" de solidariedade e cooperação. Neste sentido, "globalização" significa também aproximação e mútuo encontro das culturas locais, as quais se devem definir de novo no marco desta nova realidade mundial.

[180] SOUZA, Paulo Renato. *A revolução gerenciada*: educação no Brasil, 1995-2002. São Paulo: Prentice Hall, 2005. O autor assevera que "o grande movimento de organização da sociedade em entidades não-governamentais talvez seja apenas o exemplo mais acabado dessas novas possibilidades, mas os indivíduos também podem interagir diretamente num mundo sem fronteiras. Em face de todos esses desafios e exigências da Sociedade do Conhecimento, o sistema educacional preexistente tornou-se completamente obsoleto. O tema da reforma educacional passou a integrar a agenda da grande maioria dos países desenvolvidos: multiplicaram-se as iniciativas internacionais de avaliação dos sistemas de ensino; a qualidade dos sistemas educacionais começou a ser discutida nas mais altas

momento que a educação básica, compreendendo a educação infantil, o ensino fundamental e o médio, toma maior relevo, visto ser a sua tarefa essencial para o desenvolvimento da capacidade de aprender e de promover a autonomia da pessoa para ser o cidadão desse novo mundo. Neste cenário, o cidadão passa a ser coautor, e não mais mero espectador das ações do Estado, participa de audiências públicas, fiscaliza e controla a atuação dos agentes públicos e políticos, agindo de acordo com os princípios de responsabilidade, igualdade e respeito. Esta atuação só se efetiva no contexto de um Estado Democrático,[181] no qual a liberdade não se restringe à liberdade física, mas à liberdade intelectual, na qual o sujeito pode desenvolver a aptidão de formar juízos de valor que o capacitarão a fazer um julgamento e decidir de que modo os valores fundamentais, consagrados na ordem constitucional e na legislação ordinária, devem ser concretizados pelos poderes públicos. Com isso, o instrumento hábil para que a pessoa atinja este *status* de cidadania é a educação formal básica, somada à educação para uma cidadania ativa, referida por Bobbio.

Portanto, a educação é um dos elementos indispensáveis para se concretizar a democracia. Na sociedade contemporânea, diferentes modelos democráticos são identificados, dentre eles a democracia deliberativa ou discursiva,[182] que é aquela afirmada por meio de um processo de decisão, sustentado por meio da deliberação dos indivíduos racionais, através de fóruns, debates e negociações, sem abdicar da regra da maioria, das eleições e da divisão dos poderes. Nesse modelo, o voto não é suficiente como única legitimação da democracia, que carece também de um certo procedimento ideal, este que seria um

---

esferas sociais e políticas. As exigências para o sistema educacional são simples em seu enunciado: 1) é preciso que todos tenham desenvolvido a capacidade de aprender e 2) é preciso oferecer as oportunidades de educação permanente para todos".

[181] "As lutas pelo reconhecimento no Estado de Direito Democrático só possuem força legítima na medida em que todos os grupos tenham acesso à esfera pública, tenham voz ativa e possam articular suas necessidades, e ninguém seja marginalizado ou excluído" (SOUZA, Paulo Renato. *A revolução gerenciada*: educação no Brasil, 1995-2002. São Paulo: Prentice Hall, 2005. p. 106).

[182] CHEVALLIER, Jacques. *O Estado pós-moderno*. Tradução de Marçal Justen Filho. Belo Horizonte: Fórum, 2008. p. 224. Acerca da nova forma de democracia, o autor explica que "O modelo democrático clássico atribui, já se viu, todo o seu espaço à idéia de deliberação, mas, no contexto dos princípios do governo representativo: as assembléias, parlamentares ou locais, são concebidas como formando o espaço normal e exclusivo de deliberação; é, na casa parlamentar, que as escolhas coletivas são debatidas e os compromissos negociados. A democracia deliberativa flui, assim, pelo modelo da representação. Esse conceito tornou-se doravante caduco: a deliberação não poderia ser o privilégio apenas dos eleitos e reservada restritivamente às assembléias; passando por canais diversos, ela demanda a presença de diferentes interesses sociais e a possibilidade de os cidadãos fazerem valer a sua vez".

ideal de participação compatível com os problemas, colocados por uma sociedade pluralista.[183] Verificam-se, então, novas formas de representação política e novos modos de expressão dos interesses sociais. Criam-se espaços de discussão, de negociação, e a democracia contemporânea apresenta-se como uma democracia deliberativa, "implicando a confrontação de pontos de vista e, como uma democracia participativa, dando aos cidadãos uma influência mais direta sobre a elaboração das escolhas".[184]

Desse modo, este espaço de deliberação, antes situado no parlamento, se desloca e atua de forma paralela e concorrente ao tradicional modelo representativo, formando um espaço que permite assegurar a intervenção direta de vários atores sociais que passam a participar ativamente do jogo político. Um exemplo deste tipo de atuação é o Orçamento Participativo, atuante em Porto Alegre há mais de 20 anos. Há um espaço, reconhecido pelo poder público, em que os cidadãos deliberam e definem as demandas que farão parte do orçamento do Município. Desta forma, os cidadãos têm reconhecido um direito de participar ativamente nas escolhas coletivas e entram diretamente no jogo deliberativo. Segundo Chevallier, "a deliberação seria, enquanto racionalização discursiva da decisão, garantia da sua legitimidade. Assim o fazendo, reencontrar-se-iam os próprios fundamentos da democracia, que implica a confrontação permanente das opiniões, através dos procedimentos instituídos para esse fim. Mas, na sociedade contemporânea, é doravante o próprio processo democrático que aponta toda a carga de legitimação".[185]

Norberto Bobbio assevera que, na definição mínima de democracia, entende-se por regime democrático um conjunto de regras e procedimentos para a formação de decisões coletivas, nas quais a democracia estará prevista e facilitada de modo a possibilitar uma participação mais ampla dos interessados.[186] No que se refere à participação ativa e consciente dos interessados, a democracia se viabiliza na medida em que esta

---

[183] ALVES, Marco Antônio Sousa. Habermas e os desafios de uma sociedade multicultural. *Intuito*, Porto Alegre, v. 2, n. 1, p. 136, jun. 2009.

[184] CHEVALLIER, Jacques. *O Estado pós-moderno*. Tradução de Marçal Justen Filho. Belo Horizonte: Fórum, 2008. p. 224.

[185] "A instituição de procedimentos deliberativos é o produto conjugado de uma nova pressão, proveniente dos próprios cidadãos, que pretendem ter voz no tema, obter influência sobre as escolhas coletivas e uma tomada de consciência quanto às políticas: o objetivo é preencher o déficit de legitimidade, ligado à crise da representação política e à desagregação dos modos corporativos de expressão dos interesses sociais, de modo a assegurar uma maior eficácia da ação coletiva" (*Ibidem*, p. 225).

[186] BOBBIO, Norberto. *O futuro da democracia*. 11. ed. São Paulo: Paz e Terra, 2009. p. 22.

atuação se desenvolve da forma mais efetiva possível. Por essa razão, a educação é um dos pressupostos para o pleno exercício da cidadania e, consequentemente, da democracia, investindo o cidadão com o poder de fazer as melhores escolhas para além de eleger os seus governantes. Então, a democracia representativa clássica sede espaço para um modelo mais alargado em que a eleição deixa de ser a única fonte possível de legitimidade. Por meio de outras formas organizadas de representação, o cidadão passa a ter uma atuação mais ativa nos mecanismos políticos, passando a contribuir na elaboração das escolhas coletivas.

O cidadão é o possuidor originário do poder fundamental no Estado Democrático contemporâneo,[187] portanto, ele deve exercer este poder por meio da participação cidadã, do protagonismo social, para que as decisões de políticas públicas partam de decisões coletivas, que são tomadas nas comunidades e de acordo com as suas necessidades reais.

Bobbio ressalta que um ordenamento deste gênero apenas é possível se aqueles que exercem poderes em todos os níveis puderem ser controlados, em última instância, pelos possuidores originários do poder fundamental, ou seja, pelos indivíduos singulares. As relações do indivíduo com a sociedade em uma democracia o reúne aos outros homens singulares, semelhantes a ele, para que, da união artificial, a sociedade venha recomposta não mais como um todo orgânico, mas como uma associação de livres indivíduos, unidos por interesses comuns.[188] Esta presença mais ativa de vários atores sociais exige uma reestruturação dos sistemas tradicionais de mediação entre a política e a sociedade, além de um preparo daqueles para desempenharem este novo papel fundamental para a manutenção da democracia. Ao reforçar o direito de participação dos cidadãos, a Administração Pública passa a garantir a legitimidade de suas ações, o que altera profundamente a relação entre o Estado e o cidadão.[189] O cidadão deve estar apto e

---

[187] Como assinala Bonavides, "Constituição, povo e soberania desse modo exprimem o caráter e a qualidade do poder superlativo em termos de legitimidade. O Povo é a Constituição, a Constituição é o Povo; os dois, com o acréscimo da soberania, compõem a santíssima trindade política do poder. Mas não de qualquer poder, senão daquele que traz a inviolabilidade, a grandeza ética, a fundamentalidade da Democracia participativa" (BONAVIDES, Paulo. *Teoria do Estado*. 4. ed. São Paulo: Malheiros, 2003. p. 45).

[188] BOBBIO, *op. cit.*, p. 24.

[189] CHEVALLIER, Jacques. *O Estado pós-moderno*. Tradução de Marçal Justen Filho. Belo Horizonte: Fórum, 2008. p. 230. O autor conceitua este novo modelo como uma democracia semidireta que "efetivamente reintroduz os cidadãos como atores do jogo político, rompendo o monopólio dos representantes: a sua ampliação demonstra que ela se tornou indispensável nas sociedades contemporâneas para prevenir as insuficiências e corrigir os defeitos da democracia representativa".

preparado para atuar e desempenhar um papel ativo e efetivo neste novo cenário.

Conforme sua visão universalista, para Bobbio, a educação para a cidadania é um instrumento importante para dar mais legitimidade à atuação dos cidadãos e é uma das promessas não cumpridas da democracia.

> mais que uma promessa não-cumprida, o ausente crescimento da educação para a cidadania, segundo o qual o cidadão investido do poder de eleger os próprios governantes acabaria por escolher os mais sábios, os mais honestos e os mais esclarecidos dentre os seus concidadãos, pode ser considerado como o efeito da ilusão derivada de uma concepção excessivamente benévola do homem como animal político.[190]

Enquanto o modelo de democracia representativa, que está sendo superada, era fundado sobre o princípio de delegação por meio do representante político, o novo modelo de democracia participativa se funda no princípio de deliberação, pois outorga aos cidadãos um poder de intervenção nas decisões coletivas e no funcionamento dos serviços públicos. Por conseguinte, mais do que nunca, este modelo exige uma participação ativa e consciente dos cidadãos, sendo imprescindível que este tenha condições intelectuais para participar. Nesse sentido, a educação básica, entendida como mínimo existencial, deve ser efetivada.

De acordo com o texto constitucional, o exercício da soberania popular se dá pelo sufrágio universal e voto direto e secreto, com valor igual para todos. Isto significa que há uma garantia formal a todos os membros do Estado no gozo dos direitos políticos. Mesmo que a eleição não seja a única fonte possível de legitimidade da democracia, ela representa o instrumento pelo qual os cidadãos investem seus representantes de poder para representá-los. Ocorre, porém, que nem este direito político fundamental é exercido de forma plena por parte dos analfabetos, mesmo que seja facultativo o alistamento eleitoral e o voto.[191] A sua condição intelectual está limitada devido à falta de acesso aos saberes básicos, como a escrita, a leitura e a compreensão de textos, o que compromete as suas escolhas, pois a sua percepção da sociedade está restrita. A qualidade do voto depende, em muito, da capacidade de os eleitores tomarem as suas decisões baseados no máximo possível de informações sobre os candidatos e os programas partidários. Portanto,

---

[190] BOBBIO, Norberto. *O futuro da democracia*. 10. ed. São Paulo: Paz e Terra, 2006. p. 21-22.

[191] Art. 14 da CF, "§1º O alistamento eleitoral e o voto são: inc. II facultativos para: a) os analfabetos".

essa tarefa fica prejudicada para os analfabetos[192] e por quem tem dificuldade de ler e fazer relações, a partir do conteúdo de diferentes textos. Normalmente, a falta ou o pouco tempo de escolaridade estão associados à baixa renda. Assim, o eleitor analfabeto ou com pouca escolaridade fica mais vulnerável, mais dependente de ajuda oficial e do assistencialismo, o que tende a facilitar práticas inaceitáveis, como a de troca de voto por supostos favores por parte de políticos. É esse o aspecto que deve ser levado em conta e suscitar providências, com o enfrentamento do problema a partir das causas.

Esta posição desfavorável em que se encontram na sociedade impossibilita, inclusive, a promoção de uma educação ativa para a cidadania, citada por Bobbio. Nestas condições, os analfabetos poderiam, de fato, ser chamados de cidadãos em um Estado Democrático?[193] O mesmo poderia ser argumentado em relação aos analfabetos funcionais e aos que têm pouca instrução. Além disso, como os analfabetos são inelegíveis,[194] há uma restrição ao exercício de seus direitos políticos e de sua cidadania, uma vez que estes são impossibilitados de integrar a Administração Pública. Sendo assim, a erradicação do analfabetismo e a universalização da educação básica e uma educação para a cidadania são indispensáveis, para se alcançar a plena democracia no Estado Constitucional contemporâneo, tendo em vista que a educação é um instrumento capaz de garantir o exercício da cidadania em todas as suas dimensões. A educação, por si só, não é garantia das melhores escolhas e tampouco a solução para todos os problemas da sociedade. No entanto, não se pode negar que, quanto maior o grau de instrução de uma população, maiores condições ela terá de se desenvolver e cada pessoa de conhecer e exigir os seus direitos, de cumprir os seus deveres e assumir as suas responsabilidades. Consequentemente, caberá ao

---

[192] Segundo o Tribunal Superior Eleitoral, nas eleições de 2010, mais de 27 milhões dos eleitores eram analfabetos. Significa dizer que, de cada cinco eleitores, um é analfabeto. 90% dos analfabetos têm renda igual ou inferior a um salário mínimo. São 44.935.557 eleitores com primeiro grau incompleto (leia-se ensino fundamental). As informações estatísticas dos eleitores são obtidas a partir dos dados do cadastro eleitoral e são extraídas e consolidadas mensalmente. O grau de escolaridade do eleitor é o informado à época do cadastramento eleitoral. Disponível em: <http://www.tse.gov.br/internet/eleicoes/estatistica2010/Est_eleitorado/grau_instrucao.html>. Acesso em: 20 jul. 2010.

[193] MALISKA, Marcos Augusto. *O direito à educação e a Constituição*. Porto Alegre: Sergio Antonio Fabris, 2001. p. 56. O autor refere que Konrad Hesse observa, em sua obra "Elementos de Direito Constitucional", que "a democracia é assunto de cidadãos emancipados, informados, não de uma massa ignorante, apática, dirigida apenas por emoções e desejos irracionais que, por governantes bem-intencionados ou mal-intencionados, sobre a questão de seu próprio destino, é deixada na obscuridade".

[194] §4º do art. 14 da CF. "São inelegíveis os inalistáveis e os analfabetos".

Estado promover a educação para garantir aos cidadãos a igualdade de oportunidades na sociedade.

O tema da educação, como um dos instrumentos indispensáveis para o exercício pleno da democracia, vem sendo abordado no Brasil por intelectuais, preocupados com a redução das desigualdades sociais há muito tempo. Em 1937, Fernando Azevedo, ao fazer uma análise da situação da educação no Brasil, trazia sugestões para uma reforma radical no sistema de ensino brasileiro. O referido autor sugere a reestruturação do sistema nacional de educação e de suas instituições escolares em todos os graus de ensino, com espírito e em bases democráticas. Em relação à democracia, entende ser um regime de governo do povo para o povo, sendo neste ponto que se distingue dos outros regimes, pois a democracia somente pode florescer em uma atmosfera intelectual e moral de liberdade e respeito às ideias de todos. Baseia-se no conceito kantiano de liberdade "que julga cada homem como o meio do fim de si mesmo, [...], e, em consequência, na defesa da liberdade de pensamento, de crítica e de cátedra — indispensável a toda obra da cultura e de criação".[195]

A democracia é, por definição, um regime de liberdade e responsabilidade, buscando compatibilizar a liberdade e a igualdade, no sentido de proporcionar a igualdade de oportunidades para todos. Dessa forma, desenvolver uma educação em bases democráticas é promover:

> uma educação concebida, nos fins e nos seus meios, em função dos ideais democráticos, e organizada para realizá-los na sua plenitude. Podemos considerar, pois, como democrática aquela educação que, fundada no princípio da liberdade e do respeito ao valor e à dignidade da pessoa humana, favorece a expansão e a igualdade de oportunidades a todos, sem distinção de raças, classes ou crenças, comporta um sistema de garantias para a livre escolha, pelo cidadão, entre idéias, crenças e opiniões, como entre carreiras e atividades técnicas e profissionais.[196]

---

[195] AZEVEDO, Fernando de. *A educação e seus problemas*. São Paulo: Nacional, 1937. p. 170. (Série Atualidades Pedagógicas. Biblioteca Pedagógica Nacional, v. 22).

[196] AZEVEDO, Fernando de. *A educação e seus problemas*. São Paulo: Nacional, 1937. p. 166. (Série Atualidades Pedagógicas. Biblioteca Pedagógica Nacional, v. 22). Cabe ressaltar a atualidade das ideias de Fernando Azevedo. Ainda hoje, os objetivos democráticos devem ser buscados para uma educação emancipadora, capaz de formar verdadeiros cidadãos no Estado Constitucional contemporâneo. Note-se que, quando se refere ao "humanismo", à "civilização e à humanidade", já se percebe que o cidadão é um cidadão do mundo, reconhecendo o conceito atual de cidadania. Quando se diz que a educação deve "criar nos cidadãos o sentimento de que todas as nações são parte de um todo que influi sobre elas como elas influem sobre ele", está se reconhecendo a finitude geográfica que a terra impõe aos seus habitantes a uma convivência.

No Estado Constitucional, no qual "todo o poder emana do povo, que o exerce por meio de representantes eleitos ou diretamente", a cidadania tem que ser exercida por indivíduos preparados e aptos a assumir este protagonismo político e social. O cidadão do século XXI passa a ter uma participação política e social mais ativa, com maior poder de decisão. Neste novo jogo, não pode haver competidores com características tão desiguais a ponto de inviabilizá-los.

Por esta razão, este mundo, cada vez mais incerto e complexo, reclama por um modelo de Estado mais propositivo e mobilizador, em que a participação dos cidadãos assuma uma postura proativa e de protagonismo político e social. Esta nova concepção do papel do Estado não significa o fim do Estado ou o retorno ao Estado mínimo, mesmo que não tenha mais essência estável e o seu futuro tenha se tornado indeterminado. O Estado permanece dotado de funções essenciais de mediação, como de preservação da coesão social e de manutenção da ordem. A diferença, quanto ao modelo tradicional, é que ele exerce estas atividades cada vez mais em relacionamento com outros atores sociais, externos e internos.[197] Esta mediação estatal é indispensável para contrabalançar os efeitos "socialmente desestruturantes da globalização".[198] Este sistema político deve, pois, redescobrir o "humanismo",

---

[197] CHEVALLIER, Jacques. *O Estado pós-moderno*. Belo Horizonte: Fórum, 2009. p. 61. No que tange à função do Estado de preservação de coesão social, o autor assevera que: "o Estado permanece um quadro privilegiado de formação de identidades coletivas e um dispositivo fundamental de integração social: a ele cabe 'recriar, sem cessar, o liame social sempre em via de romper-se', encarnando os valores comuns ao conjunto dos cidadãos, arbitrando o conflito de interesses, assumindo a tarefa da gestão dos riscos, gerindo os serviços coletivos; 'senhor dos relógios'. Como garantidor da continuidade e protetor do futuro, ele será também tecelão, produtor de ligação social e um 'taumaturgo', organizador de progresso".

[198] *Ibidem*, p. 32. Segundo o autor, a globalização ou a internacionalização não é um fenômeno radicalmente novo, "desde a Antiguidade, a dominação de Atenas, depois de Roma, sobre a bacia mediterrânea e, mais ainda, a constituição dos grandes Impérios, é uma prefiguração". As grandes navegações, a revolução industrial, entre outros fenômenos históricos, formaram verdadeiros mercados mundiais. "Todavia, a Primeira Guerra Mundial, depois a crise dos anos 1930 e a Segunda Guerra Mundial desencadearão a fragmentação da economia internacional. Será necessário esperar o pós-guerra, para que o processo seja retomado. [...] o conceito de "globalização" traduziu uma aceleração e um aprofundamento do processo de internacionalização; é a questão de pertinência, mesmo do quadro estatal que está colocada a partir de agora. As fronteiras, físicas e simbólicas, que delimitavam a esfera de influência, o espaço de dominação do Estado, tornaram-se porosas: os Estados são atravessados por fluxos de todas as ordens, que eles são incapazes de controlar, de canalizar e, se necessário, conter; [...] A internacionalização conheceu, no entanto, um verdadeiro salto qualitativo, sofreu uma mudança de escalada a partir dos anos 1990: o termo *globalização* traduz a existência de uma nova dinâmica que, escapando muito largamente ao controle dos Estados, atinge todos os países e toca a todos os níveis de organização social; a interdependência sempre, cada vez maior das sociedades, tende a desenhar a imagem de um 'mundo sem fronteiras', de uma 'sociedade global'".

primar pela ética, transparência, defesa do interesse público e do bem comum, buscando maior equidade, capaz de reduzir as desigualdades no mundo. Nas palavras de Chevallier, "O Estado é obrigado a *reconstruir um tecido social* que a dinâmica da evolução das sociedades contemporâneas tende permanentemente a dilacerar".[199]

Toda esta perspectiva se sustenta na crença de que deve haver um comprometimento moral do poder público e de todos os setores da sociedade civil com os valores universais e as forças sociais fundamentais, para qualificar o crescimento econômico e o desenvolvimento sustentável. Sendo assim, deve-se priorizar a criação de um projeto nacional de desenvolvimento, coordenado pelo Estado e conduzido junto à sociedade civil, com o objetivo de materializar políticas públicas educacionais, direcionadas para a maioria da população, e com a finalidade de reduzir as desigualdades. Por essa razão, o desenvolvimento de uma nação não deve se manifestar apenas na dimensão econômica, mas, em todas as dimensões: educacionais, sociais, culturais, políticas, científicas, comunitárias e regionais.

Neste sentido, Edgar Morin acrescenta que a comunidade de destino planetário deve empenhar-se para que a espécie humana se desenvolva e dê nascimento concreto à humanidade, como consciência comum e solidariedade planetária do gênero humano. Essas ideias nos remetem ao princípio da hospitalidade universal referido por Kant, no qual a comunidade de destino terrestre impõe, de modo vital, a necessidade de desenvolver no indivíduo singular uma consciência de solidariedade e humanismo.

> a humanidade deixou de construir uma noção somente ideal, tornou-se uma comunidade de destino, e somente a consciência desta comunidade pode conduzi-la a uma comunidade de vida; a humanidade é, daqui em diante, sobretudo, uma noção ética: é o que deve ser realizado por todos.[200]

Morin sustenta que a compreensão é ao mesmo tempo meio e fim da comunicação humana. O planeta necessita, em todos os sentidos, de compreensões mútuas. Dada a importância da educação para a compreensão em todos os níveis educativos e em todas as idades, o desenvolvimento desta necessita da reforma planetária

---

[199] CHEVALLIER, Jacques. *O Estado pós-moderno*. Belo Horizonte: Fórum, 2009. p. 63.

[200] MORIN, Edgar. *Os sete saberes necessários para a educação*. 10. ed. São Paulo: Cortez/UNESCO, 2000. p. 114.

das mentalidades; ela deve ser a tarefa da educação do futuro. Para o autor, a regeneração democrática supõe a regeneração do civismo, que supõe a regeneração da solidariedade e da responsabilidade, ou seja, o desenvolvimento da "antropo-ética". A educação é um dos instrumentos que pode formar esta nova mentalidade. Por essa razão, a escola deve ser um local de aprendizagem do debate argumentado, das regras necessárias à discussão, da tomada de consciência das necessidades e dos procedimentos de compreensão do pensamento do outro, da escuta e do respeito às vozes minoritárias e marginalizadas. Portanto, a aprendizagem da compreensão deve desempenhar um papel capital no aprendizado democrático.[201]

Na visão acertada do pensamento complexo de Morin,[202] uma educação só pode ser viável se for uma educação integral do ser humano, capaz de ensinar a sua condição humana e a sua identidade terrena, para a compreensão e a ética do gênero humano em uma sociedade planetária e em constante transformação. A partir dessas ideias, a educação passa a se identificar pelo dever de humanização.[203]

Uma democracia sólida precisa de mecanismos que assegurem aos cidadãos o direito de interferir nas decisões de seus representantes, mas, para tanto, estes cidadãos têm que estar aptos e preparados para atuar, caso contrário, serão manipulados pelas forças políticas, sem que as suas aspirações e os seus direitos sejam atendidos.

Como já foi referido, a Constituição Federal de 1988, pela primeira vez na história das Constituições brasileiras, integrou os direitos sociais ao catálogo dos direitos e das garantias fundamentais.[204] Em sintonia com as ordens internacionais, declarou que o Brasil é um Estado Democrático de Direito,[205] que tem por fundamento, entre outros, a cidadania e a dignidade da pessoa humana. Os direitos fundamentais objetivam assegurar a liberdade do indivíduo, o que só será possível diante de uma sociedade livre, na qual os cidadãos estejam capacitados para

---

[201] *Ibidem*, p. 112.

[202] *Ibidem*, p. 11.

[203] É importante ressaltar que a educação surgiu para preparar os exércitos para a guerra, não tinha este sentido de instrumento de formação do indivíduo, visando a desenvolver as suas habilidades cognitivas e não cognitivas para estar inserido em um corpo social e se tornar autônomo e emancipado. A ideia contemporânea de educação foi se desenhando ao longo da história da humanidade de forma lenta e conforme as contingências de cada época e de cada cultura.

[204] SARLET, Ingo Wolfgang. *A eficácia dos direitos fundamentais*: uma teoria geral dos direitos fundamentais na perspectiva constitucional. 10. ed. rev. atual e ampl. Porto Alegre: Livraria do Advogado, 2009. p. 334.

[205] Estado de Direito significa que o Estado se submete às normas que produz.

participar das decisões acerca de seus interesses e da comunidade. O direito à educação é um dos direitos fundamentais, constantes no rol dos direitos sociais, cuja efetividade poderá viabilizar, de fato, uma Constituição Cidadã. Dessa forma, podemos dizer que o direito à educação está ligado à viabilidade da própria Democracia, que exige e se sustenta através da participação ativa e consciente das pessoas como cidadãos. Nesse sentido, o núcleo essencial do direito à educação, em seu *status positivus libertatis*, é a própria cidadania.[206]

Logo, os principais objetivos da educação democrática são despertar a consciência da liberdade e o sentimento da responsabilidade. Estes são elementos essenciais à democracia, assim como formar e desenvolver em cada indivíduo a capacidade de determinar-se e de dirigir-se por si mesmo, para se tornar autônomo. Ao fazer do indivíduo um ser social, consciente da necessidade das regras e dos valores que garantam a existência e a sobrevivência da sociedade, a educação prepara-o para o exercício da autonomia.[207] Esta não é obra de uma razão individual, mas a interiorização da consciência coletiva.

Será por meio da educação efetiva e de qualidade que se poderá alcançar um real Estado Democrático de Direito, entendendo que a educação contribui para a conquista de um mundo mais seguro, mais sadio, mais próspero e ambientalmente mais puro e que, ao mesmo tempo, favoreça o progresso social, econômico e cultural, a tolerância no seu sentido mais amplo e a cooperação internacional.

Ocorre que, para que este sistema realmente funcione, esta sociedade deve ser formada por indivíduos, capazes de tomar as suas próprias decisões e de assumir as responsabilidades resultantes das mesmas. Esta é a principal razão para que se busque a redução das desigualdades sociais, começando pela redução das desigualdades intelectuais, do saber e do conhecimento. Isto será alcançado por meio de uma educação, capaz de desenvolver as competências e as habilidades do sujeito, a ponto de emancipá-lo e de torná-lo um ser autônomo.

O conhecimento garante a verdadeira liberdade, a liberdade intelectual que vai além da liberdade física. Os direitos fundamentais serão assegurados a partir do momento em que os seus titulares se tornarem

---

[206] TORRES, Ricardo Lobo. A cidadania multidimensional da era dos direitos. *In*: TORRES, Ricardo Lobo (Org.). *Teoria dos direitos fundamentais*. Rio de Janeiro: Renovar, 1999. p. 264.

[207] ARÉNILLA, Luis *et al. Dicionário de pedagogia*. Lisboa: Instituto Piaget, 2000. p. 165. "A conquista da autonomia seria então a tomada de consciência das leis, e a integração destas leis num advir pessoal, dialético entre coação e liberdade" (*Ibidem*, p. 40).

conhecedores destes direitos, caso contrário, estarão condenados à vontade do Estado, escravos da ignorância.

2.2 A educação, a dignidade da pessoa humana e a autonomia

A dignidade da pessoa humana[208] é o principal fundamento do Estado Constitucional contemporâneo,[209] uma vez que o seu objeto é a tutela dos direitos fundamentais. Da Constituição derivam os direitos fundamentais, os princípios e a justiça, e, deste conjunto normativo, flui o princípio da dignidade humana,[210] que compõe o núcleo essencial do direito à educação.

A educação, fundada nos ideais democráticos, deve promover, de todas as formas, a autonomia dos indivíduos, suscitando e favorecendo, com o desenvolvimento da personalidade e do reconhecimento dos seus direitos, a consciência de suas responsabilidades e de seus deveres.[211] Nesse sentido, a educação é libertadora[212] em sua essência, pois propicia a liberdade física e a intelectual, contribuindo para desenvolver no indivíduo a sua autonomia, com o fim de tornar inviolável a sua dignidade.[213] Sendo assim, o elemento nuclear da noção de dignidade

---

[208] SARLET, Ingo Wolfgang. *Dignidade da pessoa humana e direitos fundamentais na Constituição Federal de 1988*. 6. ed. Porto Alegre: Livraria do Advogado, 2008. p. 43. O autor leciona que a dignidade "compreendida como qualidade integrante e irrenunciável da própria condição humana, pode (e deve) ser reconhecida, respeitada, promovida e protegida, não podendo, contudo (no sentido ora empregado), ser criada, concedida ou retirada (embora possa ser violada), já que existe em cada ser humano como algo que lhe é inerente".

[209] BONAVIDES, Paulo. *Teoria do Estado*. 4. ed. São Paulo: Malheiros, 2003. p. 39. A propósito, Bonavides, ao tratar do tema, afirma que: "O substrato do Estado Constitucional contemporâneo é possível visualizá-lo assim nos direitos fundamentais e na justiça e nos princípios. De seu conjunto, se infere um valor supremo que governa a teleologia da Sociedade e do Direito, em derradeira instância: o princípio da dignidade da pessoa humana". A Constituição Federal de 1988, em seu artigo 1º, inciso III, consagrou a dignidade da pessoa humana como um dos principais fundamentos da nossa República.

[210] A dignidade da pessoa humana possui uma dupla dimensão, a de princípio constitucional e a axiológica. Como leciona Ingo Sarlet, a dimensão axiológica da dignidade humana não se confunde, nem exclui sua normatividade na condição de princípio jurídico constitucional. Note-se que a dignidade da pessoa humana é, ao mesmo tempo, um valor (dimensão axiológica) e uma norma (dimensão deontológica), assumindo, na maioria das vezes, a forma de princípio jurídico, mas, eventualmente, de regra jurídica (SARLET, *op. cit.*, p. 71).

[211] WEBER, Tadeu. Autonomia e dignidade da pessoa humana em Kant. *Revista Direitos Fundamentais & Justiça*, Porto Alegre, v. 3, n. 9, p. 237, 2009. "Somente uma vontade autônoma pode ser considerada como livre, racional e igual e ser responsabilizada por seus atos e escolhas".

[212] FREIRE, Paulo. *Pedagogia da autonomia*: saberes necessários à prática educativa. São Paulo: Paz e Terra, 2008. p. 105.

[213] "Não há dignidade sem autonomia. E só há autonomia, quando o sujeito se submete a si mesmo, isto é, quando obedece à lei da qual é autor. Essa autoria e, portanto, autonomia, expressa a sua dignidade" (WEBER, *op. cit.*, p. 241).

da pessoa humana encontra-se na autonomia[214] e no direito de autodeterminação da pessoa,[215] que são imprescindíveis, inclusive, para o exercício da democracia.

Em relação ao direito à educação, identifica-se uma dupla dimensão no seu conteúdo em dignidade. A primeira é a capacidade individual de reconhecer e exigir a proteção da sua dignidade, vista como qualidade intrínseca da pessoa, que não pode ser concedida nem retirada, podendo, porém, ser violada. A segunda dimensão seria a de reconhecer e respeitar a dignidade do outro, inserido dentro da sociedade, como cidadão de um Estado Social Democrático, uma vez que todos têm dignidade, e sua preservação é condição da democracia.[216] O despertar desta consciência está diretamente ligado à educação, à sua fundamentalidade, como direito constitucional, e ao seu conteúdo em dignidade, cujo elemento nuclear é a autonomia[217] da pessoa, esta que, uma vez entendida como autodeterminação da vontade, constitui-se, assim, no princípio mais elementar da democracia moderna.[218]

---

[214] "A dignidade de um ser racional está no fato de poder obedecer à lei que ele mesmo se dá, isto é, a dignidade está na autonomia. Convém salientar que racionalidade, dignidade e autonomia se completam. O homem é o fim em si mesmo e não meio porque é racional. Uma vontade racional obedece a si mesma e não a uma razão superior. Ora, a liberdade é uma qualificação essencial da racionalidade. Dar-se a lei, isto é, ser livre, requer o uso da razão. Aí está a dignidade. Esta é devido à sua racionalidade. Em questões morais, a supremacia é de nossa razão prática. Homem, como fim em si mesmo, é aquele que se dá a sua própria lei. É essa autonomia que lhe confere dignidade" (*Ibidem*, p. 246).

[215] SARLET, Ingo Wolfgang. *Dignidade da pessoa humana e direitos fundamentais na Constituição Federal de 1988*. 6. ed. Porto Alegre: Livraria do Advogado, 2008. p. 46.

[216] HÄBERLE, Peter. A dignidade humana como fundamento da comunidade estatal. *In*: SARLET, Ingo Wolfgang (Org.). *Dimensões da dignidade*: ensaios de filosofia do direito e direito constitucional. 2. ed. Porto Alegre: Livraria do Advogado, 2009. p. 49. Sobre esta dimensão da dignidade, Peter Häberle refere que "a respeito da ética comunicativa: 'cada um é responsável pelo reconhecimento da dignidade do outro', o que implica uma espécie de 'efeito de irradiação' (*Drittwirkung*), situado no contexto da dignidade humana, considerada como 'base de cada comunidade solidária'".

[217] WEBER, *op. cit.*, p. 236. Conforme leciona o autor, "o tema autonomia pode ser situado em três níveis: nas ciências — a necessidade do *a priori*, para a obtenção de resultados seguros; na moral — só uma vontade autônoma é livre e, por isto, tem mérito moral; na política — a autonomia como fundamento da liberdade e dignidade".

[218] Quanto à autonomia da vontade, o autor analisa o conceito em Kant e afirma que, "Na *Fundamentação da Metafísica dos Costumes*, a autonomia da vontade é considerada como "princípio supremo da moralidade" e é definida como "aquela sua propriedade graças à qual ela é para si mesma a sua lei (independentemente da natureza dos objetos do querer). O princípio dessa autonomia consiste em escolher aquelas máximas que possam ser, simultaneamente, convertidas em leis universais. A ênfase está na autonomia e autolegislação. A vontade é legisladora universal, na medida em que ela pode querer que sua máxima seja a lei universal. [...] Somos autônomos quando obedecemos à lei da qual fomos autores. [...] A vontade está sujeita à lei, porque faz a lei. Uma vontade 'supremamente legisladora', diz Rawls, comentando sobre a ideia de Kant, é aquela que não está sujeita a nenhuma vontade que lhe seja superior. A autonomia, assim entendida, pode ser considerada como autodeterminação da vontade. É, também, o princípio mais elementar da democracia moderna" (*Ibidem*, p. 10).

Cabe ressaltar que a autonomia pode ser conceituada em diversas dimensões, isto é, na dimensão jurídica, política, ética e bioética.[219] Entretanto, o presente estudo abordará a autonomia somente em sua dimensão jurídico-política, vista como fundamento da liberdade e da dignidade, uma vez que a educação promove o desenvolvimento das capacidades e habilidades da pessoa.

Os direitos fundamentais sociais e culturais, assim como a dignidade humana, encontram-se vinculados à Constituição,[220] consistindo em sua base material e fundamentação ética, esta que flui tanto da história, quanto dos costumes, da cultura, dos hábitos e da tradição de cada povo. O exercício dos direitos fundamentais depende da autodeterminação da pessoa, cujo conceito integra a autonomia e a dignidade. A razão, por sua vez, deve determinar as condições do conhecimento, assim como determinar a vontade, para que tenham um valor moral.

É evidente o amplo alcance que foi dado pela Constituição ao direito à educação, cujos efeitos de sua efetiva concretização se refletem, em um primeiro momento, na pessoa desse direito, e, em um segundo momento, em toda a sociedade. Por essa razão, a grande relevância conferida pela Carta Magna de 1988 ao direito à educação se confirma na maioria das Constituições e tratados do mundo. A Declaração Americana dos Direitos e Deveres do Homem[221] dispôs, em seu art. XII, que "toda pessoa tem direito à educação, que deve inspirar-se nos princípios de liberdade, moralidade e solidariedade humana". O direito à educação exprime, de um lado, no plano do sistema jurídico-normativo, a exigência de solidariedade social[222] e pressupõe, de outro, a asserção

---

[219] A autonomia, na bioética, refere-se ao "consentimento livre informado", isto é, a liberdade do paciente em informar e ser informado de tudo que se relacione com o seu corpo e estado físico. Este tema está muito recorrente na atualidade.

[220] FREITAS, Juarez. *A interpretação sistemática do direito*. 4. ed. rev. e ampl. São Paulo: Malheiros, 2004. p. 183. No que tange à vinculação dos princípios fundamentais à Constituição, mais especificamente, do princípio da dignidade humana, alicerce do Estado Constitucional contemporâneo, o autor assevera que "Sobem de ponto os princípios, como o da dignidade humana, que atuam como genéticos condicionadores de sistema, máxime da constituição, cume do Direito Positivo que enfeixa o plexo total das disposições normativas na relação circular do intérprete".

[221] Declaração Americana dos Direitos e Deveres do Homem, aprovada pela Resolução XXX, da IX Conferência Internacional Americana, realizada em abril de 1948, na Cidade de Bogotá. Disponível em: <http://pfdc.pgr.mpf.gov.br/legislacao-pfdc/direitos-humanos/declar_dir_dev_homem.pdf>. Acesso em: 20 out. 2009.

[222] FREIRE, Paulo. *Pedagogia da autonomia*: saberes necessários à prática educativa. 37. ed. São Paulo: Paz e Terra, 2008. p. 59. Paulo Freire, um homem coerente com as suas ideias, foi muitas vezes incompreendido por defendê-las de forma aparentemente radical. Abstraindo a possíveis preconceitos, a sua contribuição na área da educação é inquestionável e cada vez mais valorizada atualmente. Na referida obra, ele constrói uma pedagogia, fundada na ética, no respeito à dignidade e à própria autonomia dos educandos, assumindo-se como

de que a dignidade humana, como valor impregnado de fundamentalidade em nosso ordenamento político, só se afirmará com a expansão das liberdades públicas, quaisquer que sejam as dimensões em que estas se projetem.

Portanto, identificamos que há uma complementaridade[223] entre os direitos fundamentais de primeira e de segunda geração, entre a liberdade e a educação e entre a igualdade e a educação. Com isso, demonstra-se que a complementaridade, na perspectiva *ex parte populi*, entre os direitos de primeira e de segunda geração confirma a necessidade de concretizar, na maior medida possível, o direito à educação. Esta complementaridade entre os direitos individuais e os direitos sociais se explica, uma vez que é, com a concretização dos direitos sociais, que se asseguram e se criam condições reais para o pleno exercício dos direitos individuais de liberdade e igualdade, "eliminando ou atenuando os impedimentos ao pleno uso das capacidades humanas".[224] Sendo

---

sujeitos socio-histórico-culturais do ato de conhecer. Ele anuncia a solidariedade, enquanto compromisso histórico de homens e mulheres, como uma das formas de luta, capazes de promover e instaurar a "ética universal do ser humano" (MORIN, Edgar. *Os sete saberes necessários à educação do futuro*. 10. ed. São Paulo: Cortez; Brasília, DF: UNESCO, 2005). Na mesma linha de pensamento, o autor, ao propor os Sete Saberes para a Educação do Futuro, obra publicada em 1999, a pedido da UNESCO, sustenta que é preciso ensinar a "ética da compreensão planetária", entendendo a ética não como um conjunto de proposições abstratas, mas, como uma atitude deliberada de todos que acreditam que é possível que sociedades democráticas abertas se solidarizem.

[223] BUCCI, Maria Paula Dallari. *Políticas públicas*: reflexões sobre o conceito jurídico. São Paulo: Saraiva, 2006. p. 3. Sobre a complementaridade dos direitos de primeira e segunda geração, a autora leciona que: "Já os direitos sociais [...] são, se assim se pode dizer, direitos-meio, isto é, direitos, cuja principal função é assegurar que toda pessoa tenha condições de gozar os direitos individuais de primeira geração. Como poderia, por exemplo, um analfabeto exercer plenamente o direito à livre manifestação do pensamento? Para que isso fosse possível, é que se formulou e se positivou, nos textos constitucionais e nas declarações internacionais, o direito à educação. [...] Como se pode ver, os direitos sociais, ditos de segunda geração, que mais precisamente englobam os direitos econômicos, sociais e culturais, foram formulados para garantir, em sua plenitude, o gozo dos direitos de primeira geração".

[224] LAFER, Celso. *A reconstrução dos direitos humanos*: um diálogo com o pensamento de Hannah Arendt. São Paulo: Companhia das Letras, 2006. p. 127, 130. "É por essa razão que os assim chamados 'direitos de segunda geração', previstos pelo *Welfare State*, são direitos de crédito do indivíduo em relação à coletividade. Tais direitos — como o direito ao trabalho, à saúde, à educação — têm como sujeito passivo o Estado porque, na interação entre governantes e governados, foi a coletividade que assumiu a responsabilidade de atendê-los. O titular desse direito, no entanto, continua sendo, como nos direitos de primeira geração, o homem na sua individualidade. Daí a complementaridade, na perspectiva *ex parte populi*, entre os direitos de primeira e de segunda geração, pois estes últimos buscam assegurar as condições para o pleno exercício dos primeiros, eliminando ou atenuando os impedimentos ao pleno uso das capacidades humanas. Por isso, os direitos de crédito, denominados 'direitos econômico-sociais e culturais', podem ser encarados como direitos que tornam reais direitos formais: procuraram garantir a todos o acesso aos meios de vida e de trabalho num sentido amplo".

assim, percebe-se novamente a conexão entre o direito à educação e o direito à liberdade que flui da autonomia e da autodeterminação. No Brasil, esta ligação aparece de forma mais acentuada, já que aqui não houve a realização linear dos direitos fundamentais a partir da noção de dimensão, pois o poder público não efetivou os direitos individuais nem os direitos sociais.[225] Logo, as demandas por liberdade vêm associadas a um pleito pela realização do Estado Social e vice-versa, o que torna a tarefa constitucional muito mais difícil em relação aos Estados que já atenderam as demandas do Estado Liberal, cumprindo as tarefas básicas de civilização há mais tempo.[226] Em outras palavras, países mais atrasados, do ponto de vista econômico e social, como o Brasil, têm mais dificuldades na realização dos direitos fundamentais, por isto a educação se torna um instrumento imprescindível para a concretização destes direitos.

O direito à educação, como mínimo existencial, bem como a sua dimensão subjetiva e objetiva são evidenciados também em sede de direitos humanos. A Declaração Americana dos Direitos e Deveres do Homem define que uma das finalidades da educação seja proporcionar ao seu titular "o preparo para subsistir de uma maneira digna, para melhorar o seu nível de vida e para poder ser útil à sociedade". Dessa forma, há o reconhecimento de que o direito à educação deve ser um instrumento capaz de garantir o desenvolvimento da autonomia e capacidade de seu titular, para tornar-se apto a subsistir de uma maneira digna, podendo garantir o seu mínimo existencial e ter acesso a todos os meios de vida e trabalho.

O direito à educação compreende o direito à igualdade de oportunidades dos indivíduos em todos os casos, de acordo com os dons

---

[225] LIMBERGER, Têmis. O dogma da discricionariedade administrativa: a tensão instaurada entre os poderes Judiciário e Executivo devido às políticas públicas de saúde no Brasil. *Interesse Público*, Belo Horizonte, ano 11, n. 57, p. 79, set./out. 2009. Ao abordar o tema da intervenção do Poder Judiciário para garantia da concretização dos direitos fundamentais, a autora ressalta que: "Direitos sociais importantes foram consagrados no art. 6º da CF, visando à execução pelo administrador. Porém, estes preceitos não têm sido cumpridos, opera-se uma situação de crise, pois o Estado brasileiro não foi capaz de atender as demandas do liberalismo clássico, com os direitos de cunho individual e tampouco conseguiu realizar as demandas do Estado Social".

[226] BUCCI, Maria Paula Dallari. *Políticas públicas*: reflexões sobre o conceito jurídico. São Paulo: Saraiva, 2006. p. 7. "A preservação da esfera individual de liberdade em face do Estado, a partir do século XVIII, foi possível graças à criação de estruturas e à formação de uma 'consciência institucional garantística' que se inseriu de diferentes modos nas realidades de cada país". No caso brasileiro, a introdução dos direitos sociais ocorreu sem que o país tivesse criado estas estruturas capazes de cumprir as tarefas básicas de garantia dos direitos de primeira geração.

naturais, físicos e intelectuais. É neste ponto que o presente estudo se justifica, eis que a educação básica é o primeiro degrau para oportunizar e promover o direito à igualdade de oportunidades. Uma sociedade que se compromete, por via constitucional, à tutela dos direitos fundamentais tem que garantir a concretização desta dimensão da igualdade. Todos devem ter a possibilidade de desenvolver suas habilidades e competências, estas que são, por sua vez, viabilizadas por meio da educação. A introdução dos direitos sociais só faz sentido, do ponto de vista normativo, se estiver associada a um conjunto de garantias que sejam suficientes à sua efetivação. Isso revela que a concepção da dignidade da pessoa humana e do livre desenvolvimento da personalidade está na origem de uma política de realização dos direitos sociais, ativa e comprometida, que garanta um patamar razoável de bem-estar material, social, de aprendizagem e educação, pois serão estas garantias que possibilitarão que os indivíduos façam parte da sociedade como reais cidadãos e, mais ainda, como cidadãos iguais.[227]

No direito comparado, identifica-se textualmente a relação da dignidade com o direito à educação, uma vez que a fonte de todos os direitos fundamentais é a intangibilidade da dignidade da pessoa humana.[228] Pode-se ilustrar o acima mencionado a partir da análise do texto contido no art. 7º, inc. I, da Constituição da Saxônia, de 1992, ao dispor que: "O Estado reconhece, como seus objetivos, o direito de cada homem a uma existência digna, especialmente ao trabalho, a uma adequada moradia, à adequada subsistência e à adequada seguridade social e educação". A conexão constitucional entre a educação e a dignidade pode ser ainda confirmada na Constituição da Espanha (1978), que disciplina a dignidade humana em seu Preâmbulo e em seu artigo inaugural do título primeiro, intitulado "os direitos fundamentais e os deveres fundamentais". O Preâmbulo dispõe: "A nação espanhola [...] proclama, no exercício da sua soberania, sua vontade: [...] de desenvolver o progresso da economia e da cultura, com vista a assegurar uma qualidade de vida digna a todos [...]". Note-se que o constituinte atribui aqui a garantia da dignidade por meio do desenvolvimento da economia e cultura, a que a educação está diretamente relacionada. No art. 10º, inc. I, está disposto que: "A dignidade dos homens, os direitos

---

[227] CANOTILHO, José Joaquim Gomes. *Direito constitucional e teoria da constituição*. 7. ed. Lisboa: Almedina, 2003. p. 474.

[228] HÄBERLE, Peter. A dignidade humana como fundamento da comunidade estatal. *In*: SARLET, Ingo Wolfgang (Org.). *Dimensões da dignidade*: ensaios de filosofia do direito e direito constitucional. 2. ed. Porto Alegre: Livraria do Advogado, 2009. p. 50.

humanos invioláveis, o livre desenvolvimento da personalidade, o respeito à lei e ao direito dos outros constituem os fundamentos da ordem política e da paz social".[229] Analisando o referido dispositivo constitucional, é possível identificar a relação da dignidade com o livre desenvolvimento da personalidade, que está imbricada na capacidade, promovida pela educação, da autodeterminação do indivíduo.

A educação é capaz de transformar o indivíduo e, consequentemente, a sociedade — a sua concretização resulta no pleno desenvolvimento da personalidade, na proteção da dignidade da pessoa humana e no respeito pelos direitos do homem e por suas liberdades fundamentais. O direito à educação promove a igualdade de oportunidade e coloca todas as pessoas em condições de desempenhar um papel útil em uma sociedade livre.[230] Esta dimensão da educação nos remete à noção de autonomia,[231] a qual está diretamente ligada à dignidade da pessoa humana.

Conforme já foi referido, a "autonomia" é um termo de difícil conceituação, visto que traz em si várias dimensões e entendimentos. Na visão de Edgar Morin:

> a noção de autonomia humana é complexa, já que ela depende de condições culturais e sociais. Para sermos nós mesmos, precisamos aprender uma linguagem, uma cultura, um saber, e é preciso que esta própria cultura seja bastante variada para que possamos escolher no estoque

---

[229] HÄBERLE, Peter. A dignidade humana como fundamento da comunidade estatal. *In:* SARLET, Ingo Wolfgang (Org.). *Dimensões da dignidade*: ensaios de filosofia do direito e direito constitucional. 2. ed. Porto Alegre: Livraria do Advogado, 2009. p. 51.

[230] SARLET, Ingo Wolfgang. *Dignidade da pessoa humana e direitos fundamentais na Constituição Federal de 1988.* 6. ed. Porto Alegre: Livraria do Advogado, 2008. p. 39). Art. 13 do Pacto Internacional Relativo aos Direitos Econômicos, Sociais e Culturais, de 16 de dezembro de 1966, aprovado pelo Decreto Presidencial nº 591, de 06.07.92 – No *Preâmbulo* "Considerando que, em conformidade com os princípios proclamados na Carta das Nações Unidas, o reconhecimento da dignidade inerente a todos os membros da família humana e dos seus direitos iguais e inalienáveis constitui o fundamento da liberdade, da justiça e da paz no mundo. Reconhecendo que esses direitos decorrem da dignidade inerente à pessoa humana, esta afirmação sobre a dignidade, de concepção jusnaturalista, remanesce, indubitavelmente, a constatação de que uma ordem constitucional que — de forma direita ou indireta — consagra a idéia da dignidade da pessoa humana parte do pressuposto de que o homem, em virtude tão-somente de sua condição humana e independentemente de qualquer outra circunstância, é titular de direitos que devem ser reconhecidos e respeitados por seus semelhantes e pelo Estado" (Disponível em: <www.jep.org.br/downloads/JEP/SistemaGlobal/pacto_internac_direitos_economicos.htm>. Acesso em: 10 nov. 2010.

[231] *Ibidem*, p. 32. Sobre autonomia, o autor diz que "Construindo sua concepção a partir da natureza racional do ser humano, Kant assinala que autonomia da vontade, entendida como a faculdade de determinar a si mesmo e agir com a representação de certas leis, é um atributo apenas encontrado nos seres racionais, construindo-se no fundamento da dignidade da natureza humana".

das idéias existentes e refletir de maneira autônoma. Portanto, esta autonomia se alimenta na dependência; nós dependemos de uma educação, de uma linguagem, de uma cultura, de uma sociedade, dependemos claro de um cérebro, ele mesmo produto de um programa genético, e dependemos também de nossos genes.[232]

A autonomia mencionada por Morin refere-se à concepção de autonomia na sua dimensão política, que está ligada à educação. Verifica-se, consequentemente, que a autonomia consiste na qualidade de um indivíduo ser capaz de tomar suas próprias decisões, como a faculdade de determinar a si mesmo. Quando a pessoa atinge a maioridade, referida por Kant, passa a ter a capacidade de fazer uso de sua própria razão e a se submeter àquela lei da qual ele é autor, sendo a autonomia o uso da razão pública.[233] Esta concepção da autonomia e do direito de autodeterminação da pessoa, de matriz kantiana, nos remete à conclusão de que esta autonomia é considerada em abstrato e se refere à capacidade potencial que cada ser humano tem de autodeterminar a sua conduta, independentemente da sua efetiva realização, no caso da pessoa em concreto. Nesse sentido, a dignidade se estende a todos os seres humanos, independentemente de sua capacidade ou incapacidade física e mental.[234] A efetivação desta capacidade é um processo construído por meio da educação, e a autonomia vai se identificar em vários níveis, dependendo das condições físicas e intelectuais de cada um. Por essa razão, se justifica a previsão legal de garantir o atendimento educacional especializado aos portadores de necessidades especiais, preferencialmente na rede regular de ensino.[235] A convivência com as diferenças é uma forma de não discriminação e de desenvolvimento da ética comunicativa, referida por Häberle, que é a base de cada comunidade solidária.[236] Mais ainda, é uma garantia do direito de igualdade de oportunidades, condição para a efetivação de uma verdadeira democracia.

No direito à educação, a noção de autonomia tem que ser vista em concreto, isto é, deve promover as condições para que a pessoa possa

---

[232] MORIN, Edgar. *Introdução ao pensamento complexo*. Tradução de Eliane Lisboa. 3. ed. Porto Alegre: Sulina, 2007. p. 66.

[233] KANT, Immanuel. *A paz perpétua e outros opúsculos*. Lisboa: Edições 70, 1995. p. 12.

[234] MORIN, *op. cit.*, p. 46.

[235] Lei nº 8.069/1990 (ECA) e Lei nº 9.394/1996 (Lei de Diretrizes Básicas).

[236] HÄBERLE, Peter. A dignidade humana como fundamento da comunidade estatal. *In*: SARLET, Ingo Wolfgang (Org.). *Dimensões da dignidade*: ensaios de filosofia do direito e direito constitucional. 2. ed. Porto Alegre: Livraria do Advogado, 2009. p. 49.

concretamente exercer sua autonomia. A eficaz concretização do direito à educação parte da garantia do acesso ao estabelecimento de ensino, para resultar no efetivo desenvolvimento da aprendizagem, com a finalidade de que cada indivíduo desenvolva a sua própria autonomia, incluídas as pessoas capazes ou relativamente capazes (respeitando-se as limitações de cada um). Em sentido estrito, o âmbito de proteção de um direito fundamental correspondente ao bem protegido, isto é, um certo bem protegido da esfera individual, indispensável à salvaguarda da dignidade humana. Isso significa que o âmbito de proteção corresponde ao perfil *prima facie* do direito fundamental: ele representa tudo aquilo que o direito fundamental proporcionaria ao seu titular.[237] Nesse sentido, a educação, vista como um direito, mostra a sua fundamentalidade na salvaguarda da dignidade humana, ao ser capaz de proporcionar a capacidade de exercício da autonomia do seu titular. Quando nossa Constituição dispõe que a educação deve visar ao pleno desenvolvimento da pessoa, refere-se que o fim último deste direito é garantir que a pessoa humana, através de sua autonomia e liberdade, possa desenvolver suas habilidades e competências com o objetivo de exercer uma cidadania ativa e estar qualificada para o trabalho.

No entendimento de Canotilho, "A densificação do sentido constitucional dos direitos, liberdades e garantias é mais fácil do que a determinação do sentido específico do enunciado — dignidade da pessoa humana". Pela análise dos direitos fundamentais, constitucionalmente consagrados, "deduz-se que a raiz antropológica se reconduz ao homem, como pessoa, como cidadão, como trabalhador e como administrado".[238]

Nas palavras de Paulo Bonavides, "nenhum princípio é mais valioso, para compendiar a unidade material da Constituição, que o princípio da dignidade da pessoa humana". A dignidade, como base material, constitui-se na fundamentação ética da Constituição, dada pela cultura e pelos costumes de um povo, identificando-se, em outras palavras, como a parte não formal da mesma. A dignidade da pessoa humana como sustentação material da ordem constitucional reforça a ideia de que o direito à educação e o seu conteúdo em dignidade representam um dos fatores para a viabilidade da própria democracia. O autor segue o seu pensamento, afirmando que "as formas democráticas

---

[237] CORREIA, Sérvulo. *O direito de manifestação*: âmbito de proteção e restrições. Coimbra: Almedina, 2006. p. 32.

[238] CANOTILHO, José Joaquim Gomes. *Direito constitucional e teoria da Constituição*. 7. ed. Lisboa: Almedina, 2003. p. 248.

do modelo participativo direto são politicamente, em nosso tempo, as mais compatíveis com o empenho e a concretização daquele princípio no constitucionalismo do século XXI".[239] Sendo assim, os direitos fundamentais objetivam assegurar a liberdade do indivíduo por meio da sua capacidade de exercer a sua autonomia, o que só terá sucesso diante de uma sociedade democrática, na qual os cidadãos tenham a garantia da igualdade de oportunidades e estejam conscientes para participar das decisões acerca de seus interesses e dos da comunidade.

A Declaração Universal dos Direitos do Homem da ONU, de 1948, reconhece, em seu Preâmbulo, que a dignidade é o fundamento da liberdade, da justiça e da paz no mundo, a qual é inerente a todos os membros da família humana e de seus direitos iguais e inalienáveis. O princípio da igualdade se formaliza em seu art. 1º, ao dispor que "todos os homens nascem livres e iguais em dignidade e direitos".[240] Destaca-se a reflexão de Bobbio quanto ao princípio da igualdade, contido no referido documento, quando assevera que

> A Declaração conserva apenas o eco porque os homens, *de fato*, não nascem nem livres nem iguais. São livres e iguais com relação a um nascimento ou natureza ideais, que era precisamente a que tinham em mente os jusnaturalistas quando falavam em estado de natureza. A liberdade e a igualdade dos homens não são um dado de fato, mas um ideal a perseguir; não são uma existência, mas um valor; não são um ser, mas um dever ser.[241]

Neste sentido, o direito fundamental à educação não pode ser relativizado ao ponto de perder a sua fundamentalidade, uma vez que o seu conteúdo está impregnado pela dignidade da pessoa humana. Portanto, não há controvérsias de que a Constituição prevê o dever de proteção do Estado, impondo que este materialize, por meio de políticas públicas eficientes e eficazes, a universalização à educação básica, garantindo, assim, a igualdade de oportunidades. Este dever de proteção

---

[239] BONAVIDES, Paulo. Prefácio da 1ª edição. *In*: SARLET, Ingo Wolfgang. *Dignidade da pessoa humana e direitos fundamentais na Constituição Federal de 1988*. 5. ed. rev. e atual. Porto Alegre: Livraria do Advogado, 2007.

[240] LAFER, Celso. *A reconstrução dos direitos humanos*: um diálogo com o pensamento de Hannah Arendt. São Paulo: Companhia das Letras, 2006. p. 150, comenta sobre o artigo 1º acima referido que "nós não nascemos iguais: nós nos tornamos iguais como membros de uma coletividade, em virtude de uma decisão conjunta que garante a todos direitos iguais. A igualdade não é um dado — ele não é *phisis*, nem resulta de um absoluto transcendente externo à comunidade política. Ela é um construído, elaborado convencionalmente pela ação conjunta dos homens através da organização da comunidade política".

[241] BOBBIO, Norberto. *A era dos direitos*. 4. ed. Rio de Janeiro: Elsevier, 2004. p. 49.

converte-se na garantia do mínimo existencial do direito à educação, visto que o seu conteúdo em dignidade tem que ser preservado e não pode ser, em hipótese alguma, ferido, em função de se tratar de um valor universal e objetivo. Com isso, demonstra-se a dimensão objetiva da dignidade da pessoa humana e a sua "função fundante", tanto para a comunidade política como para os direitos fundamentais individuais.[242]

Em decorrência da sua titularidade para elaborar e executar as políticas públicas, em princípio, caberá ao Estado proporcionar condições fáticas que sejam capazes de materializar e concretizar o direito à educação. Entretanto, a educação também é dever da família e da sociedade, que deve colaborar em promovê-la e incentivá-la, para que atinja a sua eficaz concretização. Em outras palavras, a garantia da efetividade do direito à educação depende de uma atuação solidária da família e subsidiária da sociedade. Enfim, diante da alta complexidade do direito fundamental à educação, a sua concretização não dependerá exclusivamente da atuação positiva do Estado, mesmo este sendo o responsável direito para tanto, mas contará igualmente com a atuação da família e de toda a sociedade.

Enquanto o Estado, esta sociedade política criada pelo próprio homem, garante direitos aos indivíduos, estes, por sua vez, passam a ter também deveres perante o Estado, tendo que assumir responsabilidades diante da sociedade.

2.3 Dever fundamental de educar

Na perspectiva do Estado Social Democrático, a constitucionalização do direito nos remete à necessidade de se construir uma sociedade solidária capaz de, unida, reduzir as desigualdades sociais e garantir a concretização, na maior medida possível, dos direitos fundamentais. Sob esta perspectiva, os deveres fundamentais surgem como consequência lógica desta nova ordem jurídica, sendo a sua concepção apresentada em conexão com a dimensão objetiva dos direitos fundamentais.[243] Como observa Ingo Sarlet,[244] esta vinculação

---

[242] HÄBERLE, Peter. A dignidade humana como fundamento da comunidade estatal. *In*: SARLET, Ingo Wolfgang (Org.). *Dimensões da dignidade*: ensaios de filosofia do direito e direito constitucional. 2. ed. Porto Alegre: Livraria do Advogado, 2009. p. 51.

[243] ANDRADE, José Carlos Vieira de. *Os direitos fundamentais na Constituição Portuguesa de 1976*. 3. ed. Coimbra: Almedina, 2004. p. 160.

[244] SARLET, Ingo Wolfgang. *A eficácia dos direitos fundamentais*: uma teoria geral dos direitos fundamentais na perspectiva constitucional. 10. ed. rev. atual e ampl. Porto Alegre: Livraria do Advogado, 2009. p. 228.

Capítulo 2
Educação e Democracia | 105

íntima dos deveres fundamentais com a dimensão objetiva dos direitos fundamentais se verifica no sentido em que estes representam valores da comunidade em seu conjunto, os quais devem ser respeitados, promovidos e protegidos pelo Estado e pela sociedade, em uma visão de sociedade com responsabilidade comunitária, que faz dos indivíduos seres simultaneamente livres e responsáveis. Esta dimensão objetiva, integrada em um Estado Democrático, dá aos deveres fundamentais o reconhecimento da participação ativa dos cidadãos na vida pública, com um conteúdo de dever jurídico. José Vieira de Andrade assevera que este reconhecimento de deveres fundamentais, com a participação ativa dos cidadãos na vida pública, implica "um empenho solidário de todos na transformação das estruturas sociais",[245] resultando, assim, em identificar a responsabilidade social no exercício da liberdade individual que implicará o reconhecimento de deveres jurídicos de respeito pelos valores constitucionais e direitos fundamentais.[246]

Quanto à tipologia dos deveres fundamentais, podemos traçar a distinção[247] entre os deveres fundamentais associados a direitos,[248]

---

[245] ANDRADE, *op. cit.*, p. 160.

[246] *Ibidem*, p. 160. No que tange ao reconhecimento de deveres fundamentais, com a participação ativa dos cidadãos na vida pública, o autor discorre que "Ninguém duvida, pelo menos, do interesse pedagógico e da importância espiritual e ética que reveste a idéia dos deveres fundamentais dos cidadãos, significando que o homem não existe isoladamente, nem a sua liberdade é absoluta e que os indivíduos são responsáveis no campo político, social e cultural pela segurança, pela justiça e pelo progresso da comunidade. [...] Os direitos políticos, na visão de alguns, são reconhecidos aos cidadãos para a edificação e a manutenção do regime democrático, e o seu exercício constitui, por isso, também ou fundamentalmente, um dever, o cumprimento de uma tarefa moral histórica que é comum aos membros da comunidade política. A sociedade democrática desaparecia, se estes se recusassem a exercer os seus direitos de participação política e, por essa razão, esse dever de exercício deve ser entendido como um dever jurídico que está indissoluvelmente ligado ao direito atribuído e que integra o seu conteúdo" (*Ibidem*, p. 163).

[247] SARLET, Ingo Wolfgang. *A eficácia dos direitos fundamentais*: uma teoria geral dos direitos fundamentais na perspectiva constitucional. 10. ed. rev. atual e ampl. Porto Alegre: Livraria do Advogado, 2009. p. 214. O autor enfatiza que não se deve confundir a expressão "destinatário (no sentido de destinatário da proteção ou tutela do direito), como sinônimo de titular de direitos fundamentais. É preciso enfatizar que a terminologia mais adequada e que, em termos gerais, corresponde à tendência dominante no cenário jurídico contemporâneo, é a de titular de direitos fundamentais. Titular do direito, notadamente na perspectiva da dimensão subjetiva dos direitos e garantias fundamentais, é quem figura como sujeito ativo da relação jurídico-subjetiva, ao passo que destinatário é a pessoa (física, jurídica ou mesmo ente despersonalizado), em face da qual o titular pode exigir o respeito, proteção ou promoção do seu direito".

[248] ANDRADE, José Carlos Vieira de. *Os direitos fundamentais na Constituição Portuguesa de 1976*. 3. ed. Coimbra: Almedina, 2004. p. 161. Referente ao alcance jurídico concreto dos deveres fundamentais, o autor afirma que os problemas começam quando se pretende determinar este alcance. Ele faz a distinção entre ambos, classificando os deveres fundamentais em

conexos ou correlatos, e os deveres fundamentais autônomos.[249] Os primeiros tomam forma a partir do direito fundamental a que estão ligados materialmente, identificando-se, assim, uma reciprocidade entre direitos e deveres fundamentais. Os deveres fundamentais autônomos[250] independem da existência de um direito fundamental a eles ligado, portanto, a sua existência não está relacionada diretamente à conformação de nenhum direito subjetivo.[251] Os deveres fundamentais, mesmo os associados ou correlatos, constituem uma realidade "autônoma e exterior a cada um deles".[252] Neste sentido, cabe ressaltar que o estabelecimento de um dever não pode afetar o conteúdo do direito individual, embora, "na medida em que são explicitações de valores comunitários, possam fundamentar a limitação dos direitos fundamentais em geral, designadamente das liberdades".[253]

Os deveres fundamentais são posições jurídicas da pessoa (em sentido amplo) face ao Estado que geram obrigações jurídicas, assim como os direitos fundamentais.[254] Com a instauração do Estado social,

---

autônomos "aqueles que são impostos pela Constituição independentemente de qualquer direito", são "deveres imediatamente decorrentes da própria idéia de Estado como comunidade política e que não podem, por isso, deixar de ser considerados fundamentais, independentemente da sua consagração expressa com esse nome. [...] reconhecedo-lhes relevância jurídica em matéria de direitos fundamentais, como autorizações ao legislador ordinário para restringir os direitos das pessoas na medida do necessário, para a sua salvaguarda, ressalvado sempre, obviamente, o conteúdo essencial dos preceitos constitucionais".

[249] NABAIS, José Casalta. *O dever de pagar impostos*. Coimbra: Almedina, 2004. p. 18. O autor coloca o dever de pagar impostos como dever fundamental de categoria jurídica autônoma, pois constitui expressão imediata ou direta de valores e interesses comunitários, diferentes e contrapostos aos valores e interesses individuais, consubstanciados na figura dos direitos fundamentais (*Ibidem*, p. 38).

[250] SARLET, *op. cit.*, p. 243. Com relação à ideia da existência de deveres fundamentais autônomos, Ingo Sarlet nos remete às considerações feitas por Gomes Canotilho ao afirmar que "a existência de deveres conexos a direitos não afasta a circunstância de que os deveres fundamentais constituem uma categoria autônoma, especialmente por não poderem ser confundidas com as restrições e limitações de direitos fundamentais, ainda que possam servir de justificativa constitucional para eventuais limitações ou restrições".

[251] *Ibidem*, p. 242. Nesse sentido, Ingo Sarlet apresenta exemplos de deveres fundamentais autônomos, contidos no texto constitucional. "Já os deveres fundamentais de pagar impostos, de colaborar na administração eleitoral, de prestar serviço militar, entre outros, são deveres usualmente reportados à categoria dos deveres autônomos. No direito constitucional positivo brasileiro, tal elenco pode ser acrescentado aos deveres autônomos de votar, que é obrigatório para os maiores de 18 anos e menores ou iguais a 70 anos".

[252] ANDRADE, *op. cit.*, p. 169.

[253] ANDRADE, José Carlos Vieira de. *Os direitos fundamentais na Constituição Portuguesa de 1976*. 3. ed. Coimbra: Almedina, 2004. p. 169.

[254] NABAIS, José Cassalta. *O dever de pagar impostos*. Coimbra: Almedina, 2004. p. 17. Sobre o tema, o autor esclarece que os deveres fundamentais são classificados pelo mesmo critério dos direitos fundamentais, de acordo com o seu objeto. Configuram-se como *status negativus*, quando o Estado exige uma omissão (caso do dever geral de obediência), como

surgem os direitos sociais, direitos de segunda dimensão que passam a exigir uma atuação positiva do Estado para a sua concretização e que, por sua vez, gerarão os deveres sociais a eles conexos e associados.[255] Na Constituição pátria, há várias referências diretas a deveres fundamentais ao longo de seu texto. Em relação ao direito fundamental à educação, surge o dever fundamental dos pais na educação dos filhos,[256] o qual está sendo desenvolvido neste trabalho. Para Nabais, Vieira de Andrade e Sarlet, este é o típico dever fundamental associado,[257] conexo ou correlato, pois toma forma a partir do direito fundamental à educação, consagrado no texto constitucional.[258]

O direito à universalização da educação básica, que tem alta densidade normativa e é expressamente reconhecido no texto constitucional como um direito subjetivo público, constitui típico direito-dever,[259] em

---

status positivus, na medida que se exige do indivíduo prestações de coisas, dinheiro e serviços (caso respectivamente do dever dos pais de manutenção e educação dos filhos, do dever de pagar impostos e do dever de prestação do serviço militar) e como *status activus*, na medida em que é exigida uma participação política da comunidade (caso do voto).

[255] *Ibidem*, p. 52. Os deveres respeitantes ao Estado Social na Alemanha, referidos por Nabais, são os deveres de escolaridade obrigatória, de educação dos filhos por parte dos pais, de cultivo e exploração do solo, entre outros.

[256] ANDRADE, *op. cit.*, p. 169. "Assim, p. Ex., os deveres dos pais de manutenção e de educação dos filhos. Estamos perante um caso nítido de deveres reversos dos direitos correspondentes, ou seja, de poderes-deveres, direitos-deveres ou direitos-função. É, todavia, um caso especial, a partir do qual não é legítimo fazer generalizações ou retirar analogias de superfícies. Os direitos dos pais de educação dos filhos não são meras liberdades em face do Estado, representam, no seu conteúdo essencial, poderes sobre os filhos. Não são nesta dimensão rigorosamente direitos dos indivíduos, mas poderes concedidos no quadro da autonomia familiar e estariam até fora da matéria de direitos fundamentais se não fosse a intensidade pessoal que caracteriza a organização da família na vida social e que é recolhida no seu reconhecimento jurídico-constitucional. Se a família é protegida por ser 'elemento fundamental da sociedade' (artigo 68.º), ela cabe na matéria dos direitos fundamentais, porque é o prolongamento natural dos indivíduos que a formam e que se apresentam (cônjuges e filhos menores) como unidade pessoal. Mas, por isso mesmo, compreende-se que *aos* direitos, concedidos aos pais dentro da família, sejam acoplados deveres, quando tenham a natureza de poderes de pessoas sobre outras pessoas, exercidos no interesse destas últimas e não, dos seus titulares".

[257] *Ibidem*, p. 162. Vieira de Andrade, ao explicar sobre os deveres fundamentais, associados com direitos fundamentais, coloca que, quando o dever está associado a direitos à prestação (como o direito à educação), não está em causa a atuação dos indivíduos, mas fundamentalmente a atuação dos poderes públicos.

[258] O direito fundamental à educação está contido no artigo 6º, 205 a 214 da CF.

[259] ANDRADE, José Carlos Vieira de. *Os direitos fundamentais na Constituição Portuguesa de 1976*. 3. ed. Coimbra: Almedina. 2004. p. 169. No que se refere ao tema, Vieira de Andrade assevera que "ao direito à educação também se associa um dever de se educar, pelo menos à educação elementar. cf. o artigo 26º, nº 1, da Declaração Universal do Homem" (p. 162). Neste sentido, estas posições vêm ao encontro do objeto do presente trabalho, que afirma ser a educação básica um dever do Estado e da família, uma vez que, nesta fase da educação, principalmente da educação infantil e do ensino fundamental, a criança ainda

que os pais ou os responsáveis, juntamente com o Estado, tornam-se também destinatários[260] das normas do direito à educação em face do menor.[261] Note-se que este direito-dever tem dupla natureza, ou seja, a preservação da dignidade do menor, uma vez que a educação promove o desenvolvimento de sua autonomia e a promoção da igualdade de oportunidades, as quais representam condições da preservação da sociedade democrática contemporânea. Logo, o direito fundamental à educação, em relação à família, atua simultaneamente como "direito" e "dever" fundamental.[262]

Na dimensão objetiva, reconhece-se, ainda, o dever de solidariedade que se projeta a partir do direito fundamental à educação, gerando uma obrigação de tutela por parte do Estado e da família (ou responsável pelo menor), visto que são explicitações de valores comunitários e não se limitam ao direito à intervenção prestadora do Estado, nem sequer à exigência do respeito por um bem próprio (individual), implicando diretamente com o tipo de comportamento de todos os indivíduos e sendo exercido em um quadro de reciprocidade e solidariedade. Nas palavras de Vieira de Andrade, "são direitos circulares"[263] o direito à fruição do patrimônio cultural e ao meio ambiente, estes "cujo conteúdo é definido necessariamente em função do interesse comum, pelo menos

---

necessita de seus pais ou responsáveis para subsistir, ter acesso ao estabelecimento de ensino e condições materiais e emocionais para o gozo do direito à educação. Neste sentido, o autor explica que "o dever de escolaridade básica é um dever de consumo reverso de um direito a uma prestação estadual. É um dever concreto que corresponde a um dos raros direitos a prestações materiais, com conteúdo constitucional determinado. Deve ser entendido como direito-dever, de dupla natureza, pois não tem como função única ou determinante a dignidade dos cidadãos, antes é, hoje, do mesmo modo essencial, além de garantia de um mínimo de igualdade de oportunidades, uma condição da preservação e do funcionamento regular de uma sociedade democrática moderna".

[260] CANARIS, Claus Wilhelm. *Direitos fundamentais e direito privado*. Coimbra: Almedina, 2003. p. 133: "Destinatário das normas sobre direitos fundamentais são, em princípio, apenas o Estado e os seus órgãos, mas não, os sujeitos privados. É certo que são possíveis exceções, como o artigo 6º, nº 2, do dever dos pais na manutenção e a educação dos filhos" (*Ibidem*, p. 133).

[261] A educação básica passou a ser universalizada por força das alterações ao texto constitucional, trazidas pela EC nº 59/09, no qual, entre outras mudanças, passou a dispor que a educação é obrigatória dos 4 aos 17 anos. Por esta razão, nos referimos ao "menor", cuja universalização da educação é um direito fundamental. O tema da universalização da educação básica será desenvolvido no próximo capítulo do presente trabalho.

[262] O conteúdo normativo do artigo 205 da CF dispõe, de forma expressa, sobre o dever da família à educação, assim enunciando: "a educação, direito de todos e dever do Estado e da família, [...], visando ao pleno exercício da pessoa, ao seu preparo para o exercício da cidadania e à sua qualificação para o trabalho".

[263] ANDRADE, José Carlos Vieira de. *Os direitos fundamentais na Constituição Portuguesa de 1976*. 3. ed. Coimbra: Almedina, 2004. p. 168.

Capítulo 2
Educação e Democracia | 109

em tudo aquilo que ultrapassa a lesão direta de bens individuais".[264] O mesmo poderia se dizer, em parte, no que concerne ao dever de escolaridade básica, que exprime o valor político de preservação de uma sociedade democrática, sendo considerado, assim, um elemento do direito de solidariedade.

O dever fundamental de garantir o acesso ao direito à educação é um dever social e estaria classificado como *status positivus*, tendo em vista, em parte, que sua efetividade exige da família, neste caso, dos pais ou responsáveis, prestações de coisas e serviços, traduzidos como a obrigatoriedade de efetivação da matrícula escolar e de garantir a frequência às aulas. Isso ocorre ao referir-se apenas ao âmbito escolar, sem adentrar nos deveres morais e éticos dos pais de educar os filhos.

Assim como os direitos fundamentais, os deveres fundamentais são posições jurídicas complexas, no sentido de conterem deveres da mais diversa natureza. Portanto, o dever fundamental em relação à educação impõe aos pais ou responsáveis os deveres de manutenção e educação dos filhos, bem como o dever de escolaridade básica, impondo a este a obrigação de garantir a matrícula do filho menor[265] no sistema educacional; de garantir a frequência na escola; de acompanhar o desempenho do filho na escola; e de muitos outros deveres que viabilizam a fruição e o gozo do direito à educação pelo seu titular em seu conteúdo e alcance.[266]

Como dever da família,[267] para concretizar o direito à educação, entende-se o dever fundamental de educar os seus filhos,[268] direcionado,

---

[264] *Ibidem*, p. 168.

[265] A obrigatoriedade do ensino básico, contemplado no inciso I do art. 208, foi ampliada para 14 anos com a edição da EC nº 59/09. Consequentemente, caberá aos pais ou responsáveis do menor de 17 anos, garantir-lhe o acesso ao sistema educacional, efetuando a sua matrícula, sob pena de sanção.

[266] SARLET, Ingo Wolfgang. *A eficácia dos direitos fundamentais*: uma teoria geral dos direitos fundamentais na perspectiva constitucional. 10. ed. rev. atual e ampl. Porto Alegre: Livraria do Advogado, 2009. p. 152.

[267] MALISKA, Marcos Augusto. *O direito à educação e a Constituição*. Porto Alegre: Sergio Antonio Fabris, 2001. p. 158. Quanto ao conceito de família, ressalta o autor "que este é extraído da própria constituição, que disciplina, nos art. 226 a 230, uma visão progressiva de entidade familiar, estando aí compreendidos elementos que afastam qualquer interpretação discriminatória quanto aos filhos, tidos fora do casamento, que afronta a igualdade entre homem e mulher, o casamento não oficial, etc". Mesmo sem constar em dispositivos legais, cada vez mais diminui a discriminação relativa às uniões homoafetivas, devendo se ter como finalidade principal o efetivo cuidado e a responsabilidade de educar os filhos, com respeito à dignidade da criança, independentemente da forma que esta família tiver.

[268] MALISKA, Marcos Augusto. *O direito à educação e a Constituição*. Porto Alegre: Sergio Antonio Fabris, 2001. p. 159-160. Esta discussão coloca em análise os chamados "deveres fundamentais", que Canotilho, ao tratar do dever dos pais de educar os filhos (art. 36, 3 e 5, da CRP), classifica como deveres diretamente exigíveis.

pelo texto constitucional, aos pais ou responsáveis e fundado nos princípios da dignidade da pessoa humana e da paternidade responsável.[269] O dever fundamental de educar os filhos, na dimensão formal, impõe aos pais ou responsáveis deveres legais, os quais, se não forem cumpridos, podem gerar sanções. Estes deveres estão expressos no sistema normativo, como o art. 55 do ECA, que impõe aos pais ou responsáveis o dever de matricular os filhos em estabelecimento de ensino, e o artigo 56, inciso II, do mesmo diploma legal, que tem como finalidade a garantia da frequência escolar do aluno.

O controle desta atuação ou omissão é feito pelo Conselho Tutelar.[270] A Lei nº 10.287/2001 acrescentou ao art. 12 da LDB o inciso VII, comprometendo a escola a "notificar ao Conselho Tutelar do Município, ao juiz competente da comarca e ao representante do Ministério Público a relação dos alunos que apresentam quantidade de faltas acima de 50% do percentual permitido por lei". A permanência na escola, por óbvio, é indispensável para a concretização do direito fundamental à educação. Desse modo, identificamos o já referido dever de solidariedade, uma vez que estas normas jurídicas mobilizam toda a sociedade, enquanto rede, comprometendo o professor, a equipe diretiva, o conselheiro tutelar, o promotor de justiça, o juiz da infância e da juventude, a comunidade e a família, em um compromisso único de garantir a permanência do aluno na escola.[271] Caberá ao diretor da escola comunicar ao Conselho Tutelar a ocorrência de reiteradas faltas e evasão escolar, como forma de controle feito pelo Estado, do dever dos pais em manter seus filhos estudando.

---

[269] Este dever jurídico pode ser depreendido dos artigos 205, 208, §7º, do art. 226, §3º, do art. 227 e 229 da CF. Artigo 226, §7º da Constituição Federal de 1988. "A família, base da sociedade, tem especial proteção do Estado. §7º Fundado nos princípios da dignidade da pessoa humana e da paternidade responsável, o planejamento familiar é livre decisão do casal, competindo ao Estado propiciar recursos educacionais e científicos para o exercício desses direitos, vedada qualquer forma coercitiva por parte de instituições oficiais ou privadas".

[270] O Conselho Tutelar é de responsabilidade do Município, em face da descentralização político-administrativa estabelecida no inciso I do artigo 204 da CF, elevando o Município à categoria de ente federativo, com responsabilidades próprias a partir da municipalização. Foi instituído pelo Estatuto da Criança e do Adolescente, Lei Federal nº 8.069/1990. Art. 131, inciso I "O Conselho Tutelar é órgão permanente e autônomo, não jurisdicional, encarregado pela sociedade de zelar pelo cumprimento dos direitos da criança e do adolescente, definidos nesta Lei". O Conselho Tutelar atua de formas: preventiva, corretiva e punitiva. O artigo 136, incisos I e II, da Lei Federal nº 8069/90 assegura ao Conselheiro Tutelar a prerrogativa de — através de instrumento escrito, documento formal — aplicar medidas de proteção às crianças, aos adolescentes, pais ou responsáveis, tendo, na forma da lei, meios para exigir o seu cumprimento.

[271] SARI, Marisa Timm. A organização da educação nacional. In: LIBERATI, Wilson Donizeti (Org.). Direito à educação: uma questão de justiça. São Paulo: Malheiros, 2004. p. 81.

Uma recente pesquisa, divulgada pela UNESCO, mostra que, no Brasil, o índice de repetência no Ensino Fundamental é de 19%, enquanto a média mundial é de 3%. Estes números elevados resultam não apenas em um custo social inestimável, mas também em um alto custo pedagógico e financeiro para o país. A estimativa é de que as repetências signifiquem um gasto anual de R$10,6 bilhões, o que poderia estar sendo investido na qualidade do ensino e em programas de atendimento às crianças excluídas que não têm acesso ao sistema educacional.[272]

No caso específico de omissão por parte dos pais, do já citado dever de matricular os filhos,[273] que, conforme norma constitucional, é obrigatório,[274] poderá mesmo restar configurado o crime de abandono intelectual,[275] previsto no artigo 246, do Capítulo III, do Código Penal, que trata dos crimes contra a assistência familiar e dispõe que: "Deixar, sem justa causa, de prover à instrução primária de filho em idade escolar: Pena – detenção, 15 dias a um mês, ou multa." Constatamos, assim, que o descumprimento dos deveres, acima referidos, pode resultar em sanções penais e administrativas para quem a descumprir.

Os dispositivos legais mencionados completam e confirmam os ditames, previstos pelo texto constitucional, e se justificam, na medida em que os titulares do direto à educação, ainda que figurando como sujeitos ativos na relação jurídico-subjetiva, dependerão da atuação de seus pais ou responsáveis, para poderem gozar deste direito. Ocorre, porém, que não se pode confundir a titularidade de um direito fundamental com a capacidade jurídica de exercício deste direito.[276]

---

[272] UNESCO. *O Relatório de Monitoramento Global de Educação para todos da Unesco*. Disponível em: <http://www.brasilia.unesco.org/areas/educacao/institucional/EFA/relatoriosEFA> Acesso em: 26 nov. 2010. No que tange ao dever fundamental da família à educação, estudos nacionais e internacionais têm mostrado que a participação da família influencia positivamente no desempenho escolar de crianças e jovens. Com base nesta premissa, a UNESCO e a SEB/MEC estão desenvolvendo um estudo com vistas à construção de uma tecnologia que poderá ser utilizada por Estados e Municípios, para ampliar o horizonte de participação democrática dos pais na vida escolar dos filhos. Assim, diretores, coordenadores e professores passarão a contar com ferramentas que lhes permitam conhecer melhor a vida familiar e comunitária de seus alunos.

[273] Quanto ao dever dos pais ou responsáveis de matricular seus filhos na rede escolar, o ECA, no art. 55, impõe que: "os pais ou responsáveis têm a obrigação de matricular seus filhos ou pupilos na rede de ensino".

[274] Conforme inc. I do art. 208 da CF.

[275] DIGIÁCOMO, Murillo José. Instrumentos jurídicos para garantia do direito à educação. *In*: LIBERATI, Wilson Donizeti (Org.). *Direito à educação*: uma questão de justiça. São Paulo: Malheiros, 2004. p. 327.

[276] PONTES DE MIRANDA, Francisco Cavalcanti. *Tratado do direito privado*. Rio de Janeiro: Borsoi, 1954. p. 160. (Parte Geral, v. 1). Como leciona Pontes de Miranda, "sujeito de direito é o ente que figura ativamente na relação jurídica fundamental ou nas relações de direito

No contexto dos deveres fundamentais dos pais em educar seus filhos, o verbo "dever" tem que ser compreendido como um ato de responsabilidade. Dessa forma, o sistema constitucional contempla direitos e deveres que fluem do direito fundamental à educação. Em relação aos pais ou responsáveis, estes, por um lado, possuem o direito de educar os filhos e a liberdade de determinar o gênero de educação a ser dado a eles (fundado nos princípios da dignidade da pessoa humana e da paternidade responsável); por outro, têm o dever jurídico de promoverem a matrícula do menor no sistema educacional, bem como mantê-lo frequentando a escola. Este dever fundamental decorre da obrigatoriedade à educação, imposta por norma constitucional às crianças de quatro a 17 anos e por dispositivos infraconstitucionais já referidos. Nesse sentido, quanto ao gênero, os pais possuem a faculdade de optar; quanto à educação, não possuem margem de discricionariedade.[277]

Diante da realidade das desigualdades sociais que há no país, apenas punir a família por não cumprir esta obrigação não é suficiente para resolvermos um problema tão grave, que é a dificuldade em se concretizar, com eficiência e eficácia, o direito fundamental à educação, conforme previsto nas normas jurídicas em vigor. A própria Constituição enfrenta este problema no artigo 226, concedendo à família especial proteção do Estado. Por este motivo, só o modelo de Estado Solidário, promovendo a união de esforços de toda a sociedade, será capaz de tornar realidade os direitos fundamentais sociais, priorizando o direito à educação. Sendo assim, por meio da educação, podemos desenvolver uma cidadania ativa, na qual o cidadão tenha capacidade de usufruir os seus direitos e assumir as suas responsabilidades. Só assim poderemos ter uma democracia participativa.

---

que são efeitos ulteriores. [...] O ser sujeito à titularidade. Não se confunde ela com o exercício do direito, da pretensão, da ação ou da exceção, que pode tocar a outrem, por lei ou por ato jurídico do próprio titular. Às vezes, o sistema jurídico estabelece outro direito e outro exercício (=por outra pessoa) quando o titular não pode exercer os direitos e o que teria de os exercer por ele não o pode por algum tempo (e.g.,a tutoria durante a suspensão do pátrio poder)".

[277] MALISKA, Marcos Augusto. *O direito à educação e a Constituição*. Porto Alegre: Sergio Antonio Fabris, 2001. p. 159.

Capítulo 3

Educação e Desenvolvimento Sustentável

Sumário: 3.1 A educação para o desenvolvimento sustentável – **3.2** A educação na era do conhecimento – **3.3** A universalização da educação básica no mundo – **3.3.1** O reconhecimento da educação como um direito humano

Na Proclamação da República, há mais de um século, o índice nacional de analfabetismo era de 80% da população. O mundo vivia um momento de crescimento econômico e industrialização, mas o Brasil não conseguiu acompanhar a expansão da economia mundial em decorrência do déficit educacional. Faltava mão de obra qualificada, e a industrialização exigia um grau mínimo de escolaridade para poder capacitar seus operários. Iniciou-se, assim, um projeto nacional de incentivo às políticas públicas de profissionalização e alfabetização. Porém, as reformas estruturais no sistema de ensino não foram feitas, e as políticas públicas educacionais não foram implementadas com eficiência. Por esta razão, 110 anos depois, nos deparamos com um cenário semelhante. A qualidade de vida dos brasileiros melhorou, no entanto, mais uma vez, estamos deixando de aproveitar, de forma eficiente e eficaz, a onda de crescimento mundial pelo mesmo motivo — a má implementação da política educacional. Agora, na Era do Conhecimento, a educação, para além de um direito, passou a ser uma ferramenta indispensável para o crescimento socioeconômico de um país. O desenvolvimento sustentável abarca o equilíbrio ambiental e o crescimento socioeconômico, no qual as riquezas, os bens e os serviços possam ser usufruídos por maior parcela da população. O Brasil ainda ostenta, apesar das oportunidades advindas do crescimento econômico, um dos mais altos níveis de desigualdade social e de renda do mundo. O relatório da ONU (Pnud), divulgado em junho de 2010, aponta o Brasil como o terceiro pior índice de desigualdade social e uma das piores distribuições de renda do planeta. Apresentamos um lento avanço econômico, se comparado, por exemplo, com alguns mercados asiáticos. O círculo vicioso da baixa escolaridade, da falta de mão de obra qualificada, da má distribuição de renda gera desigualdades sociais e violência. Esta realidade deve ser alterada, formando-se um círculo virtuoso de crescimento socioeconômico, com mais acesso à educação de qualidade, aumento de renda, melhores condições de saúde, maior consumo, gerando maior igualdade de oportunidades. Não há como sustentar um desenvolvimento que gere riqueza para poucos e exclusão para a maioria. As razões são técnicas e não apenas "justas". A nova conformação do Estado, as novas "fronteiras" e a globalização impõem aos países mais eficiência na execução de suas políticas públicas, econômicas e sociais. A redução da pobreza e das desigualdades sociais se tornou uma questão econômica, e o investimento público deve priorizar o capital humano, com mais educação e saúde.

3.1 A educação para o desenvolvimento sustentável

A educação para o desenvolvimento sustentável capacita os cidadãos para lidar com as questões que o envolvem no dia a dia, facilitando, assim, a aquisição de valores, habilidades e conhecimentos consistentes com a temática e necessários à implementação de estratégias locais e nacionais. A sustentabilidade se traduz em desenvolvimento ambientalmente correto, socialmente justo e economicamente viável. Já foi superado o entendimento de que não é possível o desenvolvimento econômico sem comprometer o meio ambiente e sem a distribuição justa das riquezas, decorrentes do crescimento. Sempre vai haver alguma forma de intervenção, mas a questão ambiental deve ser pensada de uma maneira mais racional. Devemos buscar melhores estratégias de utilização dos recursos naturais, adotando práticas que não gerem a degradação ambiental, para que a sobrevivência da espécie humana não seja afetada no presente nem comprometida no futuro. Da mesma forma, quanto mais justa for a distribuição das riquezas, maior será a capacidade de consumo da população, que poderá usufruir os benefícios dos bens e dos serviços resultantes do crescimento. Por conseguinte, se forma um círculo virtuoso de desenvolvimento socioeconômico, sem exclusão social, tendo como ferramenta indispensável a educação para a sustentabilidade.

O conceito de desenvolvimento sustentável foi definido pela primeira vez em 1987, pelo relatório intitulado *Nosso Futuro Comum* (*Our Common Future*), da Comissão Mundial sobre Meio Ambiente e Desenvolvimento da ONU. "O desenvolvimento sustentável é aquele que responde às necessidades do presente sem comprometer a capacidade das gerações futuras de responder às suas necessidades."[278] Também chamado Relatório Brundtland, este apresentou um conceito de desenvolvimento inovador para a época, com três vertentes centrais: crescimento econômico, equilíbrio ecológico e equidade social. Este relatório serviu de base para a formulação da Agenda 21, adotada por mais de 170 países na Conferência Eco-92, no Rio de Janeiro. A partir daí, passou a haver uma convergência entre o desenvolvimento econômico, o bem-estar da população e a proteção ambiental, e a maioria dos protocolos internacionais passou a prever formas e ações para buscar um modelo de desenvolvimento distributivo com maior equidade, justiça social e equilíbrio ecológico. Os princípios que dão suporte ao desenvolvimento sustentável são: a satisfação do mínimo existencial (das necessidades básicas) da população, como a saúde, a educação e a alimentação; a solidariedade com as gerações futuras; a preservação dos recursos naturais (água, oxigênio, biodiversidade, etc.); o respeito a todas as classes e culturas (erradicação da miséria, do preconceito e do massacre de populações); e a efetivação de programas educativos que perpetuam todos esses valores.[279]

Nesse contexto, a educação passa a ser um instrumento eficiente para viabilizar o polo social do tripé do desenvolvimento sustentável, uma vez que a escolaridade está diretamente ligada à condição econômica da população e à sua inserção na sociedade. Em nossa sociedade, a educação formal é um instrumento de inserção social do indivíduo. Por meio da aquisição de diplomas, a pessoa se torna apta a ingressar no mercado de trabalho, a aumentar a sua renda e a usufruir os bens de consumo e de serviços disponíveis. Quanto maior for o nível de escolaridade, em regra, maior será o salário, consequentemente, quanto maior o nível educacional de uma comunidade, melhor serão as condições econômicas desta. A educação formal pode ser um instrumento de inserção social e de desenvolvimento sustentável, desde que seja estruturada com este objetivo. Pode, contudo, ser uma ferramenta

---

[278] Disponível em: <http://www.scribd.com/doc/12906958/Relatório-Brundtland-Nosso-Futuro-Comum-Em-Portugue>. Acesso em: 6 jan. 2011.

[279] GOLDSTEIN, Ilana. *Responsabilidade social*: das grandes corporações ao terceiro setor. São Paulo: Ática, 2007. p. 54.

para a manutenção do *status quo*, dependendo da prioridade da política educacional que será implementada. Como verificamos, no Brasil, o déficit educacional é um dos principais responsáveis pela desigualdade de renda e exclusão social[280] de grande parcela da população.[281]

A educação formal contribui para reduzir a exclusão social, pois é capaz de beneficiar o indivíduo como pessoa e ser social, permitindo que este se capacite e, com o seu trabalho, mude a sua condição econômica. As desigualdades sempre existirão, mas devem ser mitigadas, reduzindo-se cada vez mais o abismo entre as camadas socais. Nesse aspecto, o desenvolvimento equilibrado de todas as esferas, econômica, social e ambiental, deve garantir a justa distribuição das riquezas e o acesso aos bens e serviços para todos, evitando-se a exclusão social.

Com o relatório Brundtland, a Comissão Mundial sobre o Meio Ambiente e Desenvolvimento da ONU fez um chamamento a todas as nações para adotarem um modo de desenvolvimento capaz de satisfazer às necessidades das gerações presentes, sem comprometer as possibilidades de as futuras gerações atenderem às suas próprias. Assim, formava-se a base para a sociedade contemporânea se comprometer com um "desenvolvimento sustentável", cuja essência reside em uma visão de longo prazo que nos incita a assumir nossas responsabilidades para com o presente e o futuro.

---

[280] "O conceito de exclusão social foi cunhado na Franca para designar a parcela da população à margem do desenvolvimento econômico do país. Nos anos 80, foi bastante utilizado para se referir a quantidade crescente de pessoas que perderam emprego, e com isso, o seu lugar na sociedade. O conceito francês de exclusão tem a particularidade de apontar a crise dos laços sociais e da expectativa em relação ao futuro que acompanha as dificuldades financeiras. A exclusão é um processo, portanto tem causas identificáveis e reversíveis. Pensar a pobreza e a exclusão social como fenômenos multidimensionais significa criar projetos e programas interdisciplinares que articulem iniciativas nas áreas da saúde, trabalho, educação e cultura. Implica também criar estratégias que combinem práticas compensatórias, mais imediatas, com políticas estruturais, de longo prazo. Significa ainda valorizar o protagonismo e a criatividade dos beneficiários das intervenções, oferecendo-lhes ferramentas para a inserção em circuitos econômicos e sociais formais" (GOLDSTEIN, Ilana. *Responsabilidade social*: das grandes corporações ao terceiro setor. São Paulo: Ática, 2007. p. 48).

[281] IOSCHPE, Gustavo. *A ignorância custa um mundo*: o valor da educação no desenvolvimento do Brasil. São Paulo: W 11: Francis, 2004. p. 158 "A educação tem esse impacto sobre a desigualdade de renda por uma conjunção infeliz de dois fatores: somos um dos países de maior desigualdade educacional do mundo e também um daqueles, em que o nível da educação, tem maior impacto sobre os salários)". Gustavo Iochpe ressalta que o acesso ao sistema educacional, por si só, não vai resolver a desigualdade de renda, é preciso garantir que a educação atinja o seu objetivo pleno, tanto em nível subjetivo quanto objetivo. Assim, com a garantia de acesso (universalização), somada à excelência em qualidade nos primeiros níveis da educação formal, será possível gerar um "fluxo cada vez maior de gente capacitada para entrar, em grande escala, nas universidades brasileiras" (*Ibidem*, p. 161).

Esta tomada de consciência conjugou aos países membros da ONU a adotar, em 2000, os oito "Objetivos de Desenvolvimento do Milênio", que apontam para a erradicação da pobreza e da fome, a melhoria da saúde da mãe e da criança, a luta contra o VIH e o HIV, a universalização da educação básica, a promoção da igualdade entre os sexos e a sustentabilidade do meio ambiente.

Não há dúvida de que a educação é um elemento imprescindível para alcançar esses objetivos, e foi esta convicção que embasou a proclamação, em 2005, do Decênio das Nações Unidas da Educação para o Desenvolvimento Sustentável (DEDS).[282]

A educação para o desenvolvimento sustentável tem como objetivo ajudar os alunos a desenvolver atitudes e capacidades, bem como adquirir conhecimento, que lhes permitam tomar decisões fundamentadas em benefício próprio e dos demais, agora e no futuro, estando aptos a colocar, em prática, estas decisões.[283] Assim, o documento explica o que é a EDS:

> Qué es la educación para el desarrollo sostenible? Una educación que apuesta por el futuro y trata de capacitarnos para afrontar algunos de los desafíos más importantes planteados por el mundo de nuestros días: la protección del medio ambiente, el respeto de la biodiversidad y la defensa de los derechos humanos.[284]

A educação, para o desenvolvimento sustentável (EDS), estabelece novas orientações para o aprendizado em vários planos. Esta exige a adoção de um enfoque interdisciplinar que integre os aspectos sociais, ambientais, econômicos e culturais do desenvolvimento. A finalidade é despertar a consciência de nossa interdependência com os outros, o mundo e a natureza, nos capacitando, desta forma, para promover a proteção do meio ambiente, a preservação da biodiversidade e a defesa dos direitos humanos, estimulando o diálogo, o trabalho em equipe e

---

[282] "El Decenio de las Naciones Unidas de la Educación para el Desarrollo Sostenible (DEDS, 2005-2014), que la UNESCO coordina, tiene por objeto integrar los principios, valores y prácticas del desarrollo sostenible en todos los aspectos de la educación y el aprendizaje, con miras a abordar los problemas sociales, económicos, culturales y medioambientales del siglo XXI" (UNESCO. Disponível em: <http://www.unesco.org/es/esd/>. Acesso em: 22 fev. 2010).

[283] UNESCO. Disponível em: <http://www.unesco.org/es/esd/>. Acesso em: 22 fev. 2010.

[284] UNESCO. En la escuela del futuro. *El Correo de la UNESCO*, n. 4, p. 3, 2009. Disponível em: <http://www.unesco.org/es/education/dynamic-content-single-view/news/education_for_sustainable_development_and_climate_change/back/9195/cHash/2704f04092/>. Acesso em: 22 fev. 2010.

o espírito de iniciativa. A EDS promove valores de paz e igualdade, assim como o respeito ao outro, ao entorno social e ao meio ambiente, e tem como objetivo dar condições para que os educandos adquiram autonomia, graças aos conhecimentos, competências e valores, a fim de que se possa fazer deles protagonistas efetivos da mudança.

A Conferência Mundial da UNESCO sobre a Educação para o Desenvolvimento Sustentável, ocorrida de 31 de março a 2 de abril de 2010, em Bonn, mostrou que muitos países prepararam marcos estratégicos inovadores em favor da educação para o desenvolvimento sustentável. O EDS tem incentivado os países a adaptar os objetivos da educação e das práticas pedagógicas a este modelo de educação, como complemento de esforços que estão realizando para conseguir a Educação para Todos (EPT).

O documento ressalta que é preciso perseverar na tarefa de sensibilizar a opinião pública e os Estados, pois é necessário unir esforços, para que a EDS se converta em um princípio que permita melhorar a pertinência e a qualidade da educação, mediante um compromisso de todos pela adoção dessas políticas educacionais, mobilizando os responsáveis dos centros de formação do professorado, das universidades, dos poderes públicos e privados, com o propósito de difundir a educação para o desenvolvimento sustentável.

Sendo assim, a educação é um instrumento capaz de permitir aos indivíduos, a partir da infância, a sociabilidade no âmbito escolar, a noção de crescimento individual e coletivo, assim como a valorização do conhecimento formal (escolar), atributos necessários para a formação de cidadãos, capazes de atuar social, econômica e politicamente, no sentido de promover uma sociedade mais justa e sustentável em seus diferentes níveis. Além disso, promove as mudanças necessárias para o desenvolvimento sustentável, por meio da melhoria intelectual da população que, mais consciente do seu papel no mundo, adota práticas sociais e ambientais saudáveis.

A baixa escolaridade está diretamente relacionada com a baixa renda e é uma das causas dos atuais patamares de pobreza no Brasil. A euforia e a propaganda do "desenvolvimento" está cegando a nação da urgência das reformas mais transformadoras de que necessitamos. O desenvolvimento deve abarcar a distribuição de renda e a consequente redução das desigualdades sociais. Pode haver "crescimento econômico", mas não há desenvolvimento sustentável sem desenvolvimento humano. Na Era do Conhecimento, o maior capital é o capital humano, e este depende de educação para se desenvolver.

3.2 A educação na era do conhecimento

A educação, como um processo permanente de aquisição e construção de saberes e de conhecimento, e a cultura, no seu sentido genérico, vista como a formação de hábitos, crenças e valores, fazem parte da essência do ser humano e constituem os pilares para a construção de todas as outras esferas da vida social. No contato com os nossos semelhantes, adquirimos estes conhecimentos, por meio da socialização, da linguagem, da ciência, das normas de convívio e do uso de tecnologias. A própria definição de ser humano é indissociável da transmissão de informações, regras e símbolos, visto ser exatamente esta característica que nos diferencia das demais espécies. Nossa constituição genética permite que passemos por processos de educação e que sejamos lapidados por uma cultura, já que, nos seres humanos, o número de possibilidades físicas e a plasticidade mental são cheias de brechas não preenchidas. Já nas demais espécies animais, as possibilidades são limitadas e predeterminadas pela natureza.[285]

Com o advento do Estado Constitucional contemporâneo, se opera uma profunda transformação na sociedade. Novos paradigmas se estabelecem, e o conhecimento passa a ter uma nova função e significado.[286] Peter Drucker, ao abordar as modificações ocorridas no mundo, sustenta que estamos atravessando uma época de mudanças radicais, da Era do Capitalismo e da Nação-Estado para uma Sociedade do Conhecimento e uma Sociedade de Organizações. Segundo o autor, o principal recurso na sociedade "pós-capitalista" será ou é o conhecimento, e os grupos sociais mais importantes serão constituídos pelos

---

[285] GOLDSTEIN, Ilana. *Responsabilidade social*: das grandes corporações ao terceiro setor. São Paulo: Ática, 2007. p. 68.

[286] DRUCKER, Peter. *Sociedade pós-capitalista*. Tradução de Nivaldo Montingelli Jr. São Paulo: Pioneira, 1993. p. 3. Ao analisar as transformações ocorridas na sociedade do período capitalista, por ele denominada "sociedade do conhecimento", Drucker discorre sobre as mudanças no significado do conhecimento que se operaram neste período. "Em cento e cinqüenta anos, de 1750 a 1900, o capitalismo e a tecnologia conquistaram o globo e criaram uma civilização mundial. Nem o capitalismo nem as inovações tecnológicas eram novidades; ambos haviam sido fenômenos comuns e recorrentes através das idades, tanto no ocidente como no oriente. Novidades eram a velocidade da sua difusão e o seu alcance global através de culturas, classes e lugares. E foram essa velocidade e esse alcance que converteram o capitalismo em 'Capitalismo' e um sistema, e os avanços técnicos na 'Revolução Industrial'. Essa transformação foi motivada por uma mudança radical no significado de conhecimento. Tanto no ocidente como no oriente, o conhecimento sempre havia sido considerado aplicável a *ser*. Então, quase da noite para o dia, ele passou a ser aplicado a *fazer*, transformando-se em um recurso e uma utilidade. O conhecimento, que sempre havia sido um bem privado, transformou-se em bem público".

"trabalhadores de conhecimento". Sendo assim, uma nova realidade se desenha, na qual o conhecimento passa a ser visto como um capital e tem um papel definitivo para o desenvolvimento econômico, transformando-se como mais um fator de produção, ao lado do capital financeiro e da mão de obra.

A Sociedade do Conhecimento trouxe para o cotidiano das pessoas quatro novos elementos que passaram a ter profundo impacto na educação. Em primeiro lugar, destacam-se a velocidade e o caráter universal do acesso à informação; em segundo, a constante mutação dos padrões de consumo, cada vez mais sofisticadas e de acordo com modelos universais; em terceiro, o impacto dos temas políticos globais sobre a vida diária dos cidadãos, e, por fim, em quarto, a emergência das questões ambientais a partir dos anos 60.[287]

O conhecimento, no sentido de fazer, isto é, de converter experiência em conhecimento, em conhecimento aplicado, só se operou por meio do desenvolvimento da tecnologia.[288] A partir de determinado momento histórico, as técnicas de trabalho puderam ser replicadas, transmitidas em larga escala, e utilizou-se a aplicação do conhecimento a ferramentas, produtos e processos, provocando um "século de invenção

---

[287] SOUZA, Paulo Renato. *A revolução gerenciada*: educação no Brasil, 1995-2002. São Paulo: Prentice Hall, 2005. p. 8.

[288] DRUCKER, Peter. *Sociedade pós-capitalista*. Tradução de Nivaldo Montingelli Jr. São Paulo: Pioneira, 1993. p. 10. A palavra "tecnologia" combina *"techne"*, isto é, o mistério de uma habilidade, com *"logia"*, conhecimento organizado, sistemático, significativo. Segundo Drucker, "O grande documento desta passagem dramática da aptidão para a tecnologia — um dos livros mais importantes da história — foi a *Encyclopédie*, editada entre 1751 e 1772 por Denis Diderot (1713-1784) e Jean d'Alembert (1717-1783). Essa famosa obra tentava reunir, de forma organizada e sistemática, o conhecimento de todas as profissões artesanais, de maneira tal que um aprendiz pudesse aprender como ser um tecnólogo. Não foi por acidente que os artigos da *Encyclopédie* que descrevem fiação ou tecelagem, por exemplo, não foram escritos por artesãos. Eles foram escritos por 'especialistas em informação': pessoas treinadas, como analistas, matemáticos e lógicos — Voltaire e Rousseau foram colaboradores. A tese subjacente à obra era resultado efetivo no universo material — em ferramentas, processos e produtos — que são produzidos por análise sistemática e pela aplicação sistemática e intencional do conhecimento. Mas a *Encyclopédie* também pregava que os princípios que produziam resultados em uma profissão artesanal produziriam resultados em qualquer outra". Ainda não se falava em aplicação da tecnologia à ciência, entretanto, a passagem da aptidão para a tecnologia foi um marco histórico em relação à nova função do conhecimento na sociedade. Aquilo que as primeiras escolas técnicas e a *Encyclopédie* fizeram talvez tenha sido mais importante. Elas reuniram, codificaram e publicaram a *"techne"*, o mistério do artesanato, como havia sido desenvolvido ao longo de milênios. Elas converteram experiência em conhecimento, aprendizado em livro texto, segredo em metodologia, fazer em conhecimento aplicado. Estes são os fatores essenciais daquilo que chamamos de "Revolução Industrial" — a transformação, pela tecnologia, da sociedade e da civilização do mundo inteiro.

mecânica febril".[289] Porém, não se deve confundir conhecimento com capacidade de fazer ou com utilidade ou aptidão, mediante o conhecimento se desenvolve a capacidade de fazer por meio da capacidade de aprender.

Nesse sentido, a educação mudou em relação à sua finalidade, antes ela era desenvolvida em uma fase determinada da vida, hoje, em toda a sua existência. Assim, a sociedade tem, para a educação, novas exigências e requerimentos, muitos deles completamente diferentes dos prevalecentes até então. A capacidade de aprender permanentemente passou a ser uma condição indispensável para o exercício do trabalho e da própria cidadania na "Sociedade do Conhecimento", uma vez que este renova-se em velocidade cada vez maior. Por isso, muito além de transferir conhecimento, a educação para um desenvolvimento sustentável deve desenvolver em todos a capacidade de aprender, criando oportunidades para que este aprendizado seja permanente, visto que o novo cidadão, capaz de produzir, de consumir e de participar da vida social, precisa estar sempre preparado e atualizado. Esta nova visão da educação deve proporcionar a popularização do conhecimento, ampliando a igualdade de oportunidades, por meio da universalização da educação, pois há conexão direta da escolaridade com o desenvolvimento econômico de um país.

Por essa razão, cabe ao poder público garantir um nível essencial de educação para todos, de forma que as pessoas possam deter o conhecimento básico, necessário para subsistir e se desenvolver, ampliando a capacidade de se adaptarem tanto às mudanças na tecnologia da produção, como às estruturas de mercado.[290] Por conseguinte, mais do que nunca, a educação básica se torna indispensável como instrumento para a expansão pessoal, econômica e social, já que é a sua função desenvolver a capacidade de aprender e promover a autonomia da pessoa, para tornar-se cidadão desse novo mundo e transformá-lo.

Em vista disso, o ordenamento constitucional contempla que uma das finalidades e objetivos da educação é a qualificação do cidadão para o trabalho. A dimensão objetiva do direito à educação se reflete na sua importância para o desenvolvimento sustentável da sociedade contemporânea. Na dimensão subjetiva, este comando constitucional visa a promover, por intermédio da qualificação para o trabalho, a

---

[289] DRUCKER, Peter. *Sociedade pós-capitalista*. Tradução de Nivaldo Montingelli Jr. São Paulo: Pioneira, 1993. p. 9.

[290] "A sociedade do Conhecimento elevou os requisitos educacionais para o exercício da cidadania. Hoje, mais do que antes, a educação passou a ser um pré-requisito do cidadão em todas suas dimensões" (*Ibidem*, p. 8).

autonomia do indivíduo, como garantia da sua própria dignidade humana. Pois, por meio da educação básica, o indivíduo vai desenvolver as suas competências e habilidades, as quais o investirão das condições necessárias para garantir a sua subsistência e o seu desenvolvimento pessoal, intelectual e econômico. Portanto, o direito à educação promove o direito à igualdade de oportunidades, o qual se desenvolverá de acordo com os dons naturais, físicos e intelectuais da pessoa, sendo este um instrumento indispensável aos indivíduos de uma sociedade, na qual o conhecimento se tornou um recurso e uma utilidade aplicado ao fazer, ou seja, ao trabalho. A educação deve se efetivar na dimensão subjetiva e objetiva, garantir o desenvolvimento pessoal e da sociedade, preservando os direitos das futuras gerações.

Dessa forma, a educação passa a ser um bem de preocupação geral, reconhecida como direito humano e uma ferramenta para o desenvolvimento sustentável, estando na pauta de todos os países e dos tratados internacionais. A educação como direito deve ser concretizada na sua dimensão subjetiva, em benefício da pessoa de direito e em sua dimensão objetiva, como instrumento para o desenvolvimento do planeta. Nesse sentido, a educação passa a ser vista não apenas como um direito do cidadão, mas como um patrimônio estratégico de um país, uma ferramenta indispensável ao seu desenvolvimento.[291] A sua concretização passa a ser prioridade, sendo a educação básica a sua primeira e mais importante etapa do processo. Por sua importância, é um dos objetivos estabelecido pela ONU para esse milênio, conforme será desenvolvido a seguir.

3.3 A universalização da educação básica no mundo

A educação básica obrigatória e gratuita constitui-se um direito subjetivo público, um direito universal, econômico e social, reiterado pela Constituição Federal, por força de leis já existentes e por diversos documentos internacionais.

No ano de 2000, líderes mundiais assumiram o compromisso de alcançar até 2015 os Objetivos de Desenvolvimento do Milênio que incluem a universalização do ensino básico e a redução da pobreza extrema pela metade. Atingir o ensino básico universal é o segundo

---

[291] IOSCHPE, Gustavo. *A ignorância custa um mundo*: o valor da educação no desenvolvimento do Brasil. São Paulo: W 11: Francis, 2004. p. 15. O autor sustenta que a educação deve ser percebida "não como um fim em si mesma, mas, como uma alavanca para o progresso do país, [...], nota-se que a simples concessão de vagas em instituições de ensino é não o final da relação entre o Estado e escola, porém apenas o seu começo".

Objetivo de Desenvolvimento do Milênio, estabelecido no Programa das Nações Unidas para o Desenvolvimento (PNUD).[292] Por meio desse programa, até 2015, todos os 191 Estados-Membros das Nações Unidas assumiram concretizar este, entre os oito objetivos por eles estabelecidos. O primeiro: erradicar a extrema pobreza e a fome; o segundo: atingir o ensino básico universal; o terceiro: promover a igualdade entre os sexos e a autonomia das mulheres; o quarto: reduzir a mortalidade infantil; quinto: melhorar a saúde materna; o sexto: combater o HIV/AIDS, a malária e outras doenças; sétimo: garantir a sustentabilidade ambiental; e o oitavo: estabelecer uma parceria mundial para o desenvolvimento.[293]

A universalização da educação básica já está expressamente tutelada e reconhecida como direito subjetivo público no sistema jurídico nacional e como um dos oito Objetivos para o Desenvolvimento do Milênio, estabelecidos pela Organização das Nações Unidas (ONU). Ocorre, porém, que recentes relatórios demonstram que esse objetivo encontrará, ainda, barreiras, se não forem tomadas medidas urgentes, por meio de uma visão integrada de desenvolvimento, com a modernização da gestão do Estado/Administração e a construção de novas parcerias com o setor privado e a sociedade.

A importância conferida à educação básica é consenso em nível internacional. A Declaração Mundial de Educação para Todos estabelece os objetivos para a satisfação das necessidades básicas em seu artigo 1º. Cada pessoa — criança, jovem ou adulto — deve estar em condições de aproveitar as oportunidades educativas, voltadas para satisfazer as suas necessidades básicas de aprendizagem. Essas necessidades compreendem tanto os instrumentos essenciais para a aprendizagem (como a leitura e a escrita, a expressão oral, o cálculo, a solução de problemas), quanto os conteúdos básicos da aprendizagem (como conhecimentos, habilidades, valores e atitudes), necessários para

---

[292] OBJETIVO 2: ATINGIR O ENSINO BÁSICO UNIVERSAL Meta 3: Garantir, para o ano 2015, que os meninos e meninas de todo o mundo possam concluir um ciclo completo do ensino fundamental (BRASIL. Disponível em: <http://www.pnud.org.br/odm/>. Acesso em: 18 abr. 2010).

[293] MORIN, Edgar. *Introdução ao pensamento complexo*. Tradução de Eliane Lisboa. 3. ed. Porto Alegre: Sulina, 2007. p. 68. Estes oito objetivos do milênio vêm ao encontro da necessidade de uma consciência da multidimensionalidade, defendida pelo autor, através de um pensamento complexo. Para ele, "no fim das contas, tudo é solidário. Se você tem o senso da complexidade, você tem o senso da solidariedade. Além disso, você tem o senso do caráter multidimensional de toda a sociedade". O que significa dizer que, para se resolver um problema, não se pode visualizá-lo de forma isolada, pois ele está inserido em um contexto social e cultural e, desta forma, dependerá da solução de outros problemas a ele relacionados. Para tanto, a sua solução também está condicionada a um esforço conjunto de todos os setores do governo e da sociedade, como é o caso do direito à educação.

que os seres humanos possam sobreviver, desenvolver plenamente as suas potencialidades, viver e trabalhar com dignidade, participar plenamente do desenvolvimento, melhorar a qualidade de vida, tomar decisões fundamentadas e continuar aprendendo. A amplitude das necessidades básicas de aprendizagem e a maneira de satisfazê-las variam segundo cada país e cada cultura e, inevitavelmente, mudam com o decorrer do tempo.[294]

O relatório da Comissão Econômica para a América Latina e Caribe, CEPAL,[295] de 2005, demonstra que a região não está avançando a um ritmo suficiente, a fim de atingir o segundo objetivo do milênio que é a universalização do ensino básico, a partir do exame baseado no percentual de crianças que, efetivamente, concluem a educação básica. Se as tendências atuais persistirem, nenhum país alcançará a meta no ano 2015, nem mesmo os que conseguiram avanços um tanto maiores que os demais, como a Bolívia e o México. Em relação ao Brasil, esse índice estaria entre 7% e 12%.

O progresso torna-se mais difícil à medida que se avança em direção à meta, já que supõe o atendimento de segmentos marginalizados da população: pessoas que vivem em zonas afastadas e de difícil acesso ou que pertencem a estratos sociais que enfrentam obstáculos maiores, o que se traduz em elevados índices de evasão escolar e repetência. O relatório adverte para o fato de que se deve assegurar o acesso ao ensino aos grupos mais atrasados com a finalidade de diminuir a evasão escolar prematura. Para tanto, sugere a criação de programas com a finalidade de identificar essas populações excluídas e adotar estratégias especiais para assegurar o seu acesso ao sistema educacional e nele retê-las. Para isso, é necessário, ainda, melhorar a eficiência interna dos sistemas educativos, a fim de reduzir as taxas de repetência. O custo anual da repetência em 15 países da América Latina

---

[294] DECLARAÇÃO Mundial sobre Educação para Todos. Satisfação das Necessidades Básicas de Aprendizagem. (UNESCO). Disponível em: <http://unesdoc.unesco.org/images/0008/000862/086291por.pdf>. Acesso em: 22 fev. 2010.

[295] *Objetivos de Desarrollo del Milenio*: una mirada desde América Latina y el Caribe. O relatório de 2005 sobre os "Objetivos de Desenvolvimento do Milênio – Uma visão a partir da América Latina e do Caribe", sobre o desempenho da América Latina e do Caribe nos Objetivos de Desenvolvimento do Milênio, organizado pela CEPAL (Comissão Econômica para a América latina e Caribe), revela que, a partir do exame baseado no percentual de meninos e meninas que, efetivamente, concluem a educação básica, a região não está avançando a um ritmo suficiente a fim de universalizá-la. (OBJETIVOS de Desarrollo del Milenio: una mirada desde América Latina y el Caribe. O relatório de 2005. Disponível em: <http://www.eclac.org/cgibin/getProd.asp?xml=/publicaciones/xml/1/21541/P21541.xml&xsl=/tpl/p9f.xsl&base=/tpl/top-bottom.xsl>. Acesso em: 17 abr. 2010).

e do Caribe é estimado em 11 bilhões de dólares. O Brasil paga o custo mais alto: 8 bilhões de dólares.

O Relatório de Monitoramento Global de Educação para Todos 2010[296] adverte que milhões de crianças dos países mais pobres do mundo correm o risco de ser privadas de escola em consequência da crise financeira mundial. Segundo dados do relatório, atualmente, 72 milhões de crianças em idade escolar e 71 milhões de adolescentes continuam fora da escola. A persistirem as tendências atuais, em 2015, haverá ainda cerca de 56 milhões de crianças fora da escola em todo o mundo, devido à desaceleração do crescimento econômico, conjugada ao aumento da pobreza e das pressões exercidas sobre os orçamentos públicos dos países — todos estes fatores poderão, desta forma, comprometer os progressos, realizados no âmbito da educação ao longo da última década. O estudo aponta que uma das maiores causas de as crianças estarem fora da escola é a condição socioeconômica e o baixo nível de instrução dos pais ou cuidadores. Apesar desses progressos, a comunidade internacional não está próxima de alcançar o objetivo de universalização da educação básica até 2015. O relatório destaca a incapacidade de os governos combaterem as desigualdades extremas, existentes em âmbito nacional, bem como a de os doadores conseguirem mobilizar o volume de recursos necessários para alcançar os objetivos.[297]

Sendo assim, a falta de instrução está imbricada com a desigualdade social, variáveis que impedem o desenvolvimento sustentável de um país e do mundo. Abaixo são apresentadas algumas conclusões do relatório:[298]

> Overcoming marginalization in education should be a high policy priority for all government. Many governments are failing to act decisively in tackling marginalization in education holding back progress towards the education for all goals. Poverty and gender inequalities magnify other disadvantages, and close doors to education opportunity for millions

---

[296] UNESCO. Disponível em: <http://www.unesco.org/en/efareport/reports/2010-marginalization>. Acesso em: 22 fev. 2010.

[297] O Relatório de 2010, intitulado *Alcançando os Marginalizados (título provisório em português)*, apresenta e analisa alguns dos mais expressivos avanços obtidos no campo da educação ao longo da última década. Os autores do relatório estimam que, para que sejam atingidos os objetivos de Educação para Todos, será necessário cobrir o déficit de financiamento anual estimado em 16 bilhões de dólares, uma soma consideravelmente maior do que a prevista em avaliações anteriores (UNESCO. Disponível em: <http://www.unesco.org/new/en/media-services/singleview/news/financial_crisis_threatens_to_set_back_education_worldwide_unesco_report_warns-1/back/18276/>. Acesso em: 22 fev. 2010).

[298] UNESCO. Disponível em: <http://www.unesco.org/en/efareport/reports/2010-marginalization/>. Acesso em: 22 fev. 2010.

of children. Inclusive education policies need to tackle accessibility affordability and the learning environment for disadvantaged groups, within an integrated proverty-reduction framework.

O relatório assevera que a maioria dos países reconhece que restringir o acesso à educação viola os diretos humanos e fere a fundamentalidade do princípio de igualdade de oportunidades em educação.

Children at risk of marginalization in education are found in all societies. At first glance, the lives of these children may appear poles apart. The daily experience of slum dwellers in Kenya, ethinic minority children in Viet Nam and a Roma child in Hungary are very different. What they have in common are missed opportunities to develope their potential, realize their hopes and build a better future through education.[299]

Em sede de direito à educação, a solidariedade e a responsabilidade social se ampliam para além do Estado, pois se trata de um direito de todos e dever do Estado e da família; assim sendo, necessita, para sua promoção, da colaboração de toda a sociedade. Com essa abordagem, o desenvolvimento político e social está associado à construção de condições jurídico-institucionais que permitam uma ampliação da autonomia dos indivíduos e da sociedade. O processo de desenvolvimento depende, portanto, da remoção dos obstáculos à expansão dessa autonomia, dentre eles o analfabetismo, a educação de má qualidade, a violação dos direitos fundamentais, a pobreza, a degradação ambiental e, ainda, a deficiência dos serviços públicos. Depende, também, da ampliação da oferta de possibilidades democráticas e de inclusão social, estimulando uma maior participação da sociedade civil na vida pública, dando condições ao fácil acesso ao Judiciário e o estabelecimento de mecanismos democráticos de controle do poder.

3.3.1 O reconhecimento da educação como um direito humano

No caso da internacionalização do direito à educação, destaca-se a Declaração Universal dos Direitos do Homem, de 10 de dezembro de 1948 (art. XXVI), que universalizou o direito à educação com base na gratuidade do ensino público, pelo menos nos graus elementares e fundamentais. Igualmente, destacamos as recentes recomendações da

---

[299] *Ibidem.*

Capítulo 3
Educação e Desenvolvimento Sustentável | 127

comissão internacional sobre educação para o século XXI, contidas no relatório para a UNESCO, bem como os Planos Nacionais de Educação, que estabelece as diretrizes, os objetivos e as metas que devem ser seguidos por todas as escolas do Brasil. Os tratados e as convenções internacionais, como as recomendações da UNESCO e do BIE (Bureau Internacional de Educação), são exemplos de legislação no âmbito internacional. O caminho para se reconhecer o direito à educação no plano internacional tem sido longo. Em decorrência da tendência à universalidade dos direitos fundamentais, dentre eles os direitos sociais, têm sido intensificadas, a partir da Segunda Guerra Mundial, as iniciativas para se conferir um caráter normativo ao seu reconhecimento. A consagração do direito à educação, como direito subjetivo público, tem sido constantemente lembrada nos inúmeros tratados, cartas de princípios e acordos internacionais que buscam estabelecer a pauta de direitos consagradores da dignidade da pessoa humana.

Há mais de 50 anos, as nações do mundo afirmaram, na Declaração Universal dos Direitos Humanos, que "toda pessoa tem direito à educação". No entanto, apesar dos esforços realizados por países do mundo inteiro para assegurar o direito à educação para todos, persistem as realidades divulgadas na Conferência Mundial sobre Educação para Todos em Jomtien, Tailândia – 5 a 9 de março de 1990.

A Declaração Universal dos Direitos Humanos, adotada e proclamada pela Resolução 217 A (III) da Assembleia Geral das Nações Unidas, de 10 de dezembro de 1948, dispõe, em seu art. XXVI, que:

> 1. Toda pessoa tem direito à instrução. A instrução será gratuita, pelo menos nos graus elementares e fundamentais. A instrução elementar será obrigatória. A instrução técnico profissional será acessível a todos, bem como a instrução superior, está baseada no mérito. 2. A instrução será orientada no sentido do pleno desenvolvimento da personalidade humana e do fortalecimento do respeito pelos direitos do homem e pelas liberdades fundamentais. A instrução promoverá a compreensão, a tolerância e a amizade entre todas as nações e os grupos raciais ou religiosos, e coadjuvará as atividades das Nações Unidas em prol da manutenção da paz. 3. Os pais têm prioridade de direito na escolha do gênero de instrução que será ministrada a seus filhos.[300]

Mesmo na ausência de qualquer obrigatoriedade jurídica aos Estados subscritores, pois a Declaração Universal não chega a ser um

---

[300] BOBBIO, Norberto. *A era dos direitos*. 4. ed. Rio de Janeiro: Elsevier, 2004. p. 46.

tratado, mostra-se inegável o relevante papel por ela desempenhado. Somente em 1966, com a edição dos Pactos Internacionais, os princípios e as aspirações, ali veiculados, passariam a conter a vinculatividade em relação aos Estados que os ratificassem.

A Declaração Americana dos Direitos e Deveres do Homem, aprovada pela Resolução XXX, da IX Conferência Internacional Americana, realizada em abril de 1948, na Cidade de Bogotá, dispôs, em seu art. XII, que:

> Toda pessoa tem direito à educação, que deve inspirar-se nos princípios de liberdade, moralidade e solidariedade humana. Tem, outrossim, direito a que, por meio dessa educação, lhe seja proporcionado o preparo para subsistir de uma maneira digna, para melhorar o seu nível de vida e para poder ser útil à sociedade. O direito à educação compreende o de igualdade de oportunidade em todos os casos, de acordo com os dons naturais, os méritos e o desejo de aproveitar os recursos que possam proporcionar a coletividade e o Estado. Toda pessoa tem o direito de que lhe seja ministrada gratuitamente, pelo menos, a instrução primária.

Também a Carta Internacional Americana de Garantias Sociais, aprovada na mesma ocasião, assentou, em seu art. 4º, que:

> Todo trabalhador tem direito a receber educação profissionalizante e técnica para aperfeiçoar suas aptidões e conhecimentos, obter maiores remunerações de seu trabalho e contribuir de modo eficiente para o desenvolvimento da produção. 'Para tanto, o Estado organizará o ensino dos adultos e a aprendizagem dos jovens, de tal modo que permita assegurar o aprendizado efetivo de um ofício ou trabalho determinado, ao mesmo tempo em que provê a sua formação cultural, moral e cívica'.

A Declaração dos Direitos da Criança, adotada pela Assembleia das Nações Unidas de 20 de novembro de 1959, dispôs, em seu princípio 7º, que[301]

> A criança terá direito a receber educação, que será gratuita e compulsória pelo menos no grau primário. Ser-lhe-á propiciada uma educação capaz de promover a sua cultura geral e capacitá-la a, em condições de iguais oportunidades, desenvolverem as suas aptidões, a sua capacidade de emitir juízo e seu senso de responsabilidade moral e social e a tornar-se membro útil da sociedade.

---

[301] LAFER, Celso. *A reconstrução dos direitos humanos*: um diálogo com o pensamento de Hannah Arendt. São Paulo: Companhia das Letras, 2006. p. 131.

A Conferência Geral da Organização das Nações Unidas para a Educação celebrou, em 14 de dezembro de 1960, a Convenção Relativa à Luta Contra a Discriminação no Campo do Ensino. A convenção, dentre outras hipóteses, considerou o termo "discriminação" como abrangente de qualquer iniciativa que terminasse por: a) privar qualquer pessoa ou grupo de pessoas do acesso aos diversos tipos ou graus de ensino; b) limitar em um nível inferior a educação de qualquer pessoa ou grupo; e c) impor a qualquer pessoa ou grupo de pessoas condições incompatíveis com a dignidade do homem. Segundo o art. IV da convenção, além de eliminar as formas de discriminação, os Estados-Partes devem formular, desenvolver e aplicar uma política nacional que vise a promover a igualdade de oportunidade em matéria de ensino e, principalmente:

a) Tornar obrigatório e gratuito o ensino primário; generalizar e tornar acessível a todos o ensino secundário sob suas diversas formas; tornar igualmente acessível a todos o ensino superior em função das capacidades individuais; assegurar a execução por todos da obrigação escolar prescrita em lei; b) assegurar em todos os estabelecimentos públicos do mesmo grau um ensino do mesmo nível e condições equivalentes no que diz respeito à qualidade do ensino dado; c) encorajar e intensificar, por métodos apropriados, a educação de pessoas que não receberam instrução primária ou que não a terminaram e permitir que continuem seus estudos em função de suas aptidões; d) assegurar sem discriminação a preparação ao magistério.[302]

O Pacto Internacional de Direitos Econômicos, Sociais e Culturais, adotado pela Resolução nº 2.200A, da Assembleia Geral das Nações Unidas, de 16 de dezembro de 1966, em seu art. 13, dispôs que:

1. Os Estados Partes no presente Pacto reconhecem o direito de toda pessoa à educação. Concordam em que a educação deverá visar ao pleno desenvolvimento da personalidade humana e do sentido de sua dignidade e fortalecer o respeito pelos direitos humanos e liberdades fundamentais. Concordam ainda em que a educação deverá capacitar todas as pessoas a participar efetivamente de uma sociedade livre, favorecer a compreensão, a tolerância e a amizade entre todas as nações e entre todos os grupos raciais, étnicos ou religiosos e promover as atividades das Nações Unidas em prol da manutenção da paz. 2. Os Estados Partes no presente Pacto reconhecem que, com o objetivo de assegurar o pleno exercício desse direito: a) a educação

---

[302] BOBBIO, Norberto. *A era dos direitos*. 4. ed. Rio de Janeiro: Elsevier, 2004. p. 54.

primária deverá ser obrigatória e acessível gratuitamente a todos; b) a educação secundária em suas diferentes formas, inclusive a educação secundária técnica e profissional, deverá ser generalizada e tornar-se acessível a todos, por todos os meios apropriados e, principalmente, pela implementação progressiva do ensino gratuito; c) a educação de nível superior deverá igualmente tornar-se acessível a todos, com base na capacidade de cada um, por todos os meios apropriados e, principalmente, pela implementação progressiva do ensino gratuito; d) dever-se-á fomentar e intensificar, na medida do possível, a educação de base para aquelas pessoas que não receberam educação primária ou não concluíram o ciclo completo de educação primária; e) será preciso prosseguir ativamente o desenvolvimento de uma rede escolar em todos os níveis de ensino, implementar-se um sistema adequado de bolsas de estudo e melhorar continuamente as condições materiais do corpo docente [...].[303]

O Protocolo Adicional ao Pacto de San José da Costa Rica (Convenção Americana sobre Direitos Humanos em Matéria de Direitos Econômicos, Sociais e Culturais), também denominado "Protocolo de San Salvador", adotado no XVIII Período Ordinário de Sessões da Assembleia Geral da Organização dos Estados Americanos (OEA), realizado na Cidade de San Salvador, El Salvador, em 17 de novembro de 1988, dispôs, em seu art. 13, 3 que:

> Os Estados Partes neste Protocolo reconhecem que, a fim de conseguir o pleno exercício do direito à educação: a) O ensino de primeiro grau deve ser obrigatório e acessível a todos gratuitamente; b) O ensino de segundo grau, em suas diferentes formas, inclusive o ensino técnico e profissional de segundo grau, deve ser generalizado e tornar-se acessível a todos, pelos meios que forem apropriados e, especialmente, pela implantação progressiva do ensino gratuito; c) O ensino superior deve tornar-se igualmente acessível a todos, de acordo com a capacidade de cada um, pelos meios que forem apropriados e, especialmente, pela implantação progressiva do ensino gratuito; d) Deve-se promover ou intensificar, na medida do possível, o ensino básico para as pessoas que não tiverem recebido ou terminado o ciclo completo de instrução do primeiro grau; e) Deverão ser estabelecidos programas de ensino diferenciado para os deficientes, a fim de proporcionar instrução especial e formação a pessoas com impedimentos físicos ou deficiência mental.

A Convenção sobre os Direitos da Criança, adotada pela Resolução XLIV da Assembleia Geral das Nações Unidas, de 20 de novembro de 1989, em seu art. 28, dispõe que:

---

[303] *Ibidem*, p. 56.

1. Os Estados Partes reconhecem o direito da criança à educação e, a fim de que ela possa exercer progressivamente e em igualdade de condições esse direito, deverão especialmente: a) tornar o ensino primário obrigatório e disponível gratuitamente a todos; b) estimular o desenvolvimento do ensino secundário em suas diferentes formas, inclusive o ensino geral e profissionalizante, tornando-o disponível e acessível a todas as crianças, e adotar medidas apropriadas, tais como a implantação do ensino gratuito e a concessão de assistência financeira em caso de necessidade; c) tornar o ensino superior acessível a todos com base na capacidade e por todos os meios adequados; d) tornar a informação e a orientação educacionais e profissionais disponíveis e acessíveis a todas as crianças; e) adotar medidas para estimular a freqüência regular às escolas e a redução do índice de evasão escolar [...].

Como foi referido anteriormente, no âmbito da Organização das Nações Unidas e de suas organizações especializadas, devem ser lembradas a Declaração Mundial de Educação para Todos, adotada em 1990 na Conferência de Jomtien, na Tailândia, e a Declaração de Salamanca, adotada em 1994 pela UNESCO e que propõem, ressalvadas circunstâncias excepcionalíssimas, a matrícula de todas as crianças em escolas regulares.[304]

A Carta dos Direitos Fundamentais da União Europeia, proclamada em 7 de dezembro de 2000 pelos órgãos comunitários (Parlamento, Conselho e Comissão), com o fim de conferir "maior visibilidade" aos "valores indivisíveis e universais da dignidade do ser humano", dispõe em seu art. 14 "que todas as pessoas têm direito à educação, bem como ao acesso à formação profissional e contínua", acrescendo que "esse direito inclui a possibilidade de freqüentar gratuitamente o ensino obrigatório".

O Fórum Mundial de Educação,[305] com sede em Dakar, foi mais um marco na luta pela universalização da educação básica, compreendida como elemento central na conquista da cidadania, pois era inaceitável que, no ano 2000, mais de 113 milhões de crianças não tivessem acesso ao ensino primário, e 880 milhões de adultos fossem analfabetos. Este encontro, que resultou em um compromisso assumido por mais de 160 países, estabeleceu os objetivos de Educação para Todos e representou também uma oportunidade ímpar para repensar a política

---

[304] ORGANIZAÇÃO DAS NAÇÕES UNIDAS. *Relatório Anual da ONU 2005*. Disponível em: <http://www.onu-brasil.org.br>. Acesso em: 12 jun. 2010.
[305] UNESCO. Disponível em: <unesdoc.unesco.org/images/0012/001275/127509porb.pdf>. Acesso em: 12 jun. 2009.

132 | Denise Souza Costa
Direito Fundamental à Educação, Democracia e Desenvolvimento Sustentável

educacional com vistas aos novos horizontes sociais que se desenham para o século XXI.[306] O fórum reafirmou a visão da Declaração Mundial de Educação para Todos (Jomtien, 1990), apoiada pela Declaração Universal de Direitos Humanos (1948) e pela Convenção sobre os Direitos da Criança (1989), de que toda criança, jovem e adulto têm o direito humano de se beneficiar de uma educação que satisfaça suas necessidades básicas de aprendizagem, no melhor e mais pleno sentido do termo, e que inclua aprender a aprender, a fazer, a conviver e a ser. É uma educação que se destina a captar os talentos e os potenciais de cada pessoa e desenvolver a personalidade dos educandos para que possam melhorar as suas vidas e transformar as suas sociedades.

O grande número de declarações, tratados, pactos e convenções internacionais, em sua maioria multilaterais e celebrados, com a intervenção de organizações internacionais, bem demonstram o esforço na sedimentação de determinados direitos inerentes ao homem, dentre os quais a educação básica.

Os referidos atos, em rigor técnico, admitem reservas e só vinculam os Estados subscritores. Mesmo assim, é inegável a sua aspiração à universalidade, permitindo o paulatino reconhecimento da fundamentalidade de determinados direitos sociais, como o direito à educação. Os tratados internacionais têm influenciado o processo de adequação dos ordenamentos nacionais às novas ideias, trazidas pelo processo de universalização dos direitos fundamentais.

A situação educacional de 2000 alterou-se, mas as desigualdades persistem e refletem a dificuldade dos governos e das organizações transnacionais em mitigar este problema mundial. Segundo dados das Nações Unidas, em 2006, mais de 100 milhões de crianças, das quais pelo menos 60 milhões são meninas, ainda não tinham acesso ao ensino fundamental; mais de 960 milhões de adultos, dois terços dos quais mulheres, eram analfabetos, e o analfabetismo funcional ainda era um problema significativo em todos os países industrializados

---

[306] "A l'occasion du Forum mondial sur l'éducation (Dakar, avril 2000), la communauté internationale s'est engagée à réaliser l'éducation de base pour tous en tant que droit fondamental d'ici 2015. La mise en oeuvre du Cadre d'action de Dakar est l'un des plus grands défis moraux de notre époque et requiert un suivi. En tant qu'organisme de coordination pour ce mouvement mondial, l'UNESCO assume une plus grande responsabilité dans le domaine du droit à l'éducation. L'Organisation a par conséquent réajusté son programme d'éducation afin de se concentrer sur les objectifs de Dakar et les priorités pour réaliser l'éducation de base pour tous, en accordant une grande importance au suivi de la mise en oeuvre de ces objectifs" (UNESCO. Disponível em: <www.unesco. org/archives/multimedia/index.php?s=films_details...>. Acesso em: 10 out. 2010).

ou em desenvolvimento; mais de um terço dos adultos do mundo não tinham acesso ao conhecimento impresso, às novas habilidades e tecnologias, que poderiam melhorar a qualidade de vida e ajudá-los a perceber e a adaptar-se às mudanças sociais e culturais; e mais de 100 milhões de crianças e incontáveis adultos não conseguiam concluir o ciclo básico, e outros milhões, apesar de concluí-lo, não conseguiam adquirir conhecimentos e habilidades essenciais.[307]

O Relatório de Monitoramento Global de Educação para Todos 2010 da UNESCO assevera que, com 72 milhões de crianças e 71 milhões de adolescentes ainda fora da escola, a desaceleração do crescimento econômico, conjugada com o aumento da pobreza e das pressões exercidas sobre os orçamentos públicos dos países, pode comprometer os progressos realizados no âmbito da educação nos últimos anos.[308]

Diante dessa realidade, a educação, enquanto um direito humano, é a chave para um desenvolvimento sustentável, assim como para assegurar a paz e a estabilidade dentro e entre países e, consequentemente, um meio indispensável para alcançar a participação efetiva nas sociedades e economias do século XXI. Não se pode mais postergar esforços para atingir as metas da Educação para Todos (EPT).[309] As necessidades básicas da aprendizagem podem e devem ser alcançadas com urgência.

---

[307] ORGANIZAÇÃO DAS NAÇÕES UNIDAS. *Relatório Anual da ONU 2005*. Disponível em: <www.un.org/summit2005/documents.html>. Acesso em: 24 out. 2009.

[308] UNESCO. Disponível em: <http://www.unesco.org/en/efareport/reports/2010-marginalization/>. Acesso em: 22 fev. 2010.

[309] UNESCO. Disponível em: <unesdoc.unesco.org/images/0008/000862/086291por.pdf>. Acesso em: 22 fev. 2010.

CAPÍTULO 4

A Educação Básica no Brasil

Sumário: 4.1 A universalização do ensino fundamental e a erradicação do analfabetismo – **4.2** A Emenda Constitucional nº 59/09 – **4.3** A imprescindibilidade de uma educação infantil de qualidade – **4.4** Os ensinos fundamental e médio

4.1 A universalização do ensino fundamental e a erradicação do analfabetismo

O objetivo maior da educação básica, estabelecido na Carta Magna e nas leis infraconstitucionais, não se reduz à mera instrução do indivíduo, mas à sua formação como pessoa, como cidadão, em uma sociedade em transformação. Note-se que a formação de um indivíduo é uma atividade muito complexa, não se restringindo aos muros da escola, pois está aliada a fatores internos e externos ao direito formal à educação. Por essa razão, há necessidade de políticas públicas educacionais, aliadas a políticas públicas inclusivas, integrando o Estado, a família e a sociedade, para a promoção e concretização desse direito. Reside aí a importância em se investir, de forma eficiente, para a universalização do acesso e da qualidade da educação básica em nosso país, uma vez que se constitui na primeira etapa deste processo permanente que é a educação.

A aplicação do investimento público na educação básica deve ser prioridade das políticas educacionais nacionais, já que, até hoje, não se universalizou a educação básica, não se erradicou o analfabetismo e ainda temos 24,05% da população de analfabetos funcionais. A somatória dos indicadores de analfabetismo absoluto e funcional em 2004 apontava para 45,8 milhões de pessoas acima de 14 anos que não possuíam o domínio da leitura e escrita, com menos de quatro anos de escolaridade.[310]

Uma política pública educacional, associada a uma política pública inclusiva eficiente e eficaz, deve garantir recursos financeiros e humanos para que cada um dos três níveis da educação básica continue o seu processo de expansão de acesso e melhoria de qualidade do ensino. Este objetivo foi alcançado formalmente com a edição da Emenda Constitucional nº 59/2009,[311] porém, o desafio agora será a efetivação material desse direito, concretizando a universalização de qualidade e acesso à educação básica e a erradicação do analfabetismo no Brasil.

Conforme foi referido na evolução histórica e nos marcos legais do direito à educação, a primeira vez que a Administração Pública nacional implementou uma política pública consistente, voltada à educação básica, foi a partir de 1995. Uma das mudanças mais importantes da gestão de Paulo Renato, à frente do Ministério da Educação, foi a universalização do acesso ao ensino fundamental, que ocorreu no Brasil de 1995 a 2002. Essa incorporação verificou-se claramente nas camadas de mais baixa renda e nas áreas mais pobres, reduzindo-se, de forma expressiva, as diferenças no acesso à escola entre classes sociais e entre regiões do país. Com a incorporação de tantas crianças ao sistema educacional nacional, em um espaço curto de tempo, houve um abalo inicial quanto à qualidade do ensino, uma vez que a qualificação dos professores foi iniciada juntamente com o aumento de alunos no sistema público de ensino, no entanto, os resultados positivos deste processo só puderam ser sentidos posteriormente.

Outra consequência dessa política educacional foi a redução significativa no analfabetismo. Em consequência da expansão das vagas do ensino fundamental regular de 1995 a 2002, assim como dos programas de educação de jovens e adultos, operou-se uma clara tendência de queda na proporção de analfabetos quando, então, pela primeira vez, caíram os índices de porcentagem e também o total numérico. Em 1991, 20,07% da população eram analfabetos; em 2002, este índice caiu para 10,9%. Mesmo diante do aumento populacional, o total numérico passou de 19.233.758 para 15.429.405. Ocorreu que, a

---

[310] HADDAD, Sérgio. *Educação e exclusão no Brasil*. Ação Educativa. 2007. p. 23. Disponível em: <http://www.bdae.org.br/dspace/bitstream/123456789/2299/1/educacao_exclusao_brasil1.pdf>. Acesso em: 24 jan. 2010.

[311] Emenda Constitucional nº 59/2009, publicada em 12 de novembro de 2009, no *Diário Oficial da União*.

partir de 2002, percebeu-se uma estagnação do índice de analfabetos que era de 10,9%, caindo para 10,5% em 2004[312] e 10%, em 2007,[313] motivada, provavelmente, pela ausência de programas de alfabetização ou pelas dificuldades destes programas em atingir setores remanescentes com elevadas taxas de analfabetismo, somadas à falta de continuidade das políticas de educação básica.

A erradicação do analfabetismo, no Brasil, é um grande desafio na efetivação da educação como direito. A partir da década de 1980, houve uma mudança conceitual quanto à tentativa de erradicação do analfabetismo. Tentativas, como o Mobral, que ensinava apenas o domínio dos códigos linguísticos e numéricos, não tiveram resultado efetivo.[314] Atualmente, adota-se o "letramento", método que visa a desenvolver no aluno a capacidade de utilizar os seus conhecimentos e as suas competências para enfrentar os desafios do cotidiano, ao invés de meramente desenvolver a sua capacidade de dominar um currículo escolar.[315] Essa questão é muito relevante, pois a falta de instrução exclui a pessoa de uma série de direitos e benefícios da sociedade contemporânea e está diretamente associada às precárias condições socioeconômicas em que a maioria das pessoas deste segmento populacional se encontra.

Além do alto índice de analfabetos, o quadro educacional brasileiro é preocupante, exatamente pelo elevado percentual de analfabetos funcionais. Os índices atuais revelam que não estamos avançando satisfatoriamente na efetividade do direito à educação. Mesmo que tenhamos universalizado o ensino fundamental, a má qualidade da educação, além das questões de vulnerabilidade de grande parte da nossa população impedem que se alcance um nível educacional compatível

---

[312] HADDAD, Sérgio. *Educação e exclusão no Brasil*. Ação Educativa. 2007. p. 20, 23. *Vide* a Tabela 9 "número de analfabetos e índice de analfabetismo entre pessoas de 15 anos ou mais – 1960-2004". Disponível em: <http://www.bdae.org.br/dspace/bitstream/123456789/2299/1/educacao_exclusao_brasil1.pdf>. Acesso em: 24 jan. 2010.

[313] INSTITUTO DE PESQUISA APLICADA (IPEA). *Brasil em desenvolvimento*: Estado, planejamento e políticas públicas. Determinantes do Desenvolvimento na Primeira Infância no Brasil. Brasília: IPEA, 2009. v. 3, p. 620.

[314] Segundo a autora, foi por essa razão que se abandonou a divisão binária entre alfabetizados e analfabetos e passou-se a buscar o "letramento", que implica associar a escrita, a leitura e os cálculos a práticas sociais que façam sentido para aqueles que os utilizam. Paralelamente, o termo "analfabetismo funcional" foi cunhado pela Organização das Nações Unidas para a educação, a Ciência e a Cultura (Unesco), em 1978, para referir-se justamente a pessoas que, apesar de saberem ler e escrever o básico, não conseguem viabilizar o seu desenvolvimento pessoal e profissional. (GOLDSTEIN, Ilana. *Responsabilidade social*: das grandes corporações ao terceiro setor. São Paulo: Ática, 2007. p. 70).

[315] IOSCHPE, Gustavo. *A ignorância custa um mundo*: o valor da educação no desenvolvimento do Brasil. São Paulo: W 11: Francis, 2004. p. 146.

com as necessidades pessoais subjetivas e objetivas. O problema do analfabetismo funcional contribui para aumentar a exclusão social, eis que dificulta o acesso a empregos com melhores salários. Da mesma maneira, impede um desenvolvimento econômico mais acelerado e eficiente, já que influencia o dia a dia das empresas, o seu grau de competitividade e o de preparo para a concorrência globalizada. Segundo o Instituto Ethos:[316]

> Na indústria, perde-se matéria-prima, porque algum funcionário, em determinada etapa do processo, não leu ou não soube interpretar corretamente as instruções de transporte ou estocagem. Perde-se tempo e capital preciosos decorrentes de quebra de equipamentos, reposição de peças danificadas, dificuldades de adaptação a novos processos, além do baixo índice de aproveitamento nos cursos de capacitação, [...] de um engano miúdo no troco, a contagem incorreta do estoque, o comércio, a agricultura e o setor de serviços também registram perdas significativas. É difícil mensurar essas perdas, mas estima-se que, por conta do alfabetismo precário nas empresas, perde-se uma cifra entre US$ 6 bilhões por ano.

Segundo relatório do IPEA, 95% dos analfabetos de 15 anos ou mais fazem parte da população com renda de até dois salários mínimos.[317] Essa situação se agrava, pois forma-se um círculo vicioso: quanto menor o grau de instrução, menor a renda, que gera menor grau de instrução e assim sucessivamente. Ainda temos 10% da população brasileira analfabeta, e este índice está praticamente estacionado, fato que tem gerado preocupação nos educadores e no poder público. Constatou-se que crianças que frequentam a escola por um período curto deixam os bancos escolares analfabetas.[318]

---

[316] INSTITUTO Ethos e Instituto Paulo Monteiro. *O compromisso das empresas com o alfabetismo funcional.* São Paulo, 2005. Disponível em: <www.uniethos.org.br/_Uniethos/Documentos/alfabetismo_funcional.pdf>. Acesso em: 10 jan. 2011.

[317] INSTITUTO DE PESQUISA APLICADA (IPEA). *Brasil em desenvolvimento*: Estado, planejamento e políticas públicas. Determinantes do Desenvolvimento na Primeira Infância no Brasil. Brasília: IPEA, 2009. v. 3, p. 634.

[318] "O combate ao analfabetismo entre jovens requer, por sua vez, não apenas a implementação de política de alfabetização consistente e conseqüente, com vista a zerar o passivo educacional brasileiro, mas também assegurar o funcionamento a bom termo de sistema de ensino regular que minimize ao máximo a possibilidade de gerar novos analfabetos. Em ambos os casos, o país ainda não conseguiu dar respostas à altura das dimensões destes dois problemas" (INSTITUTO DE PESQUISA APLICADA (IPEA). *Brasil em desenvolvimento*: Estado, planejamento e políticas públicas. Determinantes do Desenvolvimento na Primeira Infância no Brasil. Brasília: IPEA, 2009. v. 3, p. 621).

A Conferência Nacional da Educação[319] editou um documento com propostas para a elaboração do novo Plano Nacional de Educação em 2011. Segundo o relatório, historicamente, o Brasil tem se caracterizado como um país com frágeis políticas sociais, o que lhe imprimiu dois traços marcantes: uma das maiores desigualdades sociais em convívio com uma das mais altas concentrações de renda do mundo. Com 50% de uma população de 192.847 milhões de pessoas em situação de pobreza, é fácil constatar a sua condição de país injusto por excelência. Além disso, o relatório do IBGE (PNAD, 2003) indica que, dos trabalhadores brasileiros com mais de 10 anos, 68% recebem até dois salários mínimos. Essas características, reflexo da ausência de políticas sociais mais efetivas, assumem formas cada vez mais perversas de exclusão social.

O panorama excludente tem reflexos importantes também no campo da educação. Basta identificar que, da população com mais de sete anos, 11,2% são analfabetos, dos quais aproximadamente 2,5 milhões estão na faixa de escolaridade obrigatória (sete a 14 anos). Dentre os maiores de 10 anos, 11,2% não têm escolaridade ou estiveram na escola pelo período de até um ano; 27,5% têm até três anos de escolaridade; e mais de 2/3 da população (60,4%) não possuem o ensino fundamental completo, tendo, no máximo, sete anos de escolaridade.[320] Para tanto, faz-se necessário garantir condições para erradicar o analfabetismo no país, com a colaboração dos entes federados.

A baixa qualidade da educação básica, aliada às condições de vulnerabilidade socioeconômica, gera reprovações e a consequente evasão escolar, fatores determinantes para agravar esse problema. Portanto, além de os programas de alfabetização de jovens e adultos não estarem erradicando o analfabetismo junto a este público-alvo, as desigualdades sociais e a precariedade no acesso e na qualidade do ensino no país, especialmente em relação aos segmentos mais vulneráveis da população, está gerando novos analfabetos. Segundo o Relatório Regional da América Latina e Caribe de Monitoramento Global de Educação para Todos 2010,[321] o Brasil ocupa a 8ª posição mundial com mais de 14

---

[319] Relatório do CONAE, Documento final da Conferência Nacional de Educação. Disponível em: <http://conae.mec.gov.br/images/stories/pdf/pdf/documetos/documento_final_sl.pdf>. Acesso em: 29 maio 2010.

[320] Relatório do IBGE–PNAD 2003. Disponível em: <www.ibge.gov.br/.../pnad2003/coeficiente_brasil.shtm>. Acesso em: 5 jun. 2010).

[321] Education for all Global monitoring report 2010. "Brazil ranks eighth in the world for illiterate adult population: almost 14 million. Reaching marginalized groups in Brazil, including many in remote areas, remains a key policy challenge. In Brazil, some of the poorest states in the north-east have illiteracy levels twice as high as in the south-east" (UNESCO. Disponível em: <http://unesdoc.unesco.org/images/0018/001865/186524E.pdf>. Acesso em: 8 fev. 2010).

milhões de analfabetos e um índice de 19% de repetências. As políticas de educação inclusiva não estão se mostrando eficazes o suficiente para reverter esse quadro. Com um modelo de ensino mais inclusivo, que garanta a universalização do acesso e melhoria da qualidade da educação, capaz de aumentar o número de concluintes de cada nível, poderemos vencer o círculo vicioso do déficit educacional brasileiro. Assim, com a garantia de acesso (universalização), somada à excelência em qualidade nos primeiros níveis da educação formal, será possível gerar um "fluxo cada vez maior de gente capacitada para entrar, em grande escala, nas universidades brasileiras".[322] Para isto, o investimento na educação básica e a erradicação do analfabetismo no Brasil têm que ser tratados como prioridade da política educacional.

Em virtude dos baixos índices de desempenho da educação básica, no âmbito das redes públicas, o MEC instituiu o IDEB,[323] que será o principal indicador do monitoramento da evolução de desempenho do sistema educacional brasileiro. A principal meta estabelecida é atingir o índice de 6 pontos em 2021, o qual corresponde ao desempenho médio dos países da Organização e Desenvolvimento Econômico (OCDE), à época da concepção do Plano, isto é, em 2007.

Uma questão sempre relevante nas políticas educacionais é, certamente, a formação inicial e continuada dos professores, já que a qualificação do docente constitui um dos pilares de sustentação do sistema de ensino. A falta de qualificação adequada dos professores da educação básica representa ainda hoje um dos fatores que dificultam a melhoria de sua qualidade. Segundo estudo do INEP, feito com dados de 2007,[324] mais de um em cada quatro professores do ensino básico

---

[322] IOSCHPE, Gustavo. *A ignorância custa um mundo*: o valor da educação no desenvolvimento do Brasil. São Paulo: W 11: Francis, 2004. p. 161.

[323] O IDEB, Índice de Desempenho da Educação Básica, foi criado em 2007. Trata-se, pois, de indicador que expressa, por meio de escala numérica, a evolução do desempenho do sistema educacional, a partir das seguintes variáveis: *i)* proficiência em exames nacionais; e *ii)* taxa de aprovação (Disponível em: <http://ideb.mec.gov.br/index.html>. Acesso em: 10 jan. 2010).

[324] Estudo exploratório sobre o professor brasileiro com base nos resultados do Censo Escolar da Educação Básica 2007/Instituto Nacional de Estudos e Pesquisas Educacionais Anísio Teixeira. Brasília: Inep, 2009. p. 26. O estudo conclui que "No que se refere à escolaridade dos professores da educação básica, os dados revelam um total de 1.288.688 docentes com nível superior completo, que correspondem a 68,4% do total". Verificando-se, assim, que há mais de 31,60 % de professores que não preenchem as determinações legais de qualificação. "Daqueles com graduação, 1.160.811 (90%) possuem licenciatura — formação adequada para atuar na educação básica, segundo a legislação educacional vigente" (INSTITUTO NACIONAL DE ESTUDOS E PESQUISAS EDUCACIONAIS – INEP. Disponível em: <http://www.inep.gov.br/download/censo/2009/Estudo_Professor_1.pdf>. Acesso em: 8 fev. 2010).

não tem a habilitação exigida pela LDB,[325] que é o ensino superior, em curso de licenciatura. Isto não ocorre por falta de oportunidades, de acordo com o Censo da Educação Superior de 2008, 6% das vagas disponibilizadas para o primeiro ano de pedagogia e licenciatura não foram preenchidas. Em 2008, 4.468 vagas não foram preenchidas nos processos seletivos para cursos de formação de professores em universidades e centros tecnológicos federais e estaduais. Segundo dados do INEP, baixos salários e a falta de perspectiva profissional pode ser um dos motivos para essa realidade.[326] Vale também esclarecer que a noção de função docente, nesta visão estatística, não se confunde com as funções de magistério que, tal como dispõe a Lei de Diretrizes e Bases da Educação Nacional, LDB,[327] formam um conjunto mais amplo de atividades, abrangendo, inclusive, aquelas exercidas fora de sala de aula.

Sendo assim, para o aperfeiçoamento do sistema educacional, deve-se adotar políticas públicas que priorizem a universalização à qualidade e ao acesso à educação básica. Observa-se, porém que a educação básica deixou de ser a prioridade da política educacional do MEC a partir de 2003 e somente em dezembro de 2006, isto é, 10 anos depois da criação do FUNDEF,[328] se criou o FUNDEB.[329] Em que pese o fato de

---

[325] LDB, "Art. 62 – A formação de docentes para atuar na educação básica far-se-á em nível superior, em curso de licenciatura, de graduação plena, em universidades e institutos superiores de educação, admitida, como formação mínima para o exercício do magistério na educação infantil e nas quatro primeiras séries do ensino fundamental, a oferecida em nível médio, na modalidade Normal".

[326] BRASIL Inep. Sinopse do Censo escolar da educação básica. Disponível em: <http://www.inep.gov.br/basica/censo/Escolar/Sinopse/sinopse.asp>. Acesso em: 15 jan. 2010.

[327] Cf. Artigo 67, §2º: para os efeitos do disposto no §5,º do art. 40, e no §8º, do art. 201, da Constituição Federal, são consideradas funções de magistério as exercidas por professores e especialistas em educação no desempenho de atividades educativas, quando exercidas em estabelecimento de educação básica em seus diversos níveis e modalidades, incluídas, além do exercício da docência, as de direção de unidade escolar e as de coordenação e assessoramento pedagógico. (Incluído pela Lei nº 11.301, de 2006).

[328] BUCCI, Maria Paula Dallari. *Políticas públicas*: reflexões sobre o conceito jurídico. São Paulo: Saraiva, 2006. p. 18. "O FUNDEF, Fundo de Manutenção e Desenvolvimento do Ensino fundamental e de Valorização dos Profissionais da Educação, criado pela Emenda Constitucional n. 14, de 12 de setembro de 1996, e regulamentado pela Lei 9.624 de 1º de janeiro de 1998, é outro exemplo de política pública com suporte constitucional. O FUNDEF também se valeu do expediente de alteração das Disposições Transitórias para, alterando o seu art. 60, passar a vincular as receitas da educação disciplinadas no art. 212, com vistas à universalidade do atendimento à educação fundamental e à remuneração condigna do magistério, em outras palavras, à melhoria das condições da prestação do direito à educação".

[329] O FUNDEB, Fundo de Manutenção e Desenvolvimento da Educação Básica e de Valorização dos Profissionais da Educação, foi criado pela Emenda Constitucional nº 53/06, em 6 de dezembro de 2006. "É digno de nota o fato de que, em vias de expirar o prazo de dez anos estabelecido pela Emenda 14, o governo que sucedeu o seu autor proponha a

se verificar uma retomada das políticas públicas nacionais aos projetos iniciados nos anos 90, no que se refere à educação básica, ainda assim, as políticas públicas educacionais da atual gestão federal dão prioridade ao ensino superior, tendência observada desde o Brasil Império. Sem dúvida, a capacitação dos docentes é de suma importância para elevar o nível de qualidade do ensino ministrado no Brasil. Todavia, mesmo com o elevado investimento público no ensino superior,[330] não foi desenvolvida nenhum política educacional específica para estimular o acesso às faculdades de pedagogia ou de licenciaturas, que formam docentes, a fim de reduzir o déficit no setor.

4.2 A Emenda Constitucional nº 59/09

Ao enfrentar o desafio da concretização da universalização da educação básica no Brasil, expressamente introduzida no texto constitucional por meio da Emenda Constitucional nº 59/2009, é indispensável que se esclareça o âmbito de proteção desse direito. De acordo com o artigo 21 da Lei nº 9.349/1996 (LDB), a educação escolar, como um processo de formação integral do cidadão, compõe-se em educação básica, formada pela educação infantil,[331] o ensino fundamental[332] e o

---

renovação do programa, agora ampliado para atender também o ensino médio (FUNDEB, Fundo da Educação Básica), a educação infantil e as creches, utilizando-se da mesma técnica de alteração das Disposições Transitórias para, alterando a seu art. 60, um objetivo de incremento e redistribuição dos orçamentos da educação no país" (*Ibidem*, p. 18).

[330] IOSCHPE, Gustavo. *A ignorância custa um mundo*: o valor da educação no desenvolvimento do Brasil. São Paulo: W 11: Francis, 2004. p. 183. "Os universitários de instituições públicas representam menos de 2% das matrículas da educação no Brasil, mas recebem 29% dos gastos públicos destinados à educação. Universitários esses que, por sua vez, precisam menos da ajuda governamental que seus compatriotas do ensino básico, pois têm renda mais elevada e cursam um nível de altíssimo retorno no mercado profissional".

[331] LDB, Lei nº 9.394, de 20 de dezembro de 1996. Seção II – Da Educação Infantil – "Art. 29. A educação infantil, primeira etapa da educação básica, tem como finalidade o desenvolvimento integral da criança até seis anos de idade, em seus aspectos físico, psicológico, intelectual e social, complementando a ação da família e da comunidade. Art. 30. A educação infantil será oferecida em: I – creches ou entidades equivalentes, para crianças de até três anos de idade; II – pré-escolas, para as crianças de quatro a seis anos de idade. Art. 31. Na educação infantil, a avaliação far-se-á mediante acompanhamento e registro do seu desenvolvimento, sem o objetivo de promoção, mesmo para o acesso ao ensino Fundamental".

[332] LDB, Lei nº 9.394, de 20 de dezembro de 1996. Seção III – Do Ensino Fundamental – "Art. 32. O ensino fundamental, com duração mínima de oito anos, obrigatório e gratuito na escola pública, terá por objetivo a formação básica do cidadão, mediante: I – o desenvolvimento da capacidade de aprender, tendo como meios básicos o pleno domínio da leitura, da escrita e do cálculo, II – a compreensão do ambiente natural e social, do sistema político, da tecnologia, das artes e dos valores em que se fundamenta a sociedade; III

médio. Está definido no artigo 22 que a finalidade da educação básica é o desenvolvimento do educando, assegurando-lhe uma formação suficiente para o exercício da cidadania e fornecendo-lhe meios para progredir no trabalho e em estudos posteriores.[333] Pode-se, então, concluir que, conforme o sistema jurídico pátrio, a universalização da educação básica inicia-se na educação infantil e se estende até o ensino médio. Com a recente alteração constitucional, o direito subjetivo público à educação, contido no art. 208, supõe a garantia de acesso à educação infantil, aos ensinos fundamental e médio. A questão que se coloca é a seguinte: na falta de estabelecimentos oficiais, esta alteração constitucional garantirá a tutela desse direito frente ao Estado, ao exigir garantia de vaga em estabelecimentos privados? O comando constitucional dispõe que cabe ao Estado/Administração garantir a universalização da educação básica, sendo assim, essa garantia deverá ser assegurada.

Diante das realidades sociais verificadas no Brasil, reforça-se a ideia da necessidade de se efetivar o direito à educação, partindo-se do seu núcleo essencial, que é a universalização da educação básica (dos ensinos infantil, fundamental e médio), pela simples razão de ser a base que vai sustentar e garantir a concretização do direito à educação em sentido amplo, de outros direitos fundamentais, da redução das desigualdades sociais, do desenvolvimento sustentável e de uma verdadeira democracia participativa, condição de viabilidade do Estado Constitucional.

As alterações feitas no texto da Constituição pela EC nº 59/09 promoveram a instituição formal da universalização da educação básica no sistema normativo brasileiro. Onde constava "ensino fundamental" consta agora "educação básica", e isto representa um grande avanço, mesmo que tardio, na legislação constitucional brasileira. A EC nº 59/09 estabelece a universalização do acesso à educação básica, incluindo-se, a partir de agora, a universalização do acesso à educação infantil e ao ensino médio, antes restrita ao ensino fundamental. A nova redação

---

– o desenvolvimento da capacidade de aprendizagem, tendo em vista a aquisição de conhecimentos e habilidades e a formação de atitudes e valores; IV – o fortalecimento dos vínculos de família, dos laços de solidariedade humana e de tolerância recíproca em que se assenta a vida social".

[333] LDB, Lei nº 9.394, de 20 de dezembro de 1996. Capítulo I – Da Composição dos Níveis Escolares. "Art. 21. A educação escolar compõe-se de: I – educação básica, formada pela educação infantil, ensino fundamental e ensino médio; II – educação superior. Art. 22. A educação básica tem por finalidades desenvolver o educando, assegurar-lhe a formação comum indispensável para o exercício da cidadania e fornecer-lhe meios para progredir no trabalho e em estudos posteriores".

do inciso I do art. 208 amplia de nove a 14 anos a obrigatoriedade e a gratuidade do ensino, estabelecendo que o ensino será obrigatório e gratuito dos 4 (quatro) aos 17 (dezessete) anos de idade. Antes, o ensino obrigatório era equivalente ao ensino fundamental (seis a 14 anos). Pela Constituição, o direito à educação impõe um dever aos pais e ao poder público de efetivá-lo, e, se estes forem omissos, poderão ser responsabilizados pelas crianças fora da escola.

A obrigatoriedade do ensino deverá ser implementada progressivamente até 2016 nos termos do Plano Nacional de Educação, com apoio técnico e financeiro da União. Não se pode negar o aspecto positivo de o texto constitucional estabelecer que toda a educação básica é obrigatória, o que significa dizer que materializá-la é um dever inarredável do poder público. Esta nova garantia formal ao direito fundamental à educação deverá aumentar a pressão social para que, segundo dados do IBGE,[334] aproximadamente 1,5 milhão de crianças de quatro e cinco anos sejam incluídas na escola.

É imprescindível que a Constituição Federal amplie formalmente os recursos públicos para a educação, uma vez que ampliou a universalização desse direito para a educação infantil e o ensino médio. Por esta razão, a exclusão da educação da DRU (Desvinculação das Receitas da União), prevista no art. 76 do ADCT, trazida pela EC nº 59, é necessária, desde que este aumento de recursos seja direcionado e aplicado com eficiência na educação básica. Dessa forma, haverá uma ampliação significativa das verbas para a educação, por meio de uma redução gradativa do percentual da Desvinculação das Receitas da União (DRU) que, desde 1994, permitia ao governo federal reter uma parcela das verbas orçamentárias para reforçar o caixa do setor público. Criada em 1994 com o nome de "Fundo Social de Emergência", a DRU permite à União retirar da área 20% dos recursos que, pela Constituição, teriam que ser destinados ao setor. Antes da Emenda, os recursos bloqueados representavam 20%, agora, já em 2009, este bloqueio será de 12,5 %, em 2010, de 5% e, em 2011, será nulo, pois a EC nº 59 prevê que o mecanismo seja reduzido gradualmente até 2011. Isso significa que, em 2010, de 10 bilhões de reais, a DRU reterá 2,5 bilhões. Sendo assim, a área da educação passaria a contar com cerca de R\$7 bilhões adicionais em 2009. Parte do valor deveria então ser repassado a Estados e Municípios, responsáveis pela oferta do ensino médio, fundamental

---

[334] INSTITUTO BRASILEIRO DE GEOGRAFIA E ESTATÍSTICA – IBGE. Disponível em: <http://www.ibge.gov.br/home/estatistica/populacao/criancas_adolescentes/default. shtm>. Acesso em: 24 out. 2010.

e da educação infantil, respectivamente. De acordo com os dados do MEC, o orçamento da educação em 2009 foi de cerca de R$41 bilhões. A previsão para o ano de 2010 foi de R$50 bilhões. No governo, estimava-se que, após a extinção da DRU em 2011, o orçamento federal para a educação atingiria aproximadamente R$10,5 bilhões.[335]

Cabe mencionar, no entanto, que não é a falta de recursos o maior problema, mas de programas integrados capazes de garantir que os recursos disponíveis alcancem seu objetivo final, que é a formação integral do indivíduo, que se inicia com a garantia material de uma educação básica de qualidade. Agora, a maior preocupação será a eficiente e eficaz aplicação destes recursos para a efetividade do direito à universalização da educação básica. Teremos que acompanhar de perto, para ver se o MEC vai aumentar a sua dotação orçamentária para a educação básica, apoiando Estados e Municípios na viabilização desta garantia fundamental.

Com a alteração da redação do artigo 214 da CF, passa-se a exigir que lei federal estabeleça o Plano Nacional de Educação, de duração decenal,[336] com o objetivo de articular o Sistema Nacional de Educação, em regime de colaboração e definir diretrizes, objetivos, metas e estratégias de implementação de políticas educacionais. A finalidade é assegurar a manutenção e o desenvolvimento do ensino em seus diversos níveis, etapas e modalidades, por meio de ações integradas dos poderes públicos das diferentes esferas federativas que conduzam, entre outras coisas, ao estabelecimento de meta de aplicação de recursos públicos em educação, como proporção do produto interno bruto. Verifica-se que a nova redação do referido artigo sobre o plano de educação é melhor do que a anterior, já que passa a vincular este plano à criação de um sistema nacional de educação. O que se espera é que o Plano Nacional de Educação (PNE) consiga ser mais efetivo, inclusive garantindo não só a determinação de um percentual de gastos

---

[335] Disponível em: <protagonismojuvenil.inesc.org.br/...dru...educacao/switchLanguage?>. Acesso em: 23 jan. 2010.

[336] Antes, a duração do Plano de Educação era plurianual. Na nova redação: "Art. 214 A lei estabelecerá o plano nacional de educação, de duração decenal, com o objetivo de articular o sistema nacional de educação em regime de colaboração e definir diretrizes, objetivos, metas e estratégias de implementação para assegurar a manutenção e desenvolvimento do ensino em seus diversos níveis, etapas e modalidades por meio de ações integradas dos poderes públicos das diferentes esferas federativas que conduzam a'': Redação anterior:
"Art. 214 A lei estabelecerá o plano nacional de educação, de duração plurianual, visando à articulação e ao desenvolvimento do ensino em sues diversos níveis e à integração das ações do Poder Público que conduzem à:".

146 Denise Souza Costa
Direito Fundamental à Educação, Democracia e Desenvolvimento Sustentável

educacionais em relação ao PIB, como também as alterações legais e orçamentárias que viabilizem a execução deste percentual.

No que tange à universalização da educação básica, a partir da EC nº 59, o Brasil passa a estar em sintonia com as Constituições dos países mais desenvolvidos. Cabe salientar que a universalização da educação básica na França, com a obrigatoriedade e gratuidade do ensino por 12 anos, foi instituída formalmente no final do século XIX. Com essa alteração na ordem constitucional, o Brasil ratifica compromisso assumido junto com os 191 países membros das Nações Unidas que, em 2000, estabeleceram os Objetivos de Desenvolvimento do Milênio. Atingir o ensino básico universal é o segundo Objetivo de Desenvolvimento do Milênio, estipulado no Programa das Nações Unidas para o Desenvolvimento (PNUD).

Ao fazer uma interpretação das disposições constitucionais, trazidas pela EC nº 59/09, verifica-se que, em princípio, qualquer pessoa poderá ter acesso pleno ao Sistema Educacional Público, eis que há previsão constitucional expressa quanto à gratuidade deste serviço em estabelecimentos oficiais, conforme redação do inciso IV do artigo 206. A EC nº 59 amplia o âmbito de proteção deste direito para as crianças de quatro a 17 anos, no que se refere à obrigatoriedade e gratuidade. Como reforço legal, para viabilizar essa garantia constitucional, a Lei nº 11.700, de 13 de junho de 2008, acrescentou o inciso X ao *caput* do artigo 4º da Lei nº 9.394, de 20 de dezembro de 1996,[337] visando a assegurar vaga na escola pública de educação infantil ou de ensino fundamental mais próxima da residência de toda criança, a partir de quatro anos de idade. Ocorre, entretanto, que a lei excluiu dessa garantia as crianças de zero a três anos e os alunos do ensino médio, fato que deveria ser revisado.

Essa alteração legal propõe impor à Administração Pública a obrigação de criar condições materiais que garantam à criança o acesso ao estabelecimento de ensino próximo à sua moradia. Justifica-se esta imposição devido às dimensões continentais do Brasil, visto há muitos locais em que não há estabelecimento oficial ou são de difícil acesso, e, portanto, impõe-se aos Municípios que criem condições de acesso aos alunos no próprio Município ou o mais próximo possível. A acessibilidade garante, também, a redução da evasão escolar e um maior controle da escola com a frequência dos alunos.

---

[337] Lei nº 11.700 de 2008. "Art. 1º. O caput do art. 4º da Lei nº 9.394, de 20 de dezembro de 1996, passa a vigorar acrescido do seguinte inciso X – vaga na escola pública de educação infantil ou de ensino fundamental mais próxima de sua residência a toda criança a partir do dia em que completar 4 (quatro) anos de idade (NR). Art. 2º Esta Lei entra em vigor em 1º de janeiro do ano subseqüente ao de sua publicação".

No entanto, em relação à idade do aluno, define-se que a educação básica seja obrigatória e gratuita, assegurada, inclusive, a sua oferta para todos os que a ela não tiverem idade própria. Sendo assim, a garantia de acesso à educação básica se estende a qualquer pessoa, independentemente da idade do aluno. Essas garantias estão confirmadas na Lei nº 8.069, de 13 de julho de 1990, conhecida como o Estatuto da Criança e do Adolescente (ECA), e no artigo 5º da Lei de Diretrizes e Bases de Educação Nacional, Lei nº 9.394, de 1996. O artigo 54, inciso I, do ECA dispõe que é dever do Estado assegurar à criança e ao adolescente o ensino fundamental,[338] obrigatório e gratuito; no inciso IV, inclui o dever, também, no atendimento em creche e pré-escola às crianças de até cinco anos;[339] e no §1º, dispõe que o acesso ao ensino obrigatório e gratuito seja direito público subjetivo. São dispositivos que repetem e regulamentam os ditames constitucionais supracitados.

4.3 A imprescindibilidade de uma educação infantil de qualidade

A educação infantil representa o núcleo essencial do direito à educação básica, pois é a primeira etapa do processo educativo que servirá de garantia ao seu desenvolvimento integral.[340] A educação infantil está em posição privilegiada no rol de deveres do Estado,

---

[338] A partir da edição da Emenda Constitucional nº 59/09, deverá haver uma alteração em toda a legislação infraconstitucional para se adaptar às mudanças nela elencadas. Uma delas será substituir "ensino fundamental" por educação básica, como ocorreu no inciso I do art. 208 da CF.

[339] Lei nº 11.274, de 06.02.2006, altera a redação dos arts. 29, 30, 32 e 87 da Lei nº 9.394, de 20 de dezembro de 1996, que estabelece as diretrizes e as bases da educação nacional, dispondo sobre a duração de 9 (nove) anos para o ensino fundamental, com matrícula obrigatória a partir dos 6 (seis) anos de idade. DOU: 07.02.2006. Refere-se o limite do ensino básico às crianças de até cinco anos em função da lei que alterou as regras do ensino fundamental, aumentando para nove a duração do ensino fundamental, mas reduzindo a idade de acesso à primeira série para seis anos, e não para sete, como era originalmente.

[340] AI nº 677274/SP: "A educação infantil representa prerrogativa constitucional indisponível que, deferida às crianças, a estas assegura, para efeito de seu desenvolvimento integral, e como primeira etapa do processo de educação básica, o atendimento em creche e o acesso à pré-escola (CF, art. 208, IV). Essa prerrogativa jurídica, em consequência, impõe, ao Estado, por efeito da alta significação social de que se reveste a educação infantil, a obrigação constitucional de criar condições objetivas que possibilitem, de maneira concreta, em favor das 'crianças até 5 (cinco) anos de idade' (CF, art. 208, IV), o efetivo acesso e atendimento em creches e unidades de pré-escola, sob pena de configurar-se inaceitável omissão governamental, apta a frustrar, injustamente, por inércia, o integral adimplemento, pelo Poder Público, de prestação estatal que lhe impôs o próprio texto da Constituição Federal". Informativo nº 520 do STF.

e tal privilégio encontra respaldo não somente na esfera jurídico-constitucional e jurisprudencial, mas também no campo da psicologia e da pedagogia. A imprescindibilidade da educação infantil, segundo estudos realizados, indicam que as crianças que frequentam creches e pré-escolas apresentam condições infinitamente superiores de ingressarem na primeira série do ensino fundamental do que aqueles que não cursaram.

A proteção à infância é um dos direitos sociais elencados no art. 6º da CF, e reforça a sua importância e a fundamentalidade desse direito. Esta é a primeira etapa da educação básica, na qual se estabelecem as bases da personalidade humana, da inteligência, da vida emocional e da socialização. As primeiras experiências da vida, cognitivas e não cognitivas, são as que marcam mais profundamente a pessoa, quando positivas, tendem a reforçar, ao longo da vida, as atitudes de autoconfiança, de cooperação, solidariedade e responsabilidade. As ciências que se debruçaram sobre a criança nos últimos anos, investigando como se processa o seu desenvolvimento, coincidem em afirmar a importância dos primeiros anos de vida para o desenvolvimento das habilidades e competências, assim como aprendizagem posteriores. Essas pesquisas têm oferecido suporte para justificar a formulação de políticas públicas voltadas ao atendimento das crianças a partir do nascimento. A pedagogia vem acumulando considerável experiência e reflexão sobre a sua prática nesse campo e definindo os procedimentos mais adequados para oferecer às crianças interessantes, desafiantes e enriquecedoras oportunidades de desenvolvimento e aprendizagem.

A educação infantil inaugura a educação da pessoa, pois representa a primeira etapa desse processo que se dá na família, na comunidade e nas instituições públicas e privadas. As instituições de educação infantil vêm se tornando cada vez mais necessárias como complementares à ação da família, o que já foi afirmado por um dos mais relevantes documentos internacionais sobre educação deste século, a Declaração Mundial de Educação para Todos.[341]

Considera-se, no âmbito internacional, que a educação infantil terá um papel cada vez maior na formação integral da pessoa, no desenvolvimento de sua capacidade de aprendizagem e na elevação do seu nível de inteligência, mesmo porque inteligência não é herdada geneticamente nem transmitida pelo ensino, mas construída pela pessoa,

---

[341] UNESCO. Disponível em: <http://unesdoc.unesco.org/images/0008/000862/086291por.pdf>. Acesso em: 2 dez. 2010.

a partir do nascimento, na interação social mediante a ação sobre os objetos, as circunstâncias e os fatos. Por isso, no mundo inteiro, esse segmento da educação cresce significativamente e vem sendo recomendado por organismos e conferências internacionais. Avaliações longitudinais, mesmo que ainda em pequeno número, indicam os efeitos positivos da ação educacional nos primeiros anos de vida, em instituições específicas ou em programas de atenção educativa, quer sobre a vida acadêmica posterior, quer sobre outros aspectos da vida social. Há bastante segurança em afirmar que o investimento em educação infantil obtém uma taxa de retorno econômico superior a qualquer outro.[342]

Em sintonia com este movimento pela valorização da educação infantil, na área das ciências econômicas, diversos estudos confirmam que os investimentos em capital humano[343] nas fases iniciais da vida geram maiores resultados do que os investimentos tardios, visto que declinam exponencialmente durante o ciclo da vida, sendo mais alto nos primeiros anos. Segundo James Heckman,[344] quanto mais cedo for realizado o investimento, maior será o tempo disponível para a sua recuperação, sendo importante considerar o fato de alguns insumos terem baixos retornos quando utilizados tardiamente. Ainda que existam potenciais complementaridades entre os investimentos nas diversas idades, os da primeira infância alimentam definitivamente os posteriores. Heckman dedica-se atualmente a estudar os efeitos dos estímulos educacionais, oferecidos às crianças nos primeiros anos de vida, na escola e na própria família. A ele se deve a criação de uma série de métodos precisos para avaliar o sucesso de programas sociais e de educação. Sua pesquisa é multidisciplinar, avalia os fatores próprios do sistema educacional, assim como os fatores externos que têm influência direta para a efetividade do direito à educação, e conclui que, quanto antes os estímulos vierem, mais chances a criança terá de se tornar um adulto bem-sucedido, fato que se reflete diretamente na economia do país.

---

[342] BRASIL. *Plano Nacional de Educação – PNE*. Ministério da Educação. Brasília: INEP, 2001. Disponível em: <http://portal.mec.gov.br/arquivos/pdf/pne.pdf>. Acesso em: 10 nov. 2010.

[343] Por investimento em capital humano, segundo o IPEA, significa toda e qualquer ação capaz de transformar as pessoas, quer aumentando a sua produtividade em atividades econômicas ou não econômicas, quer transformando a capacidade organizacional destas pessoas (INSTITUTO DE PESQUISA APLICADA (IPEA). *Brasil em desenvolvimento*: Estado, planejamento e políticas públicas. Determinantes do Desenvolvimento na Primeira Infância no Brasil. Brasília: IPEA, 2009. v. 3, p. 672).

[344] HECKMAN, James; RUBINSTEIN, Yona. *The Importance of Noncognitive Skills*: Lessons from the ged Testing Program. Disponível em: <http://www.econpol.unisi.it/bowles/Institutions%20of%20capitalism/heckman%20on%20ged.pdf>. Acesso em: 24 jan. 2010.

Em seus estudos, o pesquisador enfatiza que não há política pública mais eficaz do que investir na educação de crianças nos primeiros anos de vida por razões econômicas, já que as suas investigações têm comprovado que a educação é crucial para o avanço e o desenvolvimento sustentável de um país. Por esta razão, defende que, quanto antes a educação chegar às pessoas, maior será o seu efeito na economia e na redução das desigualdades sociais, somado ao fato de que o seu custo será menor para toda a sociedade. Por meio de suas análises, interligando dados econômicos, sociais, psicológicos e pedagógicos, concluiu que tentar sedimentar em um adolescente o tipo de conhecimento que deveria ter sido apresentado a ele 10 anos antes sai algo como 60% mais caro. Argumenta que nem sempre o aprendizado tardio é tão eficiente, referindo-se a um conjunto de capacidades que deveriam ser lapidadas em todas as crianças desde os três e quatro anos de vida, que não são apenas as habilidades cognitivas convencionais. É nessa fase em que elas devem começar a desenvolver as habilidades cognitivas e não cognitivas, como o raciocínio, a perseverança, a paciência, entre outras. As experiências dos três primeiros anos de vida têm força singular no desenvolvimento do cérebro humano. O pouco estímulo nesta fase inicial da vida impede a formação de neuronais, comprometendo a capacidade de aprender a falar, ler, cantar, tocar instrumentos e dominar outro idioma, enfim, prejudicam o desenvolvimento da criança como um todo.

As evidências científicas, referidas por Heckman, demonstram que estes dois tipos de habilidades, bem desenvolvidas desde cedo, têm enorme influência sobre o sucesso de uma pessoa na vida. No primeiro grupo, situam-se as capacidades cognitivas, aquelas relacionadas ao QI. Por capacidades cognitivas, entenda-se algo abrangente, como conseguir enxergar o mundo de forma mais abstrata e lógica. Em um outro grupo, igualmente relevante, estão as habilidades não cognitivas, relacionadas ao autocontrole, à motivação e ao comportamento social, que devem ser estimuladas já no começo da vida. O autor descobriu que as habilidades não cognitivas estão diretamente relacionadas ao desempenho dos alunos na escola e, mais tarde, no próprio mundo do trabalho. Esses efeitos ocorrem porque as crianças começam a ter contato com elementos, como letras, figuras e números, que irão utilizar durante a vida escolar, mesmo que não haja ainda um processo formal de alfabetização. Há também atividades de coordenação motora, por meio de brincadeiras, desenhos que estimulam a motricidade fina entre outras habilidades. Somados a tais estímulos, há o desenvolvimento de convivência social, a importância de desenvolver os relacionamentos

Capítulo 4
A Educação Básica no Brasil | 151

com os colegas, aprendendo a compartilhar brinquedos, a interagir, a receber limites, etc. A ausência de bons incentivos na primeira infância está associada a uma série de indicadores ruins,[345] como a repetência, a evasão escolar e a gravidez na adolescência, o que representa um custo enorme à pessoa e à sociedade. É nesta fase que se estabelece o primeiro nível de reconhecimento, referido por Honneth, com base nos estudos de Winnicott. Segundo o autor, a criança terá condições de desenvolver uma relação positiva consigo mesma quando experimenta a confiança no cuidado paciencioso e duradouro da mãe (ou cuidador). Esse desenvolvimento primário da capacidade de autoconfiança servirá como a base das relações sociais entre adultos e é responsável não só pelo desenvolvimento do autorrespeito, mas também pela base de autonomia necessária para a participação na vida pública.[346]

A educação infantil é um direito de toda criança e uma obrigação do Estado (art. 208, IV, da Constituição Federal). A criança de zero a três anos não está obrigada[347] a frequentar uma instituição de educação infantil, mas sempre que sua família deseje ou necessite, o poder público tem o dever de atendê-la. Em vista desse direito e dos efeitos positivos da educação infantil sobre o desenvolvimento e a aprendizagem das crianças, já constatados em muitas pesquisas, o atendimento de qualquer criança em um estabelecimento de educação infantil é uma estratégia eficaz de desenvolvimento humano, de formação da inteligência e da personalidade, com reflexos positivos sobre todo o processo de aprendizagem posterior.

Essas conclusões estão em sintonia com várias outras. Conforme levantado no relatório do Banco Mundial, "Brazil Early Child Development: A Focus on the Impact of Preschools" (2001), vários estudos sobre experiências internacionais trazem evidências de que os

---

[345] HECKMAN, James; LAYNE-FARRAR, Anne; TODD, Petra. Does Measured School Quality Really Matter? An Examination of the Earnings-Quality Relationship. *In*: BURTLESS, G. (Ed.). *Does Money Matter? The Effect of School Resources on Student Achievement and Adults Success*. Washington, DC: Brooking Institution Press, 1996. p. 192-289. Segundo a pesquisa desenvolvida por Heckman, "uma criança de 8 anos que recebeu estímulos cognitivos aos 3 anos conta com um vocabulário de cerca de 12.000 palavras — o triplo do de um aluno sem a mesma base precoce. E a tendência é que essa diferença se agrave. Faz sentido. Haverá uma grande diferença no desenvolvimento de cada uma dessas crianças. Como esperar que alguém que domine tão poucas palavras consiga aprender as estruturas mais complexas de uma língua, necessárias para o aprendizado de qualquer disciplina? Por isso, as lacunas da primeira infância atrapalham tanto. Sempre as comparo aos alicerces de um prédio. Se a base for ruim, o edifício desmoronará".

[346] HONNETH, Axel. *Luta por reconhecimento*. Tradução de Repa Luiz. São Paulo: Ed. 34, 2003. p. 168.

[347] Cabe lembrar que a obrigatoriedade estabelecida pela EC nº 59/09 é dos quatro aos 17 anos.

cuidados na primeira infância são fatores relevantes na determinação de melhores condições de nutrição e saúde; melhor desempenho em testes de inteligência; maior taxa de rendimento escolar; menor taxa de repetência; menor taxa de evasão; e, ainda, maior participação das mulheres na força de trabalho. Desse mesmo relatório, constam estimações, para dados do Brasil, do impacto da pré-escola sobre o desempenho escolar, participação no mundo do trabalho e saúde. Os resultados significativos encontrados são de efeito positivo sobre a escolaridade média, a redução de repetência, o aumento da probabilidade de conclusão das etapas de ensino, bem como do rendimento futuro dos homens.[348]

Pesquisas nacionais reforçam essa tese, pois apontam que crianças que cursam o ensino infantil têm desempenho melhor nos anos posteriores na escola. Além disso, têm mais chances de completar os ensinos fundamental e médio em relação àquelas que entram direto na primeira série. Pesquisa de Naercio Menezes Filho[349] demonstra que os alunos que fizeram pré-escola têm um desempenho melhor em todas as séries, se comparados àqueles que ingressaram na primeira série. Para o autor, a prioridade das políticas públicas educacionais deve ser a educação infantil, pois muitos estudos mostram que as ações dão maior retorno quando focadas nas crianças pequenas.

Já no trabalho das pesquisadoras Fabiana de Felício e Ligia Vasconcelos,[350] verificou-se que as notas dos alunos de quarta série poderiam aumentar 11% se todas elas tivessem feito o ensino infantil. A pesquisa traz algumas simulações que mostraram que seria possível elevar em mais de 11% a proficiência se 100% das crianças frequentassem a educação infantil. Os resultados encontrados evidenciam que ingressar na escola antes da primeira série tem efeito significativo sobre o desempenho na avaliação, visto que confirmam a existência de uma relação de causalidade entre a frequência à educação infantil e os resultados escolares, por essa razão são informações que podem subsidiar políticas educacionais. Esses dados se confirmam a partir do relatório do SAEB de 2003, cujas conclusões demonstram que alunos cursando a pré-escola começam a ser alfabetizados antes do ensino

---

[348] BANCO MUNDIAL. Brazil Early Child Development: a Focus on the Impact of Preschools. *Relatório No. 22851-BR*, set. 2001.

[349] Naercio Menezes Filho. Professor do IBMEC, Diretor de Pesquisas do *Instituto Futuro Brasil* e um dos conselheiros do EDUCAR PARA CRESCER. Disponível em: <http://naercio. insper.org.br/index.php/artigos/>. Acesso em: 10 nov. 2010.

[350] Fabiana Felício e Lígia Vasconcellos do Instituto Nacional de Estudo e Pesquisas Educacionais 'Anísio Teixeira'. Ministério da Educação. Disponível em: <http://www.anpec.org. br/encontro2007/artigos/A07A093.pdf>. Acesso em: 10 nov. 2010.

fundamental, por essa razão apresentam maiores médias de proficiência na avaliação, corroborando a visão amplamente difundida da influência positiva da educação pré-escolar na progressão da criança no ensino básico. Dessa forma, pelos dados apresentados, alunos da 4ª série que fizeram a pré-escola atingiram uma média de 171 pontos na avaliação em leitura. Já os que não tiveram essa oportunidade atingem a média de 151, 20 pontos a menos.[351]

Como ficou demonstrado, é praticamente consenso entre educadores, especialistas e cientistas que os primeiros anos de vida são os mais importantes para o aprendizado humano. Para Marcelo Néri,[352] o ensino em creches e pré-escolas deveria ser a prioridade das políticas públicas do país. "As chances de uma criança que teve uma boa educação na primeira infância ser bem sucedida na vida adulta são bem maiores", explica. O autor faz questão de lembrar que não basta oferecer vagas para todos, também é preciso garantir a qualidade de atendimento destas instituições.[353]

A expansão do atendimento e o aumento do investimento em educação infantil no mundo refletem a preocupação com esta etapa da vida, na qual é considerada, conforme estudos médicos e mais recentemente econométricos, uma fase fundamental do desenvolvimento da criança e que pode ser decisivo para seu futuro.[354] Os estudos nas áreas de neurociência, psicologia, cognição e educação demonstraram a importância da atenção especial que deve ser promovida nos primeiros anos de vida.

No Brasil, essa tendência não é diferente. Por conta das conclusões desses estudos que mostram os ganhos com o ensino infantil, o Ministério da Educação encaminhou ao Congresso um projeto que reforça a obrigatoriedade da oferta de vagas nessa etapa e prevê financiamento para a expansão das matrículas. A proposta prevê um

---

[351] Relatório Boa Escola: evidências do SAEB. Disponível em: <http://www.inep.gov.br/download/saeb/2004/resultados/Brasil.pdf>. Acesso em: 25 out. 2009.

[352] O professor Marcelo Neri é chefe do Centro de Políticas Sociais da Fundação Getulio Vargas (FGV) do Rio de Janeiro. Disponível em: <www.sbp.com.br/show_item2.cfm?id_categoria...–>. Acesso em: 24 out. 2010.

[353] O autor alerta que o oferecimento de vagas tem que estar associado à qualidade de atendimento e alerta que "No Nordeste, há mais oferta de vagas em creches do que no resto do país, mas isso não significa que a situação lá seja melhor. Muitos destes estabelecimentos não têm planejamento e infraestrutura adequados, e acabam funcionando como verdadeiros depósitos de crianças" (Marcelo Neri. Disponível em: <www.sbp.com.br/show_item2.cfm?id_categoria...>. Acesso em: 24 out. 2010).

[354] BRASIL. Disponível em: <http://www.anpec.org.br/encontro2007/artigos/A07A093.pdf>. Acesso em: 24 nov. 2010.

período de sete anos para que os Municípios incluam todas as crianças na pré-escola. Além disso, trabalha-se para incentivar o aumento de oferta de vagas na creche e na pré-escola, assim como para elevar o ingresso na escola das crianças em idade entre zero e cinco anos.

De acordo com os dados da PNAD 3, entre 1999 e 2004, a taxa de atendimento das crianças de zero a três anos (creche) cresceu de 9,2, para 13,4% (aumento de 46%) e, em 2006, passou a 15,5%. Regionalmente, a frequência à creche variou de 19,2%, no Sudeste, para 8,0%, no Norte.[355] No caso das crianças de quatro a seis anos (pré-escola), a cobertura passou de 60, para 71%[356] (aumento de 18%, em 2004), e para 76%, em 2006. Mesmo assim, na faixa entre quatro e seis anos, cerca de 24% das crianças estavam fora do sistema escolar, enquanto na faixa de zero a três anos, eram 84,5%, em 2006.

Segundo dados divulgados na Conferência Nacional de Educação em 2010 (CONAE), em relação à educação infantil, as metas do PNE, Plano Nacional de Educação, vigente de 2001 a 2010, não foram atingidas.[357] O maior déficit é em relação às crianças de zero a três anos: 84,5% não têm atendimento em creches e menos de 78,6% das crianças de quatro e cinco anos estão matriculadas na pré-escola.

A radiografia da educação infantil no Rio Grande do Sul,[358] elaborada pelo TCE RS, concluiu que o estado tem um dos piores desempenhos do país neste nível educacional. Conforme o levantamento, mais de 141 Municípios não ofereciam matrículas em creche, deixando sem atendimento educacional as crianças de zero a três anos. O vice-presidente do TCE RS, Conselheiro Cezar Miola, enfatiza que:

> o objetivo é analisar a situação em pelo menos 65 Municípios, os quais representam um universo de aproximadamente 75% da demanda do Estado nessa área. Com isso, além de recomendações e até determinações

---

[355] HADDAD, Sérgio. *Educação e exclusão no Brasil.* Ação Educativa. 2007. p. 25. "Por grupos de idade, percebeu-se que a proporção de crianças de 0 a 3 anos que freqüentava creche em 2006 foi estimada em 15,5%, superior à de 2004 (13,4%). Regionalmente, a freqüência à creche variou de 19,2% no Sudeste para 8,0% no Norte. O maior incremento na taxa de escolarização, entre 2004 e 2006, foi observado para as crianças em idade de cursar o pré-escolar (4 a 6 anos), de 70,5% para 76%" (Disponível em: <http://www.bdae.org.br/dspace/bitstream/123456789/1/educacao_exclusao_bra-sil1.pdf>. Acesso em: 3 jan. 2010).

[356] INSTITUTO BRASILEIRO DE GEOGRAFIA E ESTATÍSTICA – IBGE. Disponível em: <http://www.ibge.gov.br/ibgeteen/pesquisas/educacao.html>. Acesso em: 10 nov. 2010.

[357] CONAE. A maioria das metas do PNE não foram atingidas, como a erradicação do analfabetismo, assegurar a EJA para 50% da população que não cursou o ensino regular e reduzir em 50% a repetência e o abandono. Disponível em: <conae.mec.gov.br>. Acesso em: 5 dez. 2010.

[358] RADIOGRAFIA da educação infantil no Rio Grande do Sul. Disponível em: <www2.tce.rs.gov.br/portal/.../981A277E7A234930E04010AC3C02613B>. Acesso em: 10 nov. 2010.

por parte do Tribunal, os administradores poderão contar com um diagnóstico da realidade local, ensejando a adoção de medidas voltadas à criação de novas vagas e de condições adequadas de atendimento nas escolas infantis. a Somente com o FUNDEB passou-se a contar com uma fonte específica de financiamento para a educação infantil, haja vista que o extinto FUNDEF só contemplava o ensino fundamental. Além disso, historicamente a educação infantil era vista apenas como uma ação assistencial, sem caráter educativo. Nesse sentido, em 1996, a Lei de Diretrizes e Bases da Educação veio a dar novo tratamento à matéria. E a Constituição é muito clara ao dizer que é dever da família, da sociedade e do Estado assegurar o direito à educação 'com absoluta prioridade'.

Ciente do déficit de vagas para esta faixa etária, a Prefeitura de São Paulo prepara um pacote de novas escolas. Estão previstas 142 novas unidades de pré-escola (em 2009, existiam 460 unidades no município de São Paulo) a serem entregues até 2011.[359]

A EC nº 59/09 foi a medida legislativa que universalizou a educação básica no Brasil, reduzindo a idade obrigatória para ingresso na escola para os quatro anos de idade.[360] A partir dessa alteração, o acesso à pré-escola passa a ser obrigatório e gratuito, ou seja, toda criança a partir dos quatro anos de idade deverá estar matriculada no sistema educacional. A redação anterior do inciso I do art. 208 estabelecia a obrigatoriedade do ensino a partir dos sete anos, restringindo-se ao ensino fundamental. Recentemente, foi aumentado em um ano o tempo mínimo para conclusão do ensino fundamental (passando de oito para nove anos).[361] A obrigatoriedade da matrícula escolar implica a responsabilidade conjunta: dos pais ou responsáveis, pela matrícula e permanência dos filhos na escola pública ou privada; do Estado, pela garantia de vagas nas escolas públicas; da sociedade, por fazer valer a própria obrigatoriedade e o controle social deste dever da família e do Estado.

---

[359] PREFEITURA MUNICIPAL DE SÃO PAULO. Disponível em: <http://portalsme.prefeitura. sp.gov.br/Anonimo/EdInf/apresentacao.aspx?MenuID=3&MenuIDAberto=88>. Acesso em: 10 nov. 2010.

[360] Art. 1º Os incisos I e VII do art. 208 da Constituição Federal passam a vigorar com as seguintes alterações: "Art. 208. I – *educação básica* obrigatória e gratuita dos *4 (quatro) aos 17 (dezessete) anos de idade,* assegurada inclusive sua oferta gratuita para todos os que a ela não tiveram acesso na idade própria"; (NR) redação anterior:
"I – ensino fundamental, obrigatório e gratuito, assegurada, inclusive, a sua oferta gratuita para todos os que a ele não tiveram acesso na idade própria;" (EC nº 11/96).

[361] "Art. 32. O ensino fundamental obrigatório, com duração de 9 (nove) anos, gratuito na escola pública, iniciando-se aos 6 (seis) anos de idade, terá por objetivo a formação básica do cidadão, mediante:" (Redação dada pela Lei nº 11.274, de 2006. <http://www.planalto. gov.br/ccivil_03/LEIS/L9394.htm#art32>).

Todas essas medidas são um passo importante para compensar o déficit brasileiro no ensino infantil — o desafio, portanto, será a materialização das medidas legislativas.

Para a efetividade do direito à educação, o aumento das dotações orçamentárias é um dos fatores imprescindíveis. Sem dúvida, a criação do FUNDEB (Fundo de Valorização do Magistério e Manutenção da Educação Básica),[362] em 2007, ampliou a aplicação dos recursos para toda a educação básica, garantindo maior dotação orçamentária para a educação infantil. Por meio deste fundo especial, garantiu-se um valor mínimo, dentro de cada Estado, de recursos para cada criança matriculada na educação infantil.[363] A partir da edição da EC nº 59, mais recursos para a educação passaram a estar garantidos formalmente.

Embora um movimento mais efetivo do poder público para garantir e expandir o atendimento público à educação infantil[364] esteja iniciando, e esta seja considerada o principal estágio da aprendizagem por muitos especialistas, o ensino, na primeira infância, ainda não é a maior prioridade das políticas públicas educacionais no país. Como foi referido, o ensino superior ainda representa o maior investimento dos recursos públicos em educação.[365]

A partir das várias pesquisas que mostram que os primeiros anos de vida são os mais importantes para o aprendizado, espera-se que haja ações mais sistemáticas, tendo a educação infantil como um dos objetos principais da política educacional nacional. A finalidade disso

---

[362] O Fundo de Manutenção e Desenvolvimento da Educação Básica e de Valorização dos Profissionais da Educação (FUNDEB) foi criado pela Emenda Constitucional nº 53/2006 e regulamentado pela Lei nº 11.494/2007 e pelo Decreto nº 6.253/2007, em substituição ao Fundo de Manutenção e Desenvolvimento do Ensino Fundamental e de Valorização do Magistério (FUNDEF), que vigorou de 1998 a 2006. Vinculado ao financiamento do ensino fundamental (BRASIL. <http://www.fnde.gov.br/home/index.jsp?arquivo=fundeb.html>. Acesso em: 14 nov. 2010).

[363] O FUNDEB substituiu o FUNDEF, ampliando a sua aplicação para a educação básica. Trata-se de um fundo especial, de natureza contábil e de âmbito estadual (um fundo por Estado e Distrito Federal, em um total de 27 fundos), formado por parcela financeira de recursos federais e por recursos provenientes dos impostos e das transferências dos Estados, Distrito Federal e Municípios, vinculados à educação por força do disposto no art. 212 da Constituição Federal. Independentemente da origem, todo o recurso gerado é redistribuído para aplicação exclusiva na educação básica, isto é, na educação infantil, no ensino fundamental e no ensino médio.

[364] Se a tendência, observada nos últimos cinco anos se mantiver constante, no ano de 2014 (dez anos após o último dado observado), o atendimento da pré-escola será de 89,5%, mas o da creche ainda será de 15%, o que é muito baixo, se considerarmos que frequentar a escola neste período pode ser importante no desenvolvimento futuro das crianças. Fonte: Dados PNAD e CENSO 2000 – IBGE, Tabulação e Projeção Inep/MEC.

[365] BRASIL. Disponível em: <http://portal.mec.gov.br/index.php?option=com_content&view=article&id=9326&catid=212>. Acesso em: 13 jan. 2010.

é tentar reverter a atual realidade, eis que, conforme dados do IBGE,[366] pelo menos 30% das mulheres brasileiras com filhos de zero a seis anos não conseguem vagas em escolas públicas para as suas crianças. A situação é ainda pior para as mães que dependem de vagas em creches. Entretanto, os dados oficiais não revelam a gravidade do problema, pois a demanda real por vagas em creches é ainda maior. Muitas pessoas ficam de fora desses levantamentos, em função de não se cadastrarem nas listas de espera por vagas. Embora não seja obrigatório matricular as crianças de até três anos, a vaga nas creches é um direito previsto na Lei de Diretrizes e Bases (LDB).[367] Segundo essa legislação, é dever dos Municípios, com ajuda dos Estados, garantir creches e pré-escolas públicas para todas as crianças. Mas, na prática, a falta de vagas nessas instituições de todo o país é bem maior. Um estudo de Sergio Haddad[368] revela que menos da metade das 23 milhões das crianças de zero a seis anos frequentam creches e/ou pré-escolas.

Dessa forma, essa prerrogativa jurídica impõe ao Estado a obrigação constitucional de criar condições objetivas que possibilitem o efetivo acesso e atendimento em creches e unidades de pré-escola, por força constitucional, sob pena de configurar-se omissão estatal. O princípio constitucional da prioridade absoluta de assegurar à criança e ao adolescente os direitos arrolados no art. 227 da CF tem caráter cogente e vinculante. Sendo assim, dele decorre um dever de prestação positiva por parte do Estado em assegurar a fruição do direito à educação, sob pena de incorrer em grave omissão. Os efeitos causados pela falta de acesso à educação de qualidade às crianças em sua primeira infância se perpetuam para toda a vida e prejudicam o desenvolvimento das habilidades cognitivas e não cognitivas. Esses efeitos podem até ser

---

[366] IBGE. Disponível em: <http://www.ibge.gov.br/ibgeteen/pesquisas/educacao.html>. Acesso em: 13 jan. 2010.

[367] *Lei de Diretrizes e Bases (LDB)*.

[368] Segundo a pesquisa do autor, o grande problema em relação ao acesso à educação infantil está na natureza das instituições que oferecem este serviço. A rede pública atende apenas 26,8% do total de crianças de 0 a 6 anos no país. Somado à rede privada, o percentual sobe para 37,7%. Já na pré-escola, as instituições privadas correspondem a 25,8%. Porém, o número de crianças de 4 a 6 anos, matriculadas na pré-escola, subiu de 44,4% para 55% entre 1999 e 2004 (este aumento ocorreu principalmente nas regiões Norte e Nordeste). No país, são 101.650 pré-escolas e 30.266 creches, sendo que 47,1% das pré-escolas estão no Nordeste e 44,3% das creches no Sudeste. A expansão, verificada nas matrículas de pré-escola, mostra-se sólida e constante. As regiões Sudeste e Nordeste apresentam números expressivos (HADDAD, Sérgio. *Educação e exclusão no Brasil*. Ação Educativa. 2007. p. 24. Disponível em: <http://www.bdae.org.br/dspace/bitstream/123456789/2299/1/educacao_exclusao_brasil1.pdf>. Acesso em: 20 jan. 2010).

mitigados se a criança tiver acesso à educação em outra fase, mas as consequências dessa omissão permanecerão.[369]

Em relação à efetiva garantia de vagas no sistema educacional oficial e na falta deles em escolas particulares, a fundamentalidade está inserida no inciso IV do artigo 208 da CF, que garante o atendimento em creche e pré-escola às crianças de zero a cinco anos, cuja competência para satisfação desse direito caberá ao Município. A já referida alteração do texto constitucional, trazida pela EC nº 59, reforça esta fundamentalidade ao ampliar a obrigatoriedade e gratuidade às crianças de quatro anos. Porém, na prática, as crianças, nesta faixa etária, não gozam dessa garantia, sendo recorrente a omissão dos Municípios em criar as condições materiais e objetivas que possibilitem o seu acesso em creches[370] ou pré-escolas.

Para corrigir essa omissão, conforme já referido, reconhecer como direito subjetivo público o acesso ao ensino infantil às crianças até cinco anos de idade tem sido a posição majoritária da jurisprudência pátria, reforçada por recentes decisões do STF.[371] O reconhecimento pretoriano do STF fundamenta-se, ao firmar entendimento de que a educação básica, obrigatória e gratuita, constitui-se em direito universal, econômico e social, reiterado pela Constituição Federal, pelas

---

[369] Em recente decisão, o Min. Celso de Melo observa que: "É preciso assinalar, neste ponto, por relevante, que a proteção aos direitos da criança e do adolescente (CF, art. 227, 'caput') — qualifica-se como um dos direitos sociais mais expressivos, subsumindo-se à noção dos direitos de segunda geração (RTJ 164/158-161), cujo adimplemento impõe, ao Poder Público (RE 482.611 / SC,) a satisfação de um dever de prestação positiva, consistente num 'facere', pois o Estado dele só se desincumbirá criando condições objetivas que viabilizem, em favor dessas mesmas crianças e adolescentes, [...] com absoluta prioridade, o direito à vida, à saúde, à alimentação, à educação, ao lazer, à profissionalização, à cultura, à dignidade, ao respeito, à liberdade e à convivência familiar e comunitária, além de colocá-los a salvo de toda forma de negligência, discriminação, exploração, violência, crueldade e opressão" (RE nº 482.611/SC).

[370] "Estudo da Campanha Nacional pelo Direito à Educação mostra que, para cumprir as metas do PNE, seria preciso um aumento de 474% das vagas das creches e 63% da pré-escola. Além disso, o gasto público com creches teria que aumentar 1.088%, de acordo com o Censo da Educação Infantil realizado pelo INEP em 2004" (*Ibidem*, p. 27).

[371] Em recente decisão, no pedido de Suspensão, antecipada de tutela formulada pelo governo fluminense na STA nº 241, o Presidente do STF, o Ministro Gilmar Mendes, recordou, também, que a liminar impugnada está em consonância com a jurisprudência do STF que "firmou entendimento, em casos como o presente, de que se impõe ao Estado a obrigação constitucional de criar condições objetivas que possibilitem, de maneira concreta, a efetiva proteção de direitos constitucionalmente assegurados, com alta prioridade, tais como: o direito à educação infantil e os direitos da criança e do adolescente". Citou as precedentes decisões da Segunda Turma do STF no Agravo de Instrumento (AI) nº 677274/SP, relatado pelo ministro Celso de Mello; da Primeira Turma no AI nº 474444/SP, tendo como relator o Ministro Marco Aurélio; e da Segunda Turma, no Agravo de Instrumento no Recurso Extraordinário (RE) nº 410715/SP, relatado pelo Ministro Marco Aurélio.

leis infraconstitucionais e tratados internacionais. Constata-se que a obrigação estatal em garantir o acesso à educação infantil a todas as crianças de zero a cinco anos, indistintamente, é inquestionável, tendo em vista a alta significação social de que a educação infantil está revestida. Ressalte-se, todavia, que, a partir da inteligência dos artigos constitucionais mencionados, a posição jurisprudencial majoritária tem reconhecido o dever do Estado para a universalização da educação pública gratuita, dentro ou fora do sistema público educacional, somente em relação à garantia de acesso na educação infantil.[372] Essa posição deverá ser modificada, tendo em vista as recentes alterações no texto constitucional trazidas pela EC nº 59.

Segundo relatório do IPEA, a cada ano nasce mais de 3 milhões de crianças no país, hoje existem quase 20 milhões de crianças com até cinco anos, o que representa cerca de 10% da população brasileira.[373] Um dos principais desafios que o Brasil tem pela frente será ofertar as condições e as oportunidades de que essas crianças necessitam para se desenvolverem plenamente e poderem transitar para longa e produtiva fase adulta de sua escolha, em especial, para aquelas em situação de maior vulnerabilidade.[374] Garantidas as condições mínimas para a sobrevivência, que é ainda um problema nas camadas mais vulneráveis da população, a preocupação direciona-se para a garantia do bom desenvolvimento físico, intelectual e emocional das crianças. Nesse sentido, a Administração Pública deverá empenhar esforços para ampliar a capacidade e melhorar a qualidade das redes públicas de educação básica, priorizando o aumento de oferta de vagas em creches e pré-escolas, pois são os níveis de ensino que apresentam maior defasagem. Para tanto, deve haver uma ação de corresponsabilidade dos entes federados estaduais e municipais, que são os gestores das redes de

---

[372] Cabe ressaltar que o presente trabalho visa a abordar o direito à educação em relação ao ensino básico e público; não será abordado o ensino particular ou superior, sem deixar de reconhecer a sua importância, uma vez que a educação deve ser permanente.

[373] INSTITUTO DE PESQUISA APLICADA (IPEA). *Brasil em desenvolvimento*: Estado, planejamento e políticas públicas. Determinantes do Desenvolvimento na Primeira Infância no Brasil. 2009. v. 3, p. 672.

[374] O pequeno atendimento, assegurado na educação infantil, barra os segmentos mais pobres da população, justamente os que mais se beneficiariam do acesso à escola. Constata-se (IBGE, 2000) que a taxa de atendimento escolar na faixa etária de 0 a 6 anos para famílias com renda *per capita* acima de 5 salários mínimos é quase três vezes maior do que para aquelas famílias sem qualquer rendimento. O resultado deste processo é que, enquanto nas classes mais ricas as crianças chegam à 1ª série do ensino fundamental com uma já longa experiência de escolarização, nos segmentos mais pobres será, muitas vezes, o primeiro contato da criança com o mundo escolar.

educação básica; da União, que tem função supletiva e de coordenação atribuída pela CF; e o engajamento de toda a sociedade.

4.4 Os ensinos fundamental e médio

Constata-se que a universalização do acesso ao ensino fundamental é uma realidade no Brasil, ocorre que pouco mais da metade dos que ingressam na 1ª série desse nível de ensino consegue concluí-lo.[375] Os que transpuseram os obstáculos que dificultam a conclusão da escolarização obrigatória apresentam rendimento escolar aquém do desejado. Conforme o relatório de Monitoramento Global de Educação para Todos 2010,[376] o Brasil está na 88ª posição no *ranking* de desenvolvimento educacional. O relatório ressalta que, apesar dos progressos alcançados na última década com a implantação do FUNDEF e do Programa Brasil Alfabetizado, as políticas de inclusão, associadas às políticas educacionais, terão que ser mais eficientes na obtenção dos resultados propostos, como a erradicação do analfabetismo e a universalização da educação básica.

Considerando o processo de modernização em curso no país e no mundo, o ensino médio tem um importante papel a desempenhar. Tanto nos países desenvolvidos quanto nos que lutam para superar o subdesenvolvimento, a expansão do ensino médio pode ser um poderoso fator de formação para a cidadania e de qualificação profissional, por meio de uma educação emancipadora.

A expansão do ensino médio gera efeitos benéficos no processo educacional, no desenvolvimento humano e tem um forte impacto sobre as perspectivas de crescimento econômico de uma nação. Assim, deve ter o papel de gerar aumentos de produtividade por quatro

---

[375] Diante dos dados apresentados na pesquisa de Haddad, "em função das elevadas taxas de retenção e evasão, de cada 100 alunos que ingressam na educação básica apenas 59 conseguem terminar a 8ª série do ensino fundamental e somente 40 chegam ao final do ensino médio de forma regular. Na maioria dos estados da região Nordeste, o índice de conclusão do ensino fundamental é inferior a 40%. Como conseqüência, para todas as regiões, quanto maior a série, maior a defasagem média dos alunos" (HADDAD, Sérgio. *Educação e exclusão no Brasil*. Ação Educativa. 2007. p. 20. Disponível em: <http://www.bdae. org.br/dspace/bitstream/123456789/2299/1/educacao_exclusao_brasil1.pdf>. Acesso em: 20 jan. 2010).

[376] O Relatório de Monitoramento de Educação para Todos, elaborado anualmente por uma equipe independente e publicado pela UNESCO, avalia os progressos, realizados mundialmente para o alcance dos seis objetivos de Educação para Todos, fixados em 2000, em Dacar, no Senegal, compromisso assumido por mais de 160 países (UNESCO. Disponível em: <http://www.unesco.org/en/efareport/reports/2010-marginalization>. Acesso em: 23 jan. 2010).

mecanismos interligados: o desenvolvimento de competências gerais, como a leitura e a aritmética, indispensável para o funcionamento em uma sociedade moderna, e sabedorias específicas (química, física, etc.), importantes para determinados ramos da atividade econômica; a capacidade de adotar e a adaptar novas tecnologias, essencial para a implantação de métodos produtivos inovadores; maior habilidade em se lidar com situação de desequilíbrio, ou seja, notar uma falha ou uma oportunidade; e, finalmente, a geração de pesquisas que levam à criação de novas tecnologias, que impedem a geração de um processo produtivo obsoleto, para fazer a economia crescer de maneira sustentada.[377] Os países que nas últimas décadas priorizaram a educação como um fator para o desenvolvimento nacional fizeram reformas consistentes em seus sistemas educacionais. Nesses, as taxas de crescimento econômico foram superiores aos países com potencial de crescimento similar, que não deram prioridade à educação e não implantaram políticas públicas educacionais eficientes, capazes de influenciar positivamente no crescimento e na distribuição mais justa das riquezas. Exemplos positivos, como a Coreia do Sul, onde um aluno fica em media 10 horas na escola (no Brasil, a média e de cinco horas), e os professores estão entre os profissionais mais bem remunerados, devem ser seguidos. Antes das reformas educacionais, a Coreia do Sul apresentava indicadores sociais semelhantes aos da África (ver fonte). Podemos citar ainda a Irlanda que, nos anos 80, tinha um índice de desemprego de 14%, em virtude da estagnação econômica, os jovens emigravam em busca de melhores oportunidades. Houve um investimento maciço em educação, ciência e tecnologia, tornando a Irlanda o país da União Europeia com a segunda renda *per capta*, e o índice de desemprego caiu para 4%.[378]

Segundo estudos sobre o impacto da educação para a diminuição da pobreza[379] no Brasil, o efeito mais significativo se dá na

---

[377] IOSCHPE, Gustavo. *A ignorância custa um mundo*: o valor da educação no desenvolvimento do Brasil. São Paulo: W 11: Francis, 2004. p. 209.

[378] GOLDSTEIN, Ilana. *Responsabilidade social*: das grandes corporações ao terceiro setor. São Paulo: Ática, 2007. p. 70.

[379] A autora sustenta que a maneira de definir a pobreza está diretamente ligada à elaboração de estratégias para combatê-la. "Até a década de 70, o enfoque predominante nos estudos sobre pobreza era monetário — medido pela renda e pelo consumo. O PIB era o principal indicador, com a desvantagem de que revelava apenas a média de renda da população, encobrindo as desigualdades. Até hoje, o Banco Mundial considera que a pobreza está presente quando uma pessoas dispõe de menos de US$ 1 por dia para sobreviver. No Brasil, existe o consenso de que a linha da pobreza é definida pela renda inferior a meio salário mínimo mensal, enquanto a linha da indigência, por um quadro de salário mínimo

conclusão do ensino médio, "completar este nível diminui em um terço a probabilidade de estar abaixo da linha da pobreza."[380] Concluiu-se que, pelo simples fato de ter cursado o ensino médio, mesmo sem tê-lo concluído, já resulta em um salário quatro vezes superior àqueles das pessoas com escolaridade de um ano ou menos. Portanto, a educação é importante para a redução das desigualdades sociais e a diminuição da pobreza. Para Gustavo Iochpe, o desempenho da economia do Brasil gerou uma massa de pobreza e índices vergonhosos de desigualdade de renda. Sugere que o Brasil retome, urgentemente, o caminho do desenvolvimento sustentado "e, desta vez, redistributivo". Conforme sua pesquisa, a educação de qualidade tem um papel fundamental neste processo, ajudando tanto no aumento da renda absoluta (de indivíduos e do país, como um todo) quanto na diminuição das desigualdades (dependendo, crucialmente, de uma mudança no modelo de educação).[381]

Em virtude disso, no caso brasileiro, é particularmente preocupante o reduzido acesso ao ensino médio. Este é muito menor que nos demais países latino-americanos em desenvolvimento, embora as estatísticas demonstrem que os concluintes do ensino fundamental começam a chegar à terceira etapa da educação básica em número um pouco maior a cada ano, e, assim, estes pequenos incrementos anuais terão efeito cumulativo. Se essa expansão se confirmar, ao final de

---

mensal. O reflexo dessa abordagem monetarista se faz sentir nas políticas e nos projetos de combate à pobreza, surgidos na década de 70, que se restringem à transferência de recursos financeiros. A partir dos anos 80, variáveis não monetárias foram incorporadas à noção de pobreza, tais como o acesso aos serviços públicos — água potável, energia elétrica, atendimento médico. Nos anos 90, capacidades associativas e culturais passaram a ser levadas em consideração, resultando em um conceito bem mais complexo. O divisor de águas na trajetória do conceito de pobreza foi a teoria de Amartya Sen, Prêmio Nobel de Economia de 1998. A autora afirma que o desenvolvimento de um país está essencialmente ligado às oportunidades que a população tem de fazer escolhas e de exercer cidadania. Isso pressupõe não apenas a garantia dos direitos sociais básicos, como também a liberdade de ser humano, de modo que possa exercer a sua condição de agente de decisão e transformação. O Índice de Desenvolvimento Humano (IDH), adotado em 1992 por 175 países, é uma tentativa de criar um indicador abrangente para medir a pobreza. Ele compreende a longevidade, o grau de instrução e a renda da população numa determinada região." (GOLDSTEIN, Ilana. *Responsabilidade social*: das grandes corporações ao terceiro setor. São Paulo: Ática, 2007. p. 47).

[380] IOSCHPE, Gustavo. *A ignorância custa um mundo*: o valor da educação no desenvolvimento do Brasil. São Paulo: W 11: Francis, 2004. p. 162.

[381] O autor assevera que "a educação brasileira não vem cumprindo nenhuma dessas funções, porque é muito ruim, o que acaba tornando-se muito pouca para pouca gente. A reforma da educação no Brasil é tarefa inadiável e de enorme importância" (IOSCHPE, Gustavo. *A ignorância custa um mundo*: o valor da educação no desenvolvimento do Brasil. São Paulo: W 11: Francis, 2004. p. 166).

alguns anos, resultará em uma mudança nunca antes observada na composição social, econômica, cultural e etária do alunado do ensino médio. Causas externas ao sistema educacional contribuem para que adolescentes e jovens se percam pelos caminhos da escolarização, agravadas por dificuldades da própria organização da escola e do processo ensino-aprendizagem. De acordo com o IBGE, em 1992, somente 59,7% dos jovens frequentavam a escola; em 2008, o percentual subiu para 84,1%, o que pode ser resultado da maior oferta de cursos noturnos e pela exigência do mercado de trabalho. Porém, para o ensino médio, a universalização ainda se encontra distante, pois a queda no percentual de alunos na escola a partir dos 15 anos reflete a elevada evasão escolar ainda presente no país.[382] Os números da repetência, retenção e evasão, apesar da melhoria dos últimos anos, ainda são bastante desfavoráveis.[383]

Por esse motivo, em relação ao ensino médio, o maior desafio a ser enfrentado é o grave problema da evasão escolar, seja por questões socioeconômicas ou pela dificuldade de o alunado acompanhar as aulas.[384] Ao ingressarem no ensino médio, boa parte dos alunos abandona os estudos para trabalhar, muitos por necessidades objetivas e outros porque não veem perspectiva de futuro, visto que este período de estudo não lhes trará qualificação profissional, nem qualidade de ensino suficiente para cursarem o ensino superior. Entretanto, é importante ressaltar que, no Brasil, a distorção idade-série é elevada. Nesse sentido, um determinado percentual de jovens pode declarar estar frequentando a escola, contudo não apresenta um nível de ensino adequado à sua idade. A título de exemplo, segundo o IBGE, somente 50,6% dos adolescentes de 15 a 17 anos frequentavam o ensino médio em

---

[382] IDS – INDICADORES DE DESENVOLVIMENTO SUSTENTÁVEL DO IBGE. INSTITUTO BRASILEIRO DE GEOGRAFIA E ESTATÍSTICA. Brasil 2010. Disponível em: <http://www.ibge.gov.br/home/geociencias/recursosnaturais/ids/ids2010.pdf>. Acesso em: 1º set. 2010.

[383] O autor assevera que "cerca de 16% dos jovens que terminam o ensino fundamental deixam de ingressar no ensino médio. Para esse nível de ensino, a taxa de conclusão dobrou nas últimas décadas de 20% para 40%, e a taxa de retenção é menor que a do ensino fundamental. Porém, dos 60% que ingressam, apenas 47% o fazem antes dos 17 anos. Menos da metade dos jovens do ensino médio concluirão a educação básica antes de atingir a maioridade, quando muitos deixam a escola para ingressar no mercado de trabalho" (HADDAD, Sérgio. *Educação e exclusão no Brasil*. Ação Educativa. 2007. p. 20. Disponível em: <http://www.bdae.org.br/dspace/bitstream/123456789/2299/1/educacao_exclusao_brasil1.pdf>. Acesso em: 20 jan. 2010).

[384] "O atraso escolar é o fator de maior impacto no rendimento dos alunos. Por outro lado, as políticas de correção de fluxo, como a não reprovação dos estudantes ou os programas de aceleração, colaboram, em grande parte, para o insatisfatório desempenho dos alunos, em razão da forma inadequada como foram implantadas" (*Ibidem*, p. 32).

2008, sendo que a taxa de escolarização, para essa faixa etária, alcançava 84,1%. A esse respeito, existe o indicador "taxa de frequência líquida'", também calculado pelo IBGE, que considera a adequação idade-série do sistema educacional brasileiro.[385]

A maioria dos alunos traz deficiências causadas pela má qualidade do ensino fundamental, muitos chegam a esse nível de ensino fora da idade própria e acabam perdendo o interesse. Recente pesquisa conclui que 53% dos jovens de até 19 anos não concluíram o ensino médio em 2008.[386] Esse dado explica por que há sobra de vagas nas universidades públicas e privadas. O número de vagas ociosas nos cursos de universidades federais subiu 117% em apenas um ano. Em 2008, 7.387 vagas, oferecidas nos vestibulares, não foram preenchidas. Ao todo, são 11.759 lugares vagos em universidades públicas estaduais e federais. O dado está no Censo da Educação Superior 2008, divulgado pelo Ministério da Educação, que é a principal radiografia do sistema universitário nacional.[387]

Segundo o relatório do Censo, o atual governo investe R$2 bilhões na ampliação das universidades federais. O número de lugares não ocupados representa a metade das vagas criadas no ano de 2008 (14 mil) pelo programa do Ministério. Conclui-se que as vagas ociosas representam um direcionamento equivocado da atual gestão federal — são, portanto, mais uma demonstração da saturação do mercado do ensino superior brasileiro. O expressivo investimento do MEC para ampliar o número de universidades federais deveria ser repensado, direcionando parte desses recursos para uma política educacional mais voltada à educação básica. Garantir a universalização de acesso e qualidade da educação básica, com uma política pública responsável e solidária, unindo todos os entes da federação a uma força-tarefa pela educação, é a solução mais viável para se resolverem os problemas mais imediatos do sistema educacional brasileiro.

Nesse sentido, como referido, as garantias, contidas em todo o sistema jurídico pátrio, conferidas ao direito fundamental à educação, e o conceito, materialmente aberto, e a aplicação, direta e imediata dos direitos fundamentais constitucionais, por si só, já seriam suficientes

---

[385] IDS – INDICADORES DE DESENVOLVIMENTO SUSTENTÁVEL DO IBGE. INSTITUTO BRASILEIRO DE GEOGRAFIA E ESTATÍSTICA. Brasil 2010. Disponível em: <http://www.ibge.gov.br/home/geociencias/recursosnaturais/ids/ids2010.pdf>. Acesso em: 1º set. 2010.

[386] TDE. Disponível em: <http://www.todospelaeducacao.org.br/Metas.aspx?LocalID=0>. Acesso em: 10 fev. 2010.

[387] INEP. Disponível em: <http://www.inep.gov.br/superior/censosuperior/sinopse/>. Acesso em: 10 fev. 2010.

para garantir a concretização universalizada desse direito, não só em relação ao acesso ao ensino infantil, mas também aos ensinos fundamental e médio. A garantia de acesso e do aprendizado de qualidade forma o núcleo essencial do direito à educação. Constata-se, contudo, que a previsão constitucional dos direitos sociais *stricto sensu* não tem sido suficiente para lhes garantir a concretização, por várias razões: problemas orçamentários, já que dependem de um fazer do Estado; problemas de fundamentalidade formal e material, uma vez que ainda restam controvérsias quanto ao que realmente pode ser considerado integrante da essência do direito fundamental à educação; e problemas de seu alcance, como direito subjetivo público, entre outros.

Assim, conclui-se que a origem constitucional não basta para caracterizar os direitos fundamentais, visto que a Constituição subjetiva outros tipos de situações jurídicas. Revela, desta forma, a fundamentalidade material, traduzida nos fins da pessoa, individualmente considerada, visados pela afetação de os meios serem, em última linha, os da preservação e valorização da dignidade da pessoa humana.[388]

É exatamente isso que se verifica, pois, na prática, o acesso à educação básica é garantido somente em estabelecimentos oficiais e, muitas vezes, de forma precária e insuficiente para promover o efetivo aprendizado. Como foi referido, o princípio da universalização da educação básica não se aplica de forma plena.

---

[388] CORREIA, Sérvulo. *O direito de manifestação*: âmbito de proteção e restrições. Coimbra: Almedina, 2006. p. 49.

Capítulo 5

Omissão Educacional

Sumário: 5.1 A inoperância do Estado – **5.2** A realidade brasileira – **5.3** O direito fundamental à boa administração pública como instrumento contra a inoperância do Estado – **5.4** A gestão pública compartilhada no Estado Constitucional

5.1 A inoperância do Estado

O conceito materialmente aberto dos direitos fundamentais, constitucionalmente consagrados, e a sua aplicação direta e imediata contemplam uma nova dimensão ao sentido do direito, que migra de uma supremacia meramente formal para uma dimensão material, com a finalidade da concretização dos bens jurídicos e dos interesses tutelados.[389] Dessa forma, o direito assume uma função promocional, eis que deixa de ser mera estrutura, para assumir-se funcionalmente.

O Estado Constitucional caracteriza-se pela passagem da legalidade para a juridicidade, que amplia a abrangência de aplicação das normas para além da mera aplicação da lei.[390] No Estado Constitucional dos direitos sociais,[391] cuja legitimidade se fez paradigma dos

---

[389] SARLET, Ingo Wolfgang. *A eficácia dos direitos fundamentais*. 10. ed. rev. atual. e ampl. Porto Alegre: Livraria do Advogado, 2009. p. 351.

[390] COSTA, Denise Souza. A omissão da administração pública para a concretização do direito fundamental à educação. *Revista do Curso de Direito da FSG*, Caxias do Sul, ano 4, n. 8, p. 79, jul./dez. 2010.

[391] O referido Estado Constitucional dos direitos sociais corresponde ao chamado "Estado Constitucional dos direitos fundamentais", referido por Paulo Bonavides, que se caracteriza pela forma mais "inovadora" de Estado, que é o Estado Social. "O vendaval político-doutrinário que açoitava o Estado constitucional do Liberalismo acabou por convelir os alicerces do Estado de Direito de inspiração individualista e burguês. Despontou, então, a proposta de um modelo de Estado constitucional em que o teor social das instituições se tornava a nota mais predominante de sua caracterização. A passagem do antigo ao novo Estado marcava, por igual, o começo de uma época constitucional, derivada da ruptura dos princípios de legalidade e da legitimidade que andaram conjuntos numa bem-sucedida

Estatutos Fundamentais,[392] a Administração Pública passa a ser responsável, pela força constitucional, por promover, garantir e proteger os direitos fundamentais, como ente a serviço dos cidadãos, exercendo as suas atividades em obediência aos limites, impostos pela ordem constitucional e pelo sistema de normas vigentes.

Os direitos sociais, em sua dimensão prestacional, dependem da atuação positiva da Administração Pública em vários sentidos, criando as políticas públicas, gerindo os recursos a elas destinados e medindo os resultados obtidos. Para cumprir as suas atividades jurídicas e sociais, o Estado necessita exercê-las através de seus agentes públicos. A ação da Administração Pública, como ação do Estado, traduz-se em atos de seus funcionários que, no desenvolvimento das suas funções, podem causar dano ao patrimônio de terceiros.[393] Nesse caso, o Estado responderá por esses danos, visto ser responsável pelas atividades exercidas em seu nome.[394] Essa afirmação só pode ser aceita por estarmos diante de um Estado Democrático de Direito, em que as normas são válidas para todos, dentro de um sistema aberto de princípios, regras e valores, consagrando os direitos fundamentais. Por essa razão, o processo tem que ser completo e contínuo, não podendo ser feito parcialmente, já que, à medida que os direitos vão sendo concretizados, novas exigências vão surgindo e há necessidade de aperfeiçoá-los. Exige-se, assim, uma

---

linha de harmonia e equilíbrio, enquanto o Estado Liberal pôde manter incontrastável a hegemonia do ascendente burguês no seio da sociedade de classes. [...] Quando se analisa a matéria sujeita, ou a substância dessa segunda forma de Estado constitucional, é de todo o ponto fácil averiguar que ela não gira ao redor de formalismos e abstrações; seu ponto de apoio e traço de identidade são o tecido social dos direitos fundamentais. Sua legitimidade se faz e cresce na exata medida em que tais direitos se concretizam" (BONAVIDES, Paulo. *Teoria do Estado*. São Paulo: Malheiros, 2003. p. 36).

[392] Acerca das transformações do Estado e a passagem da legalidade para a legitimidade, Bonavides assevera que "No Constitucionalismo contemporâneo, a Teoria da Norma Constitucional passou a ter, a nosso ver, a legitimidade por fundamento. A legitimidade é o direito fundamental, o direito fundamental é o princípio, e o princípio é a Constituição na essência; é sobretudo sua normatividade. Ou, colocando em outros termos: a legalidade é a observância das leis e das regras (característico do Estado Liberal, em que prevaleciam os direitos da primeira geração e a lei era tudo.); a legitimidade, a observância dos valores e dos princípios. Ambas se integram na juridicidade e eficácia do sistema, fazendo-o normativo; sendo, tocante a essa normatividade, os princípios, o gênero, as leis, as regras e a espécie. A regra define o comportamento, a conduta, a competência. O princípio define a justiça, a legitimidade, a constitucionalidade" (*Ibidem*, p. 36).

[393] CAHALI, Yussef Said. *Responsabilidade civil do Estado*. São Paulo: Revista dos Tribunais, 2007. p. 15.

[394] Quanto à Teoria do Risco Administrativo ver BACELAR FILHO, Romeu Felipe. Responsabilidade civil da Administração Pública: aspectos relevantes. *In*: FREITAS, Juarez (Org.). *Responsabilidade civil do Estado*. São Paulo: Malheiros, 2006. p. 314.

ampliação do conteúdo do dever constitucional de planejamento das políticas públicas, especialmente da educação.

Entretanto, a crescente omissão do Estado/Administração em promover, garantir e proteger os direitos fundamentais demonstra uma face perversa da realidade, pois revela que a formalização dos direitos sociais e o desenvolvimento econômico não foram capazes de suprir as suas demandas. Na área social, não houve o mesmo avanço, obtido pelas grandes transformações científicas, mercadológicas e tecnológicas. Mesmo diante dos aumentos de arrecadação tributária e do superávit, ocorridos antes da crise financeira de 2009, a concretização material dos direitos sociais revela-se, ainda hoje, insuficiente em reduzir as desigualdades e a exclusão dos menos favorecidos. Na prática, estes não usufruem de muitos dos direitos formalizados nas Constituições contemporâneas, e, diante de uma crise global, os primeiros direitos a serem restringidos são os sociais. Enfrentar os paradoxos tecnoeconômicos trazidos consigo, globalizando[395] de um lado e excluindo de outro, é o maior desafio do Estado Constitucional contemporâneo, da comunidade mundial e dos governos democráticos na atualidade.

A inoperância ou a omissão da Administração Pública caracteriza-se por uma medida retrocessiva de um direito fundamental, concretizado em nível legislativo. Por isso, a omissão da Administração Pública jamais poderá atingir o núcleo essencial do direito fundamental à educação, a ponto de reduzi-lo a mera previsão legal, sem condições de concretização. Dessa forma, cabe à Administração Pública uma atuação mais ativa, no sentido de que todas as suas condutas (comissivas ou omissivas) devem ser legítimas, não podendo resultar em danos aos administrados. Sob essa nova ótica do Estado Constitucional, não se aceita mais a discricionariedade pura da Administração Pública. A vinculação do poder público à Constituição e aos princípios administrativos obriga-o, na tomada de suas decisões, a justificar a escolha dos pressupostos de fato, de renda e de poder, com a finalidade de efetivar, na maior medida possível, os direitos fundamentais dos cidadãos.

Sendo assim, enquanto as realidades sociais, acima referidas, não mudarem, por meio de políticas públicas eficientes e eficazes que garantam a concretização do direito à educação, caberá à pessoa de direito buscar a sua tutela no Poder Judiciário. Entretanto, a sindicabilidade

---

[395] O autor, ao analisar os efeitos da globalização, ressalta que "Uma parte integrante dos processos de globalização é a progressiva segregação espacial, a progressiva separação e exclusão" (BAUMAN, Zygmunt. *Globalização*: as conseqüências humanas. Rio de Janeiro: Jorge Zahar, 1999. p. 9).

dos atos da Administração Pública pelo Poder Judiciário deve ser a última *ratio* para a garantia da materialização dos direitos sociais, já que a prerrogativa de formular e executar políticas públicas reside, primariamente, nos Poderes Legislativo e Executivo. Tem que haver uma mudança urgente nas ações do Estado/Administração, para que não aumente, cada vez mais, a intervenção do Poder Judiciário para a garantia de efetivação de um direito social.

Essas novas posições jurídicas e doutrinárias, inseridas pelo Estado Constitucional contemporâneo, deveriam ser suficientes para impedir que o próprio Estado/Administração fosse o causador do dano ao cidadão. Isto deve ocorrer especialmente em relação a direitos que já trazem densidade normativa necessária de direito subjetivo público, como é o caso do direito fundamental à educação.

Nesse contexto, sustenta-se a urgente quebra de paradigmas das funções do Estado/Administração e do próprio sentido de responsabilidade extracontratual do Estado e do Direito Administrativo, na busca da efetividade dos direitos fundamentais sociais, mais especificamente, o direito fundamental à educação.

5.2 A realidade brasileira

A maioria das crianças matriculadas na rede de ensino básico do Brasil está em escolas públicas. Pelos dados do Instituto Nacional de Estudos e Pesquisas Educacionais (INEP) de 2006, são 87%, sendo que 51,7%, na rede municipal; 48,5%, na rede estadual; e 0,3%, na rede federal.[396] Ao analisarem-se os dados sobre as crianças matriculadas em creches, 62% estão na rede pública, sendo 61%, nos Municípios. Observe-se ainda que 38% das crianças de zero a seis anos estão matriculadas em escolas particulares. Ressalte-se que esses dados referem-se apenas às crianças matriculadas, e não, à totalidade da população de crianças brasileiras. Quanto à população de crianças matriculadas e não matriculadas, os dados da PNAD 2006 revelaram que havia no Brasil, em 2006, cerca de 59 milhões de crianças e adolescentes entre zero e 17 anos de idade, dos quais, aproximadamente, 45 milhões frequentavam escola ou creche (75,8%), percentual superior ao estimado em 2004 (73,8%).[397]

---

[396] INSTITUTO NACIONAL DE ESTUDOS E PESQUISAS EDUCACIONAIS (INEP). Disponível em: <http://www.inep.gov.br/basica/censo/>. Acesso em: 10 jul. 2010.

[397] INSTITUTO BRASILEIRO DE GEOGRAFIA E ESTATÍSTICA – IBGE. Disponível em: <http://www.ibge.gov.br/home/presidencia/noticias/noticia_visualiza.php?id_noticia=1117&id_pagina=1>. Acesso em: 18 fev. 2010.

Sérgio Haddad,[398] em recente pesquisa, revela que, até três anos, a oferta de vagas no sistema educacional abrange 11,7% das crianças, sendo que apenas 6,1% estão na rede pública. A meta do Plano Nacional de Educação é de 50% para 2011. A pesquisa permite observar que há uma expansão linear das matrículas de creche, ainda que muito tímida frente à necessidade de universalização, estando ainda 88,3% das crianças de zero a três anos fora do sistema educacional.

Tão grave quanto a carência de vagas, em nível de educação infantil, é o alto índice de repetência e o baixo índice de qualidade do ensino ministrado no Brasil.[399] O problema, no entanto, acentua-se em relação à manutenção do aluno no sistema de ensino, pois a educação vai além do oferecimento da vaga na escola. O aperfeiçoamento da eficiência interna dos sistemas educacionais pode ser apontado como importante fator que contribui para o atual quadro de repetências, que é uma das causas da evasão escolar, que se agrava principalmente no ensino médio.[400] O alto índice de repetência gera um número muito elevado de alunos com idades não correspondendo à série que estão cursando, visto que muitos abandonam os estudos para trabalhar. Apesar de a legislação brasileira permitir o trabalho como aprendiz apenas a partir dos 14 anos de idade, de acordo com o IBGE, 1,4 milhão de crianças de cinco a 13 anos trabalhavam em 2006, sendo a maioria em atividades agrícolas e não remuneradas, quadro que praticamente não se alterou entre 2004 e 2006.[401]

---

[398] HADDAD, Sérgio. *Educação e exclusão no Brasil*. Ação Educativa. 2007. p. 24. Disponível em: <http://www.bdae.org.br/dspace/bitstream/123456789/2299/1/educacao_exclusao_brasil1. pdf>. Acesso em: 20 jan. 2010.

[399] "A falta de qualidade do ensino básico é uma das principais causas dos problemas educacionais no Brasil e do baixo nível de escolaridade da população. O ensino sem qualidade induz ao aumento na taxa de reprovação dos alunos, bem como um incremento na taxa de evasão escolar" (*Ibidem*, p. 32).

[400] O autor assevera que "cerca de 16% dos jovens que terminam o ensino fundamental deixam de ingressar no ensino médio. Para esse nível de ensino, a taxa de conclusão dobrou nas últimas décadas de 20% para 40%, e a taxa de retenção é menor que a do ensino fundamental. Porém, dos 60% que ingressam, apenas 47% o fazem antes dos 17 anos. E menos da metade dos jovens do ensino médio concluirão a educação básica antes de atingir a maioridade, quando muitos deixam a escola para ingressar no mercado de trabalho" (*Ibidem*, p. 20).

[401] "A PNAD 2006 apontou que o trabalho infantil — das crianças e adolescentes de 5 a 17 anos — está associado a indicadores de escolarização menos favoráveis e ao baixo rendimento dos domicílios em que vivem. Além de estar no mercado de trabalho, quase metade (49,4%) das pessoas de 5 a 17 anos de idade realizavam afazeres domésticos em 2006, atividades destinadas com maior freqüência e intensidade às meninas. Na faixa etária de 15 a 17 anos, 24,8% dos adolescentes deixavam de freqüentar a escola para ajudar nos afazeres domésticos, trabalhar ou procurar trabalho. Apesar desse quadro de trabalho infantil e de dedicação aos afazeres domésticos, 75,8% das crianças e adolescentes de 0 a 17 anos

As conclusões divulgadas por recente pesquisa da Confederação Nacional de Transporte, CNT/Sensus,[402] sobre a avaliação da qualidade do ensino nacional são preocupantes. Constatou-se que há uma miopia da sociedade no que se refere a isso, visto que a maioria dos pais e professores acha boa a qualidade do ensino brasileiro. Esta visão distorcida da situação educacional nacional é um grave problema, eis que a falta de noção da realidade gera uma postura de comodismos e omissões diante de um panorama social que precisa ser mudado com urgência.

Os resultados do Brasil no Programa Internacional de Avaliação de Alunos (PISA)[403] trazem constatações fáticas significativas e demonstram que a realidade é bem diferente e que a qualidade do ensino no Brasil está muito distante de ser considerada "boa". Revela que, dentre os 56 países avaliados, o Brasil amarga a 54ª posição no exame de matemática, 52ª em ciências e 49ª em literatura. Diante da evidência no que tange à precária qualidade do ensino básico nacional, para analisar com maior profundidade o desempenho dos alunos, devem ser consideradas variáveis internas ao sistema: como a formação e a capacitação de professores; a remuneração dos profissionais da educação; as formas de avaliação e a infraestrutura escolar; e variáveis externas: como condição socioeconômica das famílias; subnutrição e precária condição de saúde dos alunos; a necessidade de a criança ingressar no mundo do trabalho e a falta de suporte educacional dos pais, por exemplo. É preciso ainda identificar o quanto a escola acirra ou atenua as consequências dos fatores externos no desempenho do aluno. Portanto, o resultado bastante insatisfatório dos alunos da educação básica nas avaliações nacionais e internacionais confirma uma forte correlação entre as variáveis internas e externas.

Assim, em um mundo globalizado em que, cada vez mais, se exige capacitação e instrução, não é possível contentar-se com esses resultados. Segundo dados no Instituto Nacional de Analfabetismo Funcional (INAF),[404] 30,6 milhões de brasileiros entre 15 e 64 anos que

---

freqüentavam a creche ou escola em 2006, onde 92,4% delas tinham acesso à merenda ou a alguma refeição gratuita na rede pública" (INSTITUTO BRASILEIRO DE GEOGRAFIA E ESTATÍSTICA – IBGE. Disponível em: <http://www.ibge.gov.br/home/presidencia/noticias/noticia_visualiza.php?id_noticia=1117&id_pagina=1>. Acesso em: 20 fev. 2010).

[402] Disponível em: <http://www.cnt.org.br/arquivos/downloads/sensus/relat88.pdf>. Acesso em: 07 set. 2010.

[403] Disponível em: <http://www.pisa.oecd.org/pages/0,2987,en_32252351_32235731_1_1_1_1_1,00.html>. Acesso em: 23 ago. 2010.

[404] O relatório revela ainda que "Dentre os 31,1 milhões que cursam ou cursaram da 5ª a 8ª série, apenas 1/4 pode ser considerado plenamente alfabetizado, enquanto a maioria se

estudaram até a 4ª série são considerados analfabetos funcionais. São pessoas que possuem, no máximo, a habilidade de localizar informações explícitas em textos curtos, tais como um anúncio ou uma carta, mas não são capazes de compreender textos mais longos ou localizar informações que exijam alguma inferência e, por esta razão, não possuem as habilidades necessárias para satisfazer as demandas do seu dia a dia e se desenvolver pessoal e profissionalmente. Esse dado afeta diretamente a possibilidade de desenvolvimento dessas pessoas e de todo o país — uma condenação prévia dessa população a uma vida de privações e dificuldades diante de um mundo cada vez mais competitivo.

Dessa forma, percebe-se que uma das finalidades do direito à educação, inseridos na nossa Carta Magna, que é o de garantir o pleno desenvolvimento da pessoa, não está sendo atingida, já que se concluiu que tão elevado número de pessoas tem esta limitação cognitiva, que é o analfabetismo funcional. Conforme o Balanço de Resultados de 2001 a 2005, publicado pelo INAF, pouco mais de 50 milhões de brasileiros entre 15 e 64 anos que completaram pelo menos o ensino médio têm pleno domínio das habilidades de leitura e escrita.[405]

Outra pesquisa do mesmo instituto mostrou que 51% dos brasileiros não sabiam a localização geográfica do Brasil. Diante de um mapa do mundo, os entrevistados não sabiam que o país ficava na América Latina. Esses dados devem servir de parâmetro para que sejam formuladas políticas públicas eficazes, encarando os fatos com maturidade e senso de realidade, com a finalidade de buscar soluções efetivas do Estado e de toda a sociedade para esse problema.

Os dados do Instituto Brasileiro de Geografia e Estatística (IBGE) e do Instituto Nacional de Estudos e Pesquisas Educacionais (INEP), ao serem analisados, mostram que, no ano 2000, 31,45% da população estavam matriculados no ensino básico. Em 2006, o índice caiu para 30,48%, significando mais de 1%. Apenas fazendo um comparativo com o número de pessoas matriculadas na rede de ensino brasileira em 2005 e 2006 e o crescimento da população, percebe-se que houve uma redução de 529.575 vagas, representando um decréscimo de 0,94%, quase 1% em apenas um ano, enquanto a população cresceu 3,06%.

---

enquadra no nível básico de alfabetismo tanto em letramento como em numeramento. O que mais chama a atenção é que 24% daqueles nesta faixa de escolaridade permanecem no nível rudimentar, com sérias limitações tanto em termos de suas habilidades de leitura/ escrita quanto em matemática" (Disponível em: <http://www.ipm.org.br/download/ inaf_5anos_completo.pdf>. Acesso em: 19 fev. 2010).

[405] Disponível em: <http://www.ipm.org.br/download/inaf_5anos_completo.pdf>. Acesso em: 19 fev. 2010.

Em sete anos, o aumento populacional foi de 8,35%, o que representa 14.188.120 pessoas. As matrículas cresceram apenas 4,74%. Ao contrário do que está sendo divulgado pelo próprio Ministério da Educação, tais dados mostram que está havendo um retrocesso em relação ao acesso a vagas no ensino — creche, pré-escola, ensinos fundamental e médio. Dados do INEP[406] apontam que, das pessoas matriculadas na rede de ensino brasileira, 12,75% estão no ensino infantil (creche e pré-escola), 59,38%, no ensino fundamental (1ª a 8ª série) e 15,99%, no ensino médio (1º ao 3º ano). Se for feita uma análise pela população nessas faixas de idade, concluir-se-á que há clara carência de vagas para o ensino infantil e uma enorme evasão escolar em relação à população dos ensinos fundamental e médio.[407] Além da má gestão dos recursos públicos destinados à educação, o que compromete, em grande medida, a qualidade do ensino ofertado pelos sistemas públicos, as precárias condições socioeconômicas de parcela considerável do alunado tendem a agravar o seu rendimento escolar. Como decorrência dos referidos fatores, percebe-se que os processos educacionais tornam-se seletivos e excludentes, de modo que boa parte dos alunos é reprovada sucessivamente, culminando na evasão escolar definitiva.

Alberto Carlos de Almeida traz um levantamento sistemático,[408] que enfoca questões sobre ética, sexualidade, destino, família, punições, cor/raça, economia, política, igualdade, civismo e entre outros aspectos. A pesquisa é, sobretudo, a respeito da ética nacional ou das várias éticas que convivem no interior do país, valores diretamente vinculados ao grau de escolaridade dos pesquisados. O estudo confirmou que um fator determinante que explica as desigualdades sociais no Brasil é também a escolaridade. Assim, as distorções demonstradas em todas as pesquisas contribuem para a manutenção e o reforço da pirâmide social, cada vez mais prejudicial às camadas mais pobres. Nesse livro, é destacada a importância da educação para possibilitar reais mudanças de valores na sociedade.

As pesquisas e as conclusões supramencionadas comprovam o longo caminho que o Brasil tem a percorrer, a fim de alcançar um nível razoável, para a concretização do direito fundamental à educação.

---

[406] Disponível em: <www.publicacoes.inep.gov.br/arquivos/%7B4B04844B-CEEB-4409-A421-B5CE4603A6D4%7D_01.pdf>. Acesso em: 10 ago. 2009.

[407] Pelos dados divulgados pelo IBGE, em um ano, a população aumentou 3,06%, o que representa 5.625.523, enquanto, no último ano, decresceu em 0,94%.

[408] ALMEIDA, Carlos Alberto. *A cabeça do brasileiro*. Rio de Janeiro: Record, 2007. Disponível em: <http://www.uff.br/datauff./2002cabeçadobrasileiro/>. Acesso em: 10 ago. 2009.

Os mecanismos legais existentes já estão aptos a impor esse dever de prestação por parte da Administração/Estado, que, ao se omitir, será responsabilizado. O §2º do artigo 208 da Constituição Federal prevê, expressamente, a responsabilidade plena da autoridade competente na hipótese de não oferecimento do ensino obrigatório pelo poder público ou da sua oferta irregular.[409] Isso demonstra que, além de reconhecer expressamente o direito fundamental à educação como direito subjetivo público, o constituinte ainda se preocupou em reforçar os mecanismos para sua efetivação, para tentar impedir omissões da Administração Pública, quanto ao dever de garantir o acesso ao ensino público e gratuito aos cidadãos. Essa é uma das tentativas do próprio constituinte original em evitar que o não cumprimento da norma constitucional por parte da Administração Pública pudesse configurar-se em um retrocesso social.

As dificuldades colacionadas no que concerne à universalização da educação básica mostram que a inclusão social, as estratégias para assegurar o acesso ao ensino e o aperfeiçoamento da eficiência interna dos sistemas educacionais são os pontos nevrálgicos que precisam ser solucionados. A erradicação da pobreza[410] parece ser o maior desafio e está diretamente ligada às dificuldades de se reduzirem as taxas de repetência que geram um custo elevado ao Estado e impedem que se cumpram as finalidades constitucionais do direito à educação que visa ao pleno desenvolvimento da pessoa, ao seu preparo para o exercício da cidadania e à sua qualificação para o trabalho. Nesse sentido, a escola passa a ser uma instituição fundamental para promover a equidade, bem como proporcionar o desenvolvimento dos saberes básicos, contribuindo para a inclusão social e econômica do cidadão, independentemente da sua origem social.

5.3 O direito fundamental à boa administração pública como instrumento contra a inoperância do Estado

O direito fundamental à boa administração, em nosso sistema jurídico, se identifica a par dos parâmetros gerais de atuação da Administração Pública, expressos no art. 37, *caput*, e no §3º da CF, e de

---

[409] TAVARES, André Ramos. Direito fundamental à educação. *In*: SOUZA NETO, Claudio Pereira de; SARMENTO, Daniel (Coord.). *Direitos sociais*. Rio de Janeiro: Lumen Juris, 2008. p. 787.

[410] BRASIL. Disponível em: <http://www.pnud.org.br/pobreza_desigualdade/reportagens/index.php?id-01<=1256&lay=pde>. Acesso em: 17 set. 2010.

outros preceitos normativos de controle social do poder, direcionando a gestão pública à melhora na concretização dos direitos fundamentais e na satisfação dos interesses da coletividade.

A releitura da responsabilidade extracontratual do Estado/Administração vai prestigiar o direito fundamental à boa administração pública como instrumento contra os casos de omissão do Estado, isto é, do não exercício devido de suas competências discricionárias. Nas palavras de Juarez Freitas, quando o exercício da discricionariedade administrativa resultar viciado por inoperância, por arbitrariedade, por omissão, configurará Responsabilidade Extracontratual do Estado.[411]

Juarez Freitas,[412] em inovadora posição, define que cabe ao Estado/Administração executar as políticas públicas à luz do

> direito fundamental à boa administração pública eficiente e eficaz, proporcional, cumpridora de seus deveres, com transparência, motivação, imparcialidade e respeito à moralidade, à participação social e à plena responsabilidade por suas condutas omissivas e comissivas.

Completa, lecionando que a esse direito corresponde "[...] o dever de a Administração Pública observar, nas relações administrativas, a cogência da totalidade dos princípios constitucionais que a regem [...]",[413] como o princípio da eficiência[414] nas políticas públicas.

A partir dessas ponderações, entende-se que uma das melhores formas de reduzir as distorções sociais existentes é a execução de políticas públicas à luz do direito fundamental à boa administração. Assim, desloca-se o eixo da discussão da ausência de políticas públicas para aquela da eficiência na execução destas, que se configura no dever geral do poder público em empregar todos os meios disponíveis para obter os melhores resultados possíveis para a realização dos direitos fundamentais.

---

[411] FREITAS, Juarez. *Discricionariedade administrativa e o direito fundamental à boa Administração Pública*. São Paulo: Malheiros, 2007. p. 64.

[412] *Ibidem*, p. 22.

[413] FREITAS, Juarez. *Discricionariedade administrativa e o direito fundamental à boa Administração Pública*. São Paulo: Malheiros, 2007. p. 22.

[414] FIGUEIREDO, Marcelo. O controle das políticas públicas pelo Poder Judiciário no Brasil: uma visão geral. *Interesse Público*, Belo Horizonte, ano 9, n. 44, p. 50-51, jul./ago. 2007. Em relação ao princípio da eficiência, o autor assevera que "o que se procura verificar é a existência — ou não — de uma relação mínima entre o que se investiu e o resultado específico desse investimento. [...] A doutrina especializada visualiza na eficiência um dever geral da Administração otimizar o emprego dos meios disponíveis para, com eles, obter os melhores resultados possíveis, relevantes para o interesse público. Não obstante a economicidade — isto é: a relação custo/benefício sob uma perspectiva financeira — será sempre um aspecto importantíssimo a ser examinado no contexto da eficiência".

Por meio de uma interpretação sistemática[415] da Constituição Federal, a materialização do comando que estabelece a universalização da educação básica assume posição hierárquica de princípio fundamental, além de compor o núcleo essencial do direito fundamental à educação. A concretização desse direito compreende: garantir o acesso ao sistema educacional a todos que desejam dele usufruir; evitar a evasão escolar, a fim de que o aluno conclua o ciclo escolar; e garantir o efetivo aprendizado de qualidade, visando ao seu desenvolvimento pessoal, tornando-o capaz de exercer a cidadania e de estar capacitado ao trabalho, uma vez que estes são os objetivos constitucionais da educação como um direito fundamental.

A educação, vista como um direito social que depende de prestação do Estado para ser concretizado, exige um esforço transdisciplinar para se efetivar. Colacionaram-se acima os vários objetivos e finalidades que decorrem da tentativa de tornar realidade as aspirações normativas existentes em relação a esse direito. Constatamos, porém, que a previsão constitucional, o sistema de leis relacionadas e os tratados internacionais ainda não têm sido suficientes para lhes garantir a efetivação, resultado das complexidades da sociedade globalizada. No Brasil, a omissão estatal quanto à concretização do direito fundamental à educação tem sido corrigida por decisões judiciais. O seu efeito imediato, todavia, se restringe ao titular do direito subjetivo que foi satisfeito. Essas decisões formam jurisprudência, mas não têm o poder de irradiar os seus efeitos para toda a coletividade.

A releitura da responsabilidade civil do Estado, feita à luz do direito fundamental à boa administração, vem ao encontro da nova postura assumida pelo Estado Constitucional contemporâneo nesta visão dialógica do Estado/Administração. Então, cabe à Administração Pública uma atuação mais ativa no sentido de que todas as suas condutas (comissivas ou omissivas) têm que ser legítimas, não podendo resultar em danos aos administrados. Sob esta nova ótica do Estado, não se aceita mais a discricionariedade pura da Administração Pública.[416] A vinculação do poder público à Constituição e aos princípios

---

[415] "A interpretação sistemática, nesta ótica mais compatível com as presentes multifacetadas funções do Direito contemporâneo, realiza-se em consonância com a rede hierarquizada, máxime na Constituição, de princípios, normas estritas e valores compreendidos dinamicamente em conjunto" (FREITAS, Juarez. *A interpretação sistemática do direito*. 4. ed. rev. e ampl. São Paulo: Malheiros, 2004. p. 294-295).

[416] Segundo Juarez Freitas, "míngua o espaço da discricionariedade, substituída, pouco a pouco, pela noção de liberdade vinculada e justificável racionalmente, sem sucumbir a particularismos contrários à idéia de universalização, de sorte que toda discricionariedade resta

administrativos obriga-o, na tomada de suas decisões, a justificar a escolha dos pressupostos de fato, de renda e de poder.[417]

A passagem da Constituição para o centro do ordenamento jurídico resultou na mudança de paradigmas em todos os ramos do direito, especialmente do Direito Administrativo. É exatamente a supremacia da Constituição que propicia a impregnação de toda atividade da Administração Pública pelos princípios, regras e valores nela previstos, ensejando uma releitura da disciplina pela ótica constitucional.[418]

Paulo Bonavides diz que o novo Estado de Direito pertence aos direitos fundamentais e, principalmente, às garantias e salvaguardas que a Constituição ministra pelas vias processuais; é mais o Estado da legitimidade do que propriamente da legalidade em sua versão clássica. É um Estado em busca de meios para aparelhar fins.[419] O princípio da proporcionalidade tornou-se um desses meios e veio a ser uma nova garantia constitucional que tanto protege o cidadão contra as demasias do poder estatal quanto contra a sua inoperância.[420]

Muitas vezes, diante de todos os direitos fundamentais albergados na Constituição, ocorrerão momentos em que a Administração Pública terá que decidir qual bem jurídico deverá proteger. Mas, em nenhuma destas circunstâncias, um direito fundamental deve suprimir

---

vinculada aos princípios fundamentais, donde se extrai a inexistência de discricionariedade pura" (FREITAS, Juarez. *Discricionariedade administrativa e o direito fundamental à boa Administração Pública*. São Paulo: Malheiros, 2007. p. 26). Para Dworkin, questões jurídicas e morais estão interligadas, por isto critica os "positivistas" (fundados nas ideias de Kelsen ao defender que a moral é extrajurídica, e que não se pode ter argumentos não jurídicos para validar uma norma, por isto teria considerado os princípios normas extralegais), sendo assim, sustenta que não há discricionariedade, pois os juízes sempre vão fundamentar as suas decisões com base nos princípios, dentro de uma sistema jurídico aberto, e defende a tese de que toda fundamentação tem que se dar no interior de um sistema lógico-formal, no qual proposições são deduzidas de proposições (DWORKIN, Ronald. *O império do direito*. São Paulo: Martins Fontes, 2003. p. 202).

[417] Paulo Bonavides assinala a importância da utilização da metodologia interpretativa da Nova Hermenêutica, para se ter o domínio dos fenômenos políticos e constitucionais de nossa época (BONAVIDES, Paulo. *Curso de direito constitucional*. 23. ed. São Paulo: Malheiros, 2008. p. 31).

[418] BINENBOJM, Gustavo. *Uma teoria do direito administrativo*. Rio de Janeiro: Renovar, 2006. p. 85, ver também MELLO, Celso Antônio Bandeira. *Curso de direito administrativo*. 25. ed. São Paulo: Malheiros, 2008. p. 980.

[419] Acerca do tema, Juarez Freitas amplia a visão do princípio da proporcionalidade, quando diz que "Força notar que o princípio da proporcionalidade não estatui simplesmente adequação meio-fim. Para ser preciso, a ofensa à proporcionalidade ocorre não raro, quando, na presença de valores legítimos a sopesar, o agente dá prioridade indevida a um deles, em detrimento imotivado de outro" (FREITAS, Juarez. *Discricionariedade administrativa e o direito fundamental à boa administração*. São Paulo: Malheiros, 2007. p. 63).

[420] BONAVIDES, Paulo. *Curso de direito constitucional*. 23. ed. São Paulo: Malheiros, 2008. p. 20.

Capítulo 5
Omissão Educacional | 179

inteiramente o outro na colisão de exercícios. Juarez Freitas assinala que o agente público está obrigado a sacrificar o mínimo para preservar o máximo destes direitos.[421] Agindo assim, de maneira proporcional e justificando as suas escolhas, poderá a Administração Pública assegurar a proteção efetiva do núcleo indisponível dos direitos fundamentais de todas as dimensões e a eficácia dos princípios constitucionais, tendo em vista que a vinculação do princípio da proporcionalidade ao direito constitucional ocorre por via dos direitos fundamentais.

Uma das importâncias capitais do princípio da proporcionalidade se verifica pela sua função de tentar conciliar o direito formal com o direito material, com a finalidade de promover e efetivar, de forma eficaz e eficiente, as transformações sociais. Não basta apenas a existência formal dos direitos, este paradigma foi superado com o advento do Estado Social. A nova forma de Estado de Direito, o Estado Constitucional, exige do poder público a satisfação material dos direitos fundamentais, admitindo sempre a necessidade de se fazer uma ponderação entre a melhor escolha, sem que ao Estado seja impingido o fardo de segurador universal.

Assim como as Constituições contemporâneas, a meta central da Carta de 1988, em particular, pode ser resumida na promoção do bem-estar do homem, cujo ponto de partida está em assegurar as condições de sua própria dignidade, que inclui, além da proteção dos direitos individuais, condições materiais mínimas de existência. A simples negação de qualquer tipo de obrigação a ser cumprida pelo Estado, que possa ferir o núcleo essencial e a base dos direitos fundamentais sociais, tem como resultado a renúncia de reconhecê-los como verdadeiros direitos e a consequente negação da própria Constituição. Sendo assim, haverá a ofensa à proporcionalidade quando, na presença de valores legítimos a sopesar, o agente der prioridade indevida a um deles, em detrimento imotivado de outro.[422]

A nova leitura da responsabilidade civil do Estado é feita exatamente a partir da exigência de que o poder público exerça a sua discricionariedade de forma eficiente e eficaz, sob a regência inviolável dos valores e princípios estabelecidos pela Constituição. Nesse sentido, há o reconhecimento de que a Administração Pública pode causar danos também por inoperância e omissão, resultando em um déficit

---

[421] FREITAS, *op. cit.*, p. 64.

[422] FREITAS, Juarez. *Discricionariedade administrativa e o direito fundamental à boa administração*. São Paulo: Malheiros, 2007. p. 63.

prestacional em sede de direitos fundamentais. A dúvida quanto ao alcance da norma constitucional em relação às condutas omissivas se dá pela indeterminação do próprio sistema jurídico, em decorrência da equivocidade dos textos normativos, referidos por Guastini,[423] do qual decorrerá o poder discricionário, sempre vinculado aos princípios constitucionais, na busca da melhor solução.[424]

Nesse momento, é de grande importância a presença do Poder Judiciário para corrigir este déficit. Como já foi referido, cabe salientar que estas decisões se restringem aos autores dos processos e não têm a capacidade de beneficiar a todos os titulares do direito tutelado. Por isso, surge a necessidade de uma outra forma complementar, mais abrangente, para corrigir esta omissão.

Quanto à eficácia do direito à educação,[425] ou seja, para a obtenção de resultados constitucionais adequados, capazes de concretizá-lo, é indispensável que se tenham critérios razoáveis de aferição dos resultados, com o objetivo de se constatar se estes foram realmente atingidos e, consequentemente, serem estabelecidas novas metas e programas sociais. A sistematização de metas e indicadores da realização dos direitos sociais passa, necessariamente, por uma compreensão das diversas dimensões dos direitos sociais, como no controle no orçamento público e dos critérios das decisões administrativas, chegando a uma reflexão sobre a ética dos recursos escassos, em conformidade com os princípios da transparência e da moralidade.

A eficácia é entendida como a obtenção de resultados constitucionais adequados, inerente do primado dos direitos fundamentais, cujas finalidades constitucionais estão previamente estabelecidas, por isto é indispensável que se tenham critérios razoáveis de aferição dos resultados, para se constatar se estes objetivos foram realmente atingidos, à luz do princípio da eficiência. Há na doutrina discussões semânticas a respeito do significado dos termos "eficiência" e "eficácia", portanto, estabelece-se, neste trabalho, que a primeira refere-se ao meio adequado de execução, ou seja, fazer certo as coisas, e a segunda, aos resultados, ou seja, fazer as coisas certas.

Em relação ao direito à educação, é eficiente garantir acesso público e gratuito ao maior número de pessoas (que necessitem) possível. Ocorre

---

[423] GUASTINI, Ricardo. Teoria e ideologia da interpretação constitucional. *Interesse Público*, Porto Alegre, ano 8, n. 40, p. 217, nov./dez. 2006.

[424] FREITAS, *op. cit.*, p. 8.

[425] SARLET, Ingo Wolfgang. *A eficácia dos direitos fundamentais*. 6. ed. Porto Alegre: Livraria do Advogado, 2006. p. 350.

que será eficaz se deste acesso resultar um aprendizado de qualidade, capaz de atender aos fins constitucionais do pleno desenvolvimento da pessoa, do seu preparo para o exercício da cidadania e sua qualificação para o trabalho. Se a eficiência expressa uma relação entre conduta e objetivo, tem-se que a enunciação integral da política pública, com seus indicadores de avaliação, fornecerá os dados objetivos que permitirão, no exercício do controle, a aferição do vetor eficiência. É preciso deslocar o eixo da discussão, da ausência da política pública, para aquela da sua eficiência, tendo o princípio da eficiência como parâmetro de avaliação do agir estatal, e políticas públicas como elemento deste agir.[426] Note-se que, mesmo diante da relação de interdependência e complementaridade sistêmica entre os dois princípios, o da boa administração tem maior alcance do que o da eficiência, pois vai além da avaliação formal, exigindo resultados objetivos da Administração Pública, o controle dos seus atos e a participação cidadã para concretização dos direitos fundamentais sociais.

Diante das posições acima expostas, Eberhard Assmann, em recente artigo,[427] analisa e propõe uma reforma do direito administrativo. As sociedades se encontram em um processo de mudança e de transformações constantes que gera outras demandas sociais que devem ser solucionadas. Estamos vivendo uma nova fase da Administração Pública, na qual uma de suas funções deve deslocar-se da execução das prestações constitucionalmente estabelecidas, para uma Administração Pública garantidora da efetiva execução das prestações.[428] O direito administrativo deve assumir uma postura mais ampla do que a tradicional, transformando-se em um regime de cooperação, que atua na

---

[426] VALLE, Vanice Lírio do. Direito fundamental à boa administração, políticas públicas eficientes e a prevenção do desgoverno. *Interesse Público*, Belo Horizonte, ano 10, n. 48, p. 98, mar./abr. 2008.

[427] SCHMIDT ASSMANN, Eberhard. Principes de base d'une reforme du droit administratif. *Revue Droit Administratif et Justice Administrative*, p. 427, mai./juin 2008; SCHMIDT-ASSMANN, Eberhard. *La teoria general del derecho administrativo como sistema* – INAP. Madrid: Marcial Pons, 2003.

[428] Como refere Eberhard Schmid Assmann, "O direito se consagrou pela sua função inerente de estabilidade e segurança, mas não pode correr o risco de fazer obstáculos às reformas necessárias que a sociedade exige ou se ver ultrapassado pelas pressões de mudanças. Pois a flexibilidade e a abertura à inovações deve obedecer ao sistema jurídico, pela segurança jurídica e a confiança legitima. Na busca do equilíbrio entre a estabilidade e a mudança, o problema fundamental consiste em determinar as forças motrizes que concretizam as adaptações ou as transformações necessárias na esfera do direito administrativo, que são a jurisprudência, o legislador, a doutrina e o Poder Executivo (*Príncipes de base dúne reforme du Droit Administratif* artigo publicado na *Revue Droit Administratif et Justice Administrative*, p. 427, mai/juin 2008).

transversalidade, com a adesão social e participação da comunidade. O tradicional direito de repressão do poder público transforma-se em um direito voltado para a eficácia das prestações e serviços públicos. Esse novo modelo pressupõe uma adesão social, já que o direito tem que ser o guia dos processos sociais, como fator de impulsão e não mais de repressão, voltando-se, assim, para o futuro. Dessa forma, a função do Estado transforma-se, por meio de um direito de regulação em busca da eficiência das suas atividades, que se traduz na "boa governança", referida por Assmann, ou na "boa administração pública", nas palavras de Juarez Freitas. A viabilidade do Estado, como garantidor da concretização das prestações inerentes dos direitos fundamentais, só será possível se for fundada, cada vez mais, na transversalidade e cooperação de diversos segmentos da sociedade.

No plano internacional, o direito à boa administração está consagrado expressamente no artigo 41 da Carta de Nice, de 7 de dezembro de 2000, no qual se proclamou a Carta dos Direitos Fundamentais da União Europeia.[429] Este texto reflete a concepção de uma verdadeira convivência democrática, contendo direitos destinados à proteção de todo cidadão, reconhecido como pessoa humana plena,[430] o que lhes permite relacionarem-se, mediante as ações ou as omissões da Administração Pública, em termos de igualdade. Poderíamos associar esta nova postura de Estado às propostas de Breyer,[431] lançadas em seu livro *Active Liberty*. Quando Breyer se refere à liberdade ativa, sugere um tipo de ligação entre as pessoas e os seus governos, ligação esta que

---

[429] "Artigo 41º – Direito a uma boa administração 1. Todas as pessoas têm direito a que os seus assuntos sejam tratados pelas instituições e órgãos da União de forma imparcial, eqüitativa e num prazo razoável. 2. Este direito compreende, nomeadamente: – o direito de qualquer pessoa a ser ouvida antes de a seu respeito ser tomada qualquer medida individual que a afete desfavoravelmente, — o direito de qualquer pessoa a ter acesso aos processos que se lhe refiram, no respeito dos legítimos interesses da confidencialidade e do segredo profissional e comercial, — a obrigação, por parte da administração, de fundamentar as suas decisões. 3. Todas as pessoas têm direito a reparação, por parte da Comunidade, dos danos causados pelas suas instituições ou pelos seus agentes no exercício das respectivas funções, de acordo com os princípios gerais comuns às legislações dos Estados-Membros. 4. Todas as pessoas têm a possibilidade de se dirigir às instituições da União numa das línguas oficiais dos Tratados, devendo obter uma resposta na mesma língua."

[430] VALLE, Vanice Lírio do. Direito fundamental à boa administração, políticas públicas eficientes e a prevenção do desgoverno. *Interesse Público*, Belo Horizonte, ano 10, n. 48, p. 100, mar./abr. 2008, diz que "desse compromisso finalístico decorre uma nova visão das relações que se venham a empreender entre Estado e cidadão, que não mais se apresenta como um destinatário passivo de decisões discricionárias e muitas vezes insuscetíveis de controle; mas como sujeito ativo".

[431] BREYER, Stephen. *Active Liberty*: Interpreting our Democratic Constitution. New York: Alfred a. Knopf, 2005. p. 48.

envolve responsabilidades, participação e capacidades. Além disso, a ativa liberdade não pode ser entendida em um vácuo, ela tem que operar (ser aplicada) no mundo real. Institutos e métodos de interpretação devem ser concebidos de modo tal que esta forma de liberdade seja tanto sustentável ao longo do tempo, quanto capaz de traduzir a vontade do povo em políticas sólidas.

Um exemplo de política pública inovadora é a de Minas Gerais, que adotou um sistema de gestão que já se tornou referência no Brasil.[432] Seu sistema educacional foi um dos dezenove analisados no relatório McKinsey&Company de 2007, denominado "Como os sistemas escolares de melhor desempenho chegaram ao topo". O relatório concluiu que mesmo sistemas que partiram de patamares baixos de desempenho obtiveram melhorias expressivas nos níveis de alfabetização escrita e numérica em um intervalo de apenas dois a quatro anos, enquanto buscavam reduzir as lacunas de aproveitamento entre alunos de diferentes origens socioeconômicas. Em Minas Gerais, o percentual de alunos com oito anos de idade no nível "recomendado" de alfabetização subiu de 49% em 2006 para 86% em 2010. A pesquisa indica que a formação dos professores (em termos de habilidades de ensino) e o reforço escolar são ferramentas valiosas para melhorar o desempenho escolar.[433] A administração estadual tem implementado programas e metas para melhorar os seus serviços e o desempenho dos agentes públicos, visando à concretização eficaz dos direitos sociais de sua competência. Os projetos são avaliados regularmente, medindo os resultados e premiando os agentes administrativos que alcançam as metas estabelecidas. Os resultados são animadores e lançam outro tipo de administração que pode transformar o antigo modelo inoperante e omisso

Em Porto Alegre, temos um bom exemplo de aplicação do princípio da boa administração por meio do programa de "governança solidária local",[434] implantado em 2005. Segundo documentos da Prefeitura, a

---

[432] MINAS GERAIS. Disponível em: <http://www.mg.gov.br/portalmg/do/acoesGoverno?o p=estruturaConteudo&coConteudo=54715&coSeqEstrutura=1340&coEstruturaPai=10>. Acesso em: 21 ago. 2010.

[433] Relatório McKinsey&Company "How the World's Most Improved School Systems Keep Getting Better". Disponível em: <http://ssomckinsey.darbyfilms.com/reports/schools/ How-the-Worlds-Most-Improved-School-Systems-Keep-Getting-Better_Download-version_Final.pdf>.

[434] PORTO ALEGRE. Disponível em: <www.administradores.com.br/noticias/porto_alegre_ apresenta_modelo_de_governanca_solidaria/4197/–41k>. Acesso em: 20 nov. 2010.

governança solidária local[435] é um "estilo de governo do qual todos podem fazer parte: O Estado (em qualquer âmbito municipal, estadual e federal) e a sociedade civil (empresas, organizações do terceiro setor e, principalmente, os cidadãos)". Coloca-se como ponto fundamental a participação democrática dos cidadãos, por meio do fortalecimento das redes sociais, com o objetivo de promover o desenvolvimento das pessoas e da comunidade. Neste caso, as decisões de políticas públicas não são determinadas pelas elites políticas no poder, mas partem de decisões coletivas que são tomadas nas comunidades. Aqui, o conceito de governança é utilizado tendo como princípio a parceria que se estabelece entre o governo e a comunidade. Cabe ao governo estimular a participação cidadã, o protagonismo social, o fortalecimento do terceiro setor, com a finalidade de existir uma corresponsabilidade na gestão das políticas públicas. Esta concepção, ao considerar o papel estratégico do terceiro setor como elo entre o poder local e a comunidade, adjetiva como solidária a governança.

Estes novos modelos de gestão pública se justificam, uma vez que o Estado esgotou as suas reservas financeiras e se tornou incapaz de prestar todos os serviços de sua competência. Dessa forma, busca na sociedade capital humano, social e financeiro, para complementar e viabilizar as políticas públicas. Gera-se, assim, um orçamento social, decorrente de parcerias que se estabelecem de forma solidária. Por conseguinte, ele passa a necessitar não só do aval da sociedade para administrar, mas também da participação ativa na escolha das ações que deverá desenvolver, para ter, então, legitimidade.

Outro aspecto a ser ressaltado são os resultados nefastos, trazidos pela falta de transparência nas ações governamentais e privadas, diante da atual crise financeira que assola o planeta. Este fenômeno, tão presente no cenário mundial atual, mostra que a desigualdade do conhecimento e das oportunidades cria imperfeições que prejudicam a competição e o crescimento do indivíduo e, consequentemente, de todo o sistema social, além de alimentar o desperdício, os abusos e os desvios. É um flagrante exemplo da má atuação da Administração Pública na regulação do setor financeiro, que teve como consequência distorções de mercado, resultando na crise sistêmica, desencadeada em 2009.

---

[435] Por este modelo inovador de gestão pública, Porto Alegre foi escolhida a participar da Expo 2010 em Shanghai, cujo tema é "Melhor Cidade, Melhor Vida". Por meio do programa especial da governança solidária local, Porto Alegre mostrou ao mundo um modelo de administração pública que une gestão e democracia participativa (PORTO ALEGRE. Disponível em: <http://www2.portoalegre.rs.gov.br/cs/default.php?reg=115250&p_secao=3&di=2009-10-01>. Acesso em: 20 fev. 2010).

Joseph E. Stiglitz,[436] em recente artigo sobre a crise financeira global, diz que atualmente existe uma grande disparidade entre os retornos sociais e os retornos privados. Se não forem alinhados, o sistema de mercado nunca poderá funcionar bem. Estas estruturas de negócio, sem eficiente regulação do poder público, também produziram contabilidades artificiais, com números irreais e complexos, de difícil compreensão. A falta de transparência das regras do mercado mundial e a ganância desenfreada encontraram uma forma de gerar ganhos financeiros gigantescos, que resultaram em enriquecimento de pequena parcela da população, que já era privilegiada, aumentando as desigualdades sociais. Todas essas fontes de riqueza não geraram, na mesma proporção, benefícios ou avanços sociais para a maior parte da população mundial. Ocorre que este cenário acabou desencadeando uma crise sem precedentes, que atinge agora a todos, ricos e pobres, exigindo-se uma nova ordem econômica mundial, sem que, com isto, se sacrifiquem mais ainda os direitos fundamentais.

Devido às múltiplas carências de cada sociedade na prestação dos direitos fundamentais, no Brasil, em um primeiro momento, dever-se-ia priorizar o atendimento às camadas mais carentes da sociedade, tendo em vista o fato de que esta parte da população, na maioria das vezes, nem chega a procurar judicialmente a garantia da concretização de seus direitos, exatamente pela falta de educação, de conhecimento e de autonomia.[437]

A constitucionalização do direito teve efeito transformador também no direito administrativo e, portanto, na Administração Pública. Em relação ao direito fundamental à educação, o artigo 205 dispõe expressamente que a educação é um direito de todos e um dever do Estado e da família, que deverá ser promovido e incentivado com a colaboração da sociedade. Neste sentido, a sua concretização tem que se fundar também neste novo conceito de gestão compartilhada, integrando a família a todos os setores da sociedade com deveres conjuntos

---

[436] STIGLITZ, Joseph E. Será o fim do neo-liberalismo? *Diário Econômico 09/08*. Disponível em: <http://diarioeconomico.sapo.pt/edicion/diarioeconomico/opinion/columnistas/pt/desarrollo/1145657.h>. Acesso em: 24 set. 2009.

[437] Acerca da autonomia, diz que "Construindo sua concepção a partir da natureza racional do ser humano, Kant sinala que autonomia da vontade, entendida como a faculdade de determinar a si mesmo e agir com a representação de certas leis, é um atributo apenas encontrado nos seres racionais, construindo-se no fundamento da dignidade da natureza humana". Autonomia consistindo na qualidade de um indivíduo ser capaz de tomar as suas próprias decisões, como a faculdade de determinar a si mesmo (SARLET, Ingo Wolfgang. *Dignidade da pessoa humana e direitos fundamentais na Constituição Federal de 1988.* 6. ed. Porto Alegre: Livraria do Advogado, 2008. p. 32).

com os do Estado, para garantir a efetividade do direito à educação. Por meio da educação, será possível transformar todas as pessoas em cidadãos, realmente inseridos no Estado Democrático de Direito. Isso será possível por meio: da conciliação das funções do Estado em garantir o acesso e a qualidade do ensino; das funções da família (exercendo o pátrio poder, fundado nos princípios da dignidade da pessoa humana e da paternidade responsável[438]), comprometendo-se em viabilizar o acesso ao local de ensino e cooperar, na medida do possível, com a qualidade do aprendizado; das funções das empresas, organizações civis e terceiro setor, comprometendo-se com ações de cooperação para a educação e capacitação das pessoas.

5.4 A gestão pública compartilhada no Estado Constitucional

As transformações do Estado Democrático,[439] ao longo da história, estão marcadas por ondas de avanços e retrocessos, na tentativa de se alcançar uma equidade socioeconômica. As raízes do pensamento iluminista marcam um novo pensar para o homem como indivíduo e ser social. As várias formas de Estado de Direito que se desenvolvem no curso da existência humana têm se deparado com expressivos obstáculos para a concretização dos direitos sociais mínimos. A fome, a falta de moradia, de educação e de saúde são hoje um grave problema global e têm resultado no aumento do abismo existente entre o desenvolvimento econômico e as demandas sociais.

O direito é um fenômeno social, sendo assim, como a sociedade, os regimes democráticos estão em constante transformação em busca de aperfeiçoamento. Diante das crescentes complexidades da sociedade no Estado Constitucional contemporâneo, novas formas de gestão pública estão sendo aplicadas como tentativa de uma Administração Pública mais eficiente, tendo como uma de suas principais finalidades um maior equilíbrio socioeconômico.

---

[438] Artigo 226, §7º da Constituição Federal de 1988. "A família, base da sociedade, tem especial proteção do Estado. §7º Fundado nos princípios da dignidade responsável e da paternidade responsável, o planejamento familiar é livre decisão do casal, competindo ao Estado propiciar recursos educacionais e científicos para o exercício desses direitos, vedada qualquer forma coercitiva por parte de instituições oficiais ou privadas".

[439] Expoente no estudo da democracia, o autor sustenta que, quando falamos de democracia ocidental, referimo-nos a regimes surgidos há não mais de duzentos anos, após as revoluções americana e francesa (BOBBIO, Norberto. *O futuro da democracia*. 11. ed. São Paulo: Paz e Terra, 2009. p. 21).

A Carta Magna de 1988 inovou ao colocar o Município como ente autônomo da federação, uma solução realista, tendo em vista que a vida acontece nas cidades. A partir de 2008, pela primeira vez na história, a maior parte da população mundial passou a viver em áreas urbanas. No Brasil, 75% da população já vive nesta área.[440] Portanto, os problemas e as soluções estão cada vez mais concentrados nas cidades, que estão se tornando o centro das decisões políticas. Esta nova conformação política influencia até mesmo no conceito de soberania, pois as decisões não se restringem mais aos países, visto que, atualmente, muitas soluções são buscadas, e parcerias são formadas entre os Municípios. Um exemplo disso é a Expo 2010,[441] que ocorre em Shanghai, de maio a outubro, cujo tema é "Melhor Cidade, Melhor Vida". É a maior exposição de cidades do mundo, com a participação de mais de 174 países e 37 organizações internacionais, com previsão de público de 70 milhões de pessoas. Porto Alegre é a única cidade, das 55 escolhidas pelo evento, que vai mostrar um modelo de Administração Pública que une gestão e democracia participativa. Sendo assim, o exercício da cidadania pode ser mais efetivo e eficaz, com modelos de gestão que colocam o indivíduo como ator e protagonista das mudanças necessárias, na busca de maior equidade socioeconômica e de uma verdadeira democracia participativa.

Uma vez que as sociedades estão em constante transformação, a complexidade do mundo globalizado está exigindo novas formas de manifestação do fenômeno jurídico. Um novo modelo de Estado se desenha, um Estado solidário, cooperativo ou comunitário, no qual a Administração Pública tem a titularidade da elaboração e execução das políticas públicas, com a participação ativa de toda a sociedade, na busca da justiça social. Assim, a concretização do direito à educação se efetivará por meio de uma nova postura do Estado/Administração, da família e de toda a sociedade, traduzindo-se em uma boa escola, isto é, aquela comprometida com a educação emancipadora e a construção do conhecimento que permite o aprendizado com qualidade e para todos.

---

[440] Até 1960, predominava no Brasil a população rural. No recenseamento de 1970, já se constatou o predomínio da população urbana, com 56% do total nacional. À medida que um país se desenvolve industrialmente, a tendência geral é o abandono do campo em direção às cidades. O homem procura nos centros urbanos melhores condições de vida, conforto, salários e garantias. É o fenômeno do êxodo rural. Atualmente, 75% da população brasileira é urbana, isto é, vive nas cidades (Disponível em: <http://www.mundoeducacao. com.br/geografia/a-populacao-mundial.htm>. Acesso em: 20 fev. 2010).

[441] A EXPO SHANGAI 2010 é a 47ª exposição mundial em 150 anos. Disponível em: <www. expo2010.cn/expo/expoenglish/.../index.html>. Acesso em: 20 fev. 2010.

A busca de novos modelos de Estado, capazes de resolver ou atenuar a crise de governabilidade que a sociedade contemporânea enfrenta, conduz ao direcionamento dos procedimentos clássicos de governo. Um desses modelos que vem se desenvolvendo em algumas administrações públicas é a gestão compartilhada, isto é, a governança.[442] Este termo teve origem na iniciativa privada como *Corporate Governance*.[443] Fazendo-se uma transposição do conceito de governança para a Administração Pública, pode-se entendê-la como uma forma mais consensual de trato da coisa pública, segundo uma ideia de subsidiariedade, à luz dos princípios básicos (sem prejuízo de outros), de senso de justiça (referido usualmente como *fairness*), de conformidade no cumprimento das normas regulatórias (designado mais comumente pela expressão *compliance*), transparência (citado como *discloure*), de prestação pública de contas (havido pela expressão *accountability*).[444]

A governança[445] pode se manifestar em plano mundial *"global governance"*[446] e em nível local, "implica, portanto, não somente uma

---

[442] Segundo Antônio Houaiss, *governança* é o "ato de governar(-se); governo, governação" (HOUAISS, Antônio. *Dicionário Houaiss da língua portuguesa*. Edição eletrônica. Disponível em: <http://houaiss.uol.com.br/busca.jhtm?verbete=governan%E7a&stype=k&x=12&y=9>. Acesso em: 16 jan. 2010).

[443] O termo seria traduzido para o português como governança corporativa e as críticas à tradução literal não tardariam a chegar. Primeiro, em virtude da pequena utilização do termo "governança" no nosso idioma. Segundo, pelo fato de a expressão "corporativa" remeter o público brasileiro à sociedade anônima, passando à impressão que as regras de *corporate governance* seriam aplicáveis apenas a este tipo empresarial. Mesmo assim, o termo permaneceu. O primeiro Código de Governança, o Relatório Cadbury, data de 1992, dispõe que "Governança Corporativa é o sistema pelo qual as companhias são dirigidas e controladas". Cabe assinalar que o conceito de governança corporativa, aqui referido, não é o único, outros conceitos existem, tanto no direito, quanto na ciência da economia e da administração (CASADO FILHO, Napoleão. *Governança corporativa*: análise jurídica dos seus efeitos. São Paulo: Malheiros, 2010. p. 41).

[444] CALDAS, Roberto Correia da Silva Gomes. *Parcerias público-privadas*: garantias inovadoras da Lei Federal nº 11.079/2004: prevalência do regime jurídico dos denominados contratos administrativos e das concessões de serviços públicos. 2008. Tese (Doutorado) – Pontifícia Universidade Católica de São Paulo, São Paulo, 2008.

[445] A noção de governança "apresenta-se como um método ou um mecanismo de regulação de uma vasta série de problemas ou conflitos, pelo qual os atores alcançam, com regularidade, decisões mutuamente satisfatórias ou vinculantes, através da negociação e cooperação; ela se caracteriza por formas horizontais de interação entre atores que têm interesses contraditórios, mas que são suficientemente independentes uns dos outros, para que nenhum deles, por si só, possa impor uma solução, embora sendo suficientemente interdependentes para que sejam todos eles perdedores, se nenhuma solução for encontrada e adequado como um procedimento de governo" (CHEVALLIER, Jacques. *O Estado pós-moderno*. Tradução de Marçal Justen Filho. Belo Horizonte: Fórum, 2008. p. 275).

[446] A chamada *"global governance"* pode ser definida como o complexo de procedimentos, formais e informais, por meio dos quais os sujeitos de governação, desde as empresas às instituições públicas, das organizações estaduais às organizações não governamentais,

eliminação do muro entre público e privado, mas também, entre os diferentes níveis (internacional, regional, nacional, local) de ação coletiva (*multi level governance*)".[447] O modelo de governança, no plano interno, coloca como ponto fundamental a participação de múltiplos atores que passam a ter acesso e a influenciar mais diretamente nos processos decisórios. A partir do momento em que a Administração Pública começa a discutir com eles em pé de igualdade, estes passam a ser verdadeiros parceiros de um processo de elaboração coletiva. Trata-se de um conjunto formal e informal de regras, papéis e relações que definam e regulem as práticas sociais dos atores estatais e não estatais em assuntos internos. Segundo Chevallier, "a governança parece ser imposta pelo novo contexto em que a ação do Estado se manifesta". Esta ação se direciona na busca de soluções consensuais, resultantes do acordo de diferentes atores com interesses comuns.[448] Nesse caso, as decisões de políticas públicas não são determinadas pelas elites políticas no poder, mas partem de decisões coletivas que são tomadas nas comunidades, nas cidades. Cabe asseverar que esses procedimentos de governança vêm se juntar às técnicas clássicas do governo, fazendo uma adaptação destas ao novo contexto social.

Neste modelo de gestão compartilhada, cabe ao poder público estimular a participação cidadã, o protagonismo social e o fortalecimento do terceiro setor, com a finalidade de criar uma cultura de corresponsabilidade na elaboração das escolhas coletivas que servirão de base das políticas públicas. Este novo modo de governo busca resgatar a legitimidade e dar credibilidade às ações do governo, por meio da celebração de compromissos entre os segmentos envolvidos nas atividades priorizadas pela própria comunidade. As ações devem ser conduzidas de forma compartilhada entre todos os atores da sociedade e do poder público, visando ao consenso pela absorção dos conflitos, na tentativa da erradicação dos antagonismos. Esta forma de gestão se opera com mais eficiência no plano interno dos Estados, no governo das cidades que, segundo Chevallier, tende a tornar-se o produto de iniciativas, adotadas por estes múltiplos atores, que são as autoridades

---

regulam os problemas globais. Esse modelo resulta da desterritorialização da economia e da formação dos blocos econômicos (CANOTILHO, José Joaquim Gomes. Existe um direito constitucional da regulação?. *Revista do Advogado*, São Paulo, ano XXIII, n. 73, p. 109-110, nov. 2003).

[447] *Ibidem*, p. 274.

[448] "Ela explica as novas características de um direito que supõe cada vez mais a associação dos destinatários ao processo de elaboração das normas (direito negociado) e privilegia os processos informais de influência e de persuasão (direito flexível) (*Ibidem*, p. 275).

locais, as grandes empresas públicas e privadas, os grupos de interesses, as associações, as administrações setoriais, as ONGs, entre outros.[449] "Pensar globalmente e agir localmente" é a chave para esta concepção de gestão pública, desta forma a distância entre governo e cidadão se reduz, tornando-se possível organizar e coordenar a atuação dos atores públicos e privados, dando, assim, legitimidade às ações da Administração Pública, com o objetivo de concretizar, de forma mais eficiente, as necessidades de cada grupo social, conforme as escolhas coletivas.

Esta ação mais ativa dos múltiplos atores sociais, econômicos, políticos e públicos nos processos decisórios e na elaboração das escolhas coletivas se inscreve na lógica da democracia participativa e abre a ação pública aos cidadãos, aos grupos, às comunidades.[450] A participação dos cidadãos se manifesta por meio do fortalecimento das redes sociais que se estruturam, em função de diferentes tipos de questões e se desenvolvem ao redor dos centros de decisões, com o objetivo de compor os diversos interesses sociais. Nesse sentido, "as escolhas serão o resultado de negociações e compromissos, levando em conta os pontos de vista das partes envolvidas"[451] — uma vez estabelecido o acordo, cada parte renuncia a fazer prevalecer a sua posição e se compromete com o pacto estabelecido. Assim, o conceito de governança[452] ora proposto tem como princípio a parceria que se estabelece entre o governo e a comunidade, modelo que necessita da ação pró-ativa do cidadão. Nesse contexto, a educação passa a ter um papel imprescindível para viabilizar este novo modo de governo, devendo ser uma educação emancipadora. A educação formal deve buscar desenvolver nas pessoas a capacidade de aprender a aprender e não apenas enfatizar a transferência de conhecimentos. Esta deve desenvolver uma educação para o desenvolvimento pessoal e sustentável. A educação

---

[449] CHEVALLIER, Jacques. *O Estado pós-moderno*. Tradução de Marçal Justen Filho. Belo Horizonte: Fórum, 2008. p. 276.

[450] *Ibidem*, p. 276. O autor esclarece que as finalidades, perseguidas por meio dessa procura pela cooperação dos atores sociais, são elas próprias ambíguas. Distingue dois tipos de governança, "a instrumental" que visaria "à eficácia da ação pública, tomando consciência dos limites de sua atuação, e o Estado que aceita discutir com outros protagonistas — este tipo de governança conduziria a eliminar as singularidades da ação pública, adotando a racionalidade do privado. As 'governanças procedimentais' tenderiam a abrir a ação pública aos cidadãos, aos grupos, às comunidades: tratar-se-ia de fazer do interesse geral o produto de uma 'deliberação coletiva', conforme a ideia de 'democracia processual' tão cara a Habermas".

[451] CHEVALLIER, *op. cit.*, p. 274.

[452] PORTO ALEGRE. Disponível em:<http://www2.portoalegre.rs.gov.br/observatorio/default. php?p_secao=66>. Acesso em: 07 fev. 2010.

para a cidadania, proposta por Bobbio, por sua vez, deve investir no cidadão para potencializar nele a capacidade de exigir os seus direitos e assumir os seus deveres diante da sociedade, reascendendo a adesão aos valores comuns que sustentam a existência da comunidade política. Sendo assim, a democracia participativa decorre do exercício da cidadania, que deve ser baseado na autonomia e na liberdade do indivíduo, tornando-o capaz de fazer as suas próprias escolhas. Esta liberdade intelectual está diretamente ligada à educação, ao empoderamento, referido por Paulo Freire.[453] Este implica a conquista, o avanço e a superação por parte daquele que se empodera (sujeito ativo do processo). Em outras palavras, é o processo pelo qual o indivíduo adquire autonomia para realizar, por si, as mudanças necessárias ao seu crescimento e desenvolvimento pessoal e social em uma determinada comunidade.

Em consequência disso, por meio da educação, é possível que o indivíduo se emancipe e alcance sua autonomia, desenvolvendo habilidades e competências para tornar-se apto ao trabalho e a subsistir, de uma maneira digna, em um mundo sustentável. O direito à educação está umbilicalmente ligado à dignidade da pessoa humana e ao livre desenvolvimento da personalidade. A efetividade desse direito garante a efetividade do direito à igualdade de oportunidades dos indivíduos.

Só será possível obter progressos na educação quando os alunos, os professores, as escolas, a comunidade e a Administração Pública se mobilizarem para enfrentar os desafios existentes no plano social, ambiental e econômico. Mas, antes de tudo, é necessário que os dirigentes e os responsáveis da tomada de decisão criem as condições necessárias, a fim de que a educação possa orientar-se para a criação de sociedades de desenvolvimento sustentável[454] mais justas. O primeiro passo, para tanto, é a erradicação do analfabetismo e a efetiva universalização de uma educação básica de qualidade.

---

[453] FREIRE, Paulo. *Pedagogia da esperança*: um reencontro com a pedagogia do oprimido. São Paulo: Paz e Terra, 1992. p. 24.

[454] De acordo com a UNESCO, desenvolvimento sustentável significa: *"satisfacer las necesidades de las generaciones presentes, sin comprometer las posibilidades del futuro para atender sus propias necesidades"* (UNESCO. Disponível em: <http://www.unesco.org/es/esd/>. Acesso em: 22 fev. 2010).

CONSIDERAÇÕES FINAIS

A partir da conformação conceitual de educação proposta, ela se qualifica como um processo de aprendizagem permanente para o desenvolvimento de habilidades, competências e da capacidade de aprender, visando à formação integral da pessoa, com o propósito de atender às necessidades e às aspirações de natureza individual e social. Nesse sentido, a educação, como direito fundamental, abrange uma dimensão subjetiva e objetiva, tendo como objetivo constitucional o desenvolvimento da pessoa, o seu preparo para o exercício da cidadania e a sua qualificação para o trabalho.

Por meio da educação, se constrói e se transmite o conhecimento, se incentiva a criatividade, o desenvolvimento de tecnologias e a formação de valores culturais. Este conjunto de ações fornece a matéria-prima para a construção de um mundo mais justo, eficiente, sustentável e democrático. Nesse sentido, a efetividade do direito à educação deve resultar em benefícios de natureza pessoal, social e econômica. Deve, ainda, contribuir para a plena expansão da personalidade humana, o reforço dos direitos e das liberdades fundamentais, a formação de uma cultura de sustentabilidade e de uma democracia participativa.

Pelo exame do sistema normativo do direito à educação, verifica-se que os problemas educacionais no Brasil são históricos. Como percebemos, no Brasil, o déficit educacional é um dos principais responsáveis pela desigualdade de renda e pela exclusão social de grande parcela da população. Os modelos de sistema de ensino e as políticas educacionais não estão priorizando a educação básica nem a erradicação do analfabetismo, estando estes fatores inibindo o desenvolvimento socioeconômico do país.

Nesse sentido, no Estado Constitucional contemporâneo, não basta apenas o reconhecimento formal de um direito, exige-se da Administração Pública a satisfação material dos direitos fundamentais, admitindo sempre a necessidade de se fazer uma ponderação entre a melhor escolha, sem que ao Estado seja impingido o fardo de segurador universal. Mas não se aceita que seja um Estado cronicamente omisso.

O direito fundamental à educação faz parte do mínimo existencial, todavia a dificuldade de delimitação do seu conteúdo é um obstáculo à sua efetividade. No sistema normativo brasileiro, o direito à educação é altamente regulamentado. No entanto, a previsão formal, por si só, não é garantia de sua concretização. O desafio está exatamente neste ponto: como transformar um direito fundamental de eficácia direta e imediata, como o direito fundamental à educação, em um direito efetivado?

Dentro desta busca para delimitar o objeto a ser prestado pelo Estado em atenção à educação dos cidadãos, insere-se outra problemática, a saber, a da possibilidade e necessidade de intervenção do Poder Judiciário para a concretização das políticas públicas. Na omissão do Estado, há a possibilidade de o magistrado aplicar o direito como instrumental promocional rumo ao projeto de sociedade, desenhado pelo Estado Constitucional contemporâneo. Esta atuação mais proativa do Judiciário deve ser tópico-sistemática, demandando uma maior complexidade da atividade hermenêutica, sem, no entanto, configurar violação ao princípio da separação de poderes. Dessa forma, o magistrado não pode dar qualquer conteúdo ao direito em busca de tutela, pois está limitado pela ordem constitucional e pelo sistema de normas vigentes.

A educação está inserida na ordem constitucional como direito subjetivo público de segunda dimensão, sujeito ao regime jurídico de aplicação direta e imediata. Sua fundamentalidade formal nasce no Estado Social e se qualifica como um dos direitos sociais mais expressivos, eis que cria condição para o exercício de outros direitos. Como direito social, a educação ganhou relevo a partir das transformações culturais e econômicas, originadas pela Revolução Industrial, que motivou, dentre outras, a mudança da concepção de Estado.

O Estado adquire feições intervencionista e reguladora, abandonando o papel de mero espectador dos interesses privados e do mercado, enquanto o direito assume uma função promocional, pois deixa de ser mera estrutura para assumir-se funcionalmente. O novo paradigma, enfrentado pelo Estado Social no constitucionalismo contemporâneo, deve integrar à legalidade a legitimidade, efetivando os direitos fundamentais sociais.

A educação, fundada nos ideais democráticos, deve promover, de todas as formas, a autonomia dos indivíduos, suscitando e favorecendo, com o desenvolvimento da personalidade e do reconhecimento dos seus direitos, a consciência de suas responsabilidades e de seus deveres. Nesse sentido, a educação é libertadora em sua essência, já que propicia a liberdade física e intelectual, contribuindo para desenvolver no indivíduo a sua autonomia, com o fim de tornar inviolável a sua dignidade. O direito fundamental à educação, disciplinado e interpretado em consonância com os fundamentos do Estado Constitucional contemporâneo, passou a ser mensurado como um valor de cidadania e de dignidade da pessoa humana, itens essenciais ao Estado Democrático de Direito, pois se revela nos ideais da democracia, cuja essência se insere no princípio da igualdade de oportunidades. Um Estado Democrático se viabiliza com sistemas de participação e representação política efetiva e eleitores com capacidade de fiscalizar, assim como exigir o cumprimento das leis. Uma democracia sólida precisa de mecanismos que assegurem aos cidadãos o direito de interferir nas decisões de seus representantes, para tanto, estes cidadãos têm que estar aptos e preparados para atuar, caso contrário, serão manipulados pelas forças políticas, sem que as suas aspirações e os seus direitos sejam atendidos.

O reconhecimento da educação como direito humano revela a importância que lhe foi conferida no plano internacional. A universalização da educação básica está entre os oito Objetivos de Desenvolvimento do Milênio, meta estabelecida para ser alcançada até 2015. Como primeira etapa do processo educacional, a sua efetividade se configura na satisfação do mínimo existencial e se justifica devido a falta de instrução estar diretamente associada à desigualdade social, revelando-se como um dos fatores que inibe o desenvolvimento sustentável de um mundo globalizado. Sustentabilidade se traduz em desenvolvimento ambientalmente correto, socialmente justo e economicamente viável. As políticas educacionais devem ser eficientes, a fim de oportunizar aprendizagem que possibilite o desenvolvimento pleno das potencialidades da pessoa, para que viva e trabalhe com dignidade, bem como contribua para o progresso da sociedade. A educação tem um papel fundamental no projeto de desenvolvimento sustentável do Brasil, já que a qualidade da educação formal depende da vitalidade de uma nação: do ponto de vista social, quanto à circulação de informação, ao garantir que todos os cidadãos possuam as ferramentas mínimas necessárias para exigir os seus direitos e cumprir os seus deveres; do ponto de vista político, da tomada de decisões e da transformação da sociedade, que somente serão possíveis, tendo como base a participação consciente e o conhecimento da realidade; do ponto de vista econômico: para que possam ser criadas novas soluções, mais produtivas e menos poluidoras, sejam dadas as ferramentas para a formação de indivíduos qualificados e desenvolvidas novas tecnologias. Tudo isto, portanto, é fundamental para que seja promovido o desenvolvimento sustentável em nosso país.

Os relatórios internacionais reconhecem que, desde 2000, houve avanços na área da educação na maior parte do mundo, mas alertam para os riscos de não se investir na educação como condição para deter o aumento das desigualdades e o avanço da pobreza. Advertem, entretanto, que a meta só será cumprida se houver um direcionamento das políticas educacionais para as camadas mais vulneráveis da população e a melhoria da qualidade do ensino em todos os níveis. Para tanto, é necessário investir em eficiência na execução dessas políticas, garantindo um desenvolvimento equilibrado da esfera econômica, social e ambiental e a justa distribuição das riquezas.

No plano nacional, a universalização do acesso da população escolar ao ensino fundamental, ocorrida no período de 1995 a 2002, com a criação do FUNDEF, operou uma transformação no sistema inclusivo da educação. Em apenas oito anos, a proporção de crianças de sete a 14 anos de idade que frequentavam a escola passou de 88 para 97%, índice que permaneceu até 2009. Mesmo diante dessa realidade e da edição da EC nº 59/09, que instituiu a universalização da educação básica e aumentou a dotação orçamentária para a educação ao excluí-la da DRU, ainda não há vagas suficientes na idade de ingresso na educação infantil, e um número expressivo dos jovens não concluem o ensino médio. Logo, as políticas educacionais têm que ser mais eficientes e eficazes, aprimorando a qualidade do sistema de ensino e a expansão das matrículas na educação infantil, bem como no ensino médio, principalmente nos segmentos marginalizados da população.

A proteção à infância é um dos direitos sociais arrolados no art. 6º da CF, pois é neste período que se estabelecem as bases da personalidade humana, da inteligência, da vida emocional e da socialização. Portanto, a primeira etapa do processo educacional deve ocorrer na primeira infância, possibilitando o desenvolvimento das habilidades cognitivas e não cognitivas, capacitando a pessoa a aprender continuamente. Os efeitos da educação na primeira infância são comprovados por pesquisas científicas em várias áreas do conhecimento, por conseguinte, há a imprescindibilidade de uma educação infantil de qualidade, uma vez que representa o núcleo essencial do direito à educação. Sendo assim, a educação básica tem que ser prioridade absoluta nas políticas educacionais, pois representa a fase inicial do desenvolvimento da pessoa. O princípio da prioridade absoluta na proteção dos direitos da criança e do adolescente, contido no art. 227, *caput* da CF, impõe ao poder público o dever de criar condições objetivas para assegurar a fruição destes.

Ao reconhecer que a educação funciona como sistema, as suas diversas etapas de ensino inter-relacionam-se, e, deste modo, devem-se potencializar as políticas educacionais em todos os níveis de ensino, dando prioridade à educação básica, já que representa a primeira e decisiva etapa do processo de aprendizagem. Essa perspectiva sistêmica reclama uma articulação da educação com o desenvolvimento socioeconômico, eis que uma grande parcela dos alunos vive em situação vulnerável, o que compromete ainda mais a efetividade e a qualidade da educação. Em virtude dos baixos índices de desempenho da educação básica, principalmente no âmbito das redes públicas, bem como a conexão entre falta de instrução e condições socioeconômicas precárias de expressiva parcela da população brasileira, a garantia da efetividade do direito à educação passa a ser uma questão prioritária e urgente nas ações governamentais.

O primeiro passo para equacionar os problemas educacionais, constatados nesta obra, é definir as estratégias de enfrentamento para os problemas apontados, mediante elaboração de uma política pública educacional emancipadora, integrada com todos os entes da federação, fortalecendo o regime de colaboração entre estes, mobilizando os agentes sociais, direta e indiretamente vinculados à escola, assim como propiciando a pactuação de responsabilidades entre os atores apontados e toda a sociedade.

Por prerrogativa constitucional, a educação trata-se de um direito de cunho prestacional, condiciona, pois, a Administração Pública no indeclinável dever jurídico de realizá-lo, por meio de políticas públicas desenvolvidas de acordo com os ditames constitucionais, criando condições objetivas que propiciem aos titulares desse direito o pleno acesso ao sistema educacional e ao ensino de qualidade.

Ao prestigiar o direito fundamental à boa administração pública, como instrumento contra a omissão do Estado, propõe-se uma nova leitura da responsabilidade civil do Estado. Esta passa a ser feita exatamente a partir da exigência de que o poder público exerça a sua discricionariedade de forma eficiente e eficaz, sob a regência inviolável dos valores e princípios, estabelecidos pela Constituição. Dessa forma, cabe deslocar o eixo da discussão, isto é, da ausência da política pública para aquela da sua eficiência, que se configura no dever geral do poder público em empregar todos os meios disponíveis para obter os melhores resultados possíveis, para a realização dos direitos fundamentais.

Em relação ao direito à educação, não se pode deixar de considerar os fatores externos ao sistema educativo. Problemas como renda, gênero, raça, condições físicas dos educandos, região do país e bairro de moradia em uma mesma cidade, a presença ou a ausência de estímulos em casa, o nível de instrução alcançado pelos pais, as condições socioeconômicas das famílias e a idade que a criança inicia a sua escolaridade influenciam o processo de escolarização da população.

Por essa razão, resolver os problemas próprios dos sistemas educativos não é suficiente para concretizar o direito à educação. Nesse sentido, é necessária uma política pública, integrada no combate às desigualdades sociais e comprometida com os ideais igualitários do discurso político da educação pública. Em vista disso, um dos grandes obstáculos às políticas públicas educacionais, além da falta de eficiência na sua execução, é esta ausência de políticas de inclusão em defesa dos grupos mais vulneráveis, pessoas que historicamente foram excluídas do sistema, gerando situações de iniquidade em relação ao acesso e à permanência na escola.

Os modelos de gestão pública no Brasil, em sua maioria, não estão dando conta deste dever inafastável do Estado em concretizar, na maior medida possível, os direitos sociais. O Estado Constitucional deve adotar um modelo de gestão de políticas sociais compartilhadas, fazendo um chamado definitivo e claro, para que a sociedade venha a ser parceira do governo como sujeito na definição e na implementação da política social, deixando de ser objeto. Para tanto, deve adotar métodos de gestão moderna, traçar rumos claros, definir instrumentos participativos, abrindo mão de controles burocráticos tradicionais e aceitar compartilhar o poder. Isto requer do dirigente público uma alta dose de transparência, aceitando o controle social sobre os gastos públicos e a disposição para o diálogo.

O modelo de governança referido é um bom exemplo de gestão pública compartilhada, moderna e capaz de transformar as relações entre Estado e sociedade, na busca da concretização dos direitos sociais. As aspirações do Estado Constitucional contemporâneo de construir uma sociedade livre, justa e solidária, com desenvolvimento socioeconômico, com erradicação da pobreza, da marginalização e das desigualdades sociais e regionais, livre de quaisquer formas de discriminação, são realizadas na educação para o desenvolvimento sustentável e para uma ética planetária. A garantia formal da universalização da educação básica, recentemente instituída na nossa Carta máxima, deve ser efetivada com a maior urgência, para que o Brasil possa ser integrado, de fato, à sociedade do conhecimento do Estado Constitucional contemporâneo.

A redução da pobreza e a construção de uma sociedade mais igualitária, orientadas pela paz e sustentabilidade, só são possíveis se as pessoas de todas as idades adquirirem conhecimento, competências e valores que lhes permitam informa-se adequadamente e tomar decisões responsáveis. Uma educação de qualidade que propicie a tomada de consciência, a solidariedade, a autonomia e a responsabilidade deve ser parte integrante de qualquer política educacional para o novo modelo de Estado Democrático.

Referências

ALEXY, Robert. *Teoria dos direitos fundamentais*. Tradução de Virgílio Afonso da Silva. São Paulo: Malheiros, 2008.

ALMEIDA, Carlos Alberto. *A cabeça do brasileiro*. Rio de Janeiro: Record, 2007. Disponível em: <http://www.uff.br/datauff./2002cabeçadobrasileiro/>. Acesso em: 10 ago. 2008.

ALVES, Marco Antônio Sousa. Habermas e os desafios de uma sociedade multicultural. *Intuito*, Porto Alegre, v. 2, n. 1, p. 124-139, jun. 2009.

ANDRADE, José Carlos Vieira de. *Os direitos fundamentais na Constituição Portuguesa de 1976*. 3. ed. Coimbra: Almedina, 2004.

ARENDT, Hannah. *A condição humana*. 10. ed. Rio de Janeiro: Forense Universitária, 2008.

ARÉNILLA, Luis *et al*. *Dicionário de pedagogia*. Lisboa: Instituto Piaget, 2000.

AZEVEDO, Fernando de. *A educação e seus problemas*. São Paulo: Nacional, 1937. (Série Atualidades Pedagógicas. Biblioteca Pedagógica Nacional, v. 22).

BACELAR FILHO, Romeu Felipe. Responsabilidade civil da Administração Pública: aspectos relevantes. *In*: FREITAS, Juarez (Org.). *Responsabilidade civil do Estado*. São Paulo: Malheiros, 2006.

BANCO MUNDIAL. Brazil Early Child Development: a Focus on the Impact of Preschools. *Relatório No. 22851-BR*, set. 2001.

BASTOS, Aurélio Wander. *Coletânea da Legislação Educacional Brasileira*. Rio de Janeiro: Lumen Juris, 2000.

BAUMAN, Zygmunt. *Globalização*: as conseqüências humanas. Rio de Janeiro: Jorge Zahar, 1999.

BECK, Ulrich. *Qué es la globalización*: falácias del globalismo, respuestas a la globalización. Barcelona: Paidós, 2002.

BINENBOJM, Gustavo. *Uma teoria do direito administrativo*. Rio de Janeiro: Renovar, 2006.

BOBBIO, Norberto. *A era dos direitos*. 4. ed. Rio de Janeiro: Elsevier, 2004.

BOBBIO, Norberto. *O futuro da democracia*. 11. ed. São Paulo: Paz e Terra, 2009.

BOMENY, Helena. *Os intelectuais da educação*. Rio de Janeiro: Jorge Zahar, 2001.

BONAVIDES, Paulo. *Teoria do Estado*. 4. ed. São Paulo: Malheiros, 2003.

BONAVIDES, Paulo; ANDRADE, Paes de. *História do constitucionalismo do Brasil*. 2. ed. Brasília: Paz e Terra Política, 1990.

BRASIL. Ministério da Educação e Cultura. *Serviço de estatística educacional*. Cuiabá: SEC/MT; Rio de Janeiro: FENAME, 1981.

BREYER, Stephen. *Active Liberty*: Interpreting our Democratic Constitution. New York: Alfred a. Knopf, 2005.

BUCCI, Maria Paula Dallari. *Políticas públicas*: reflexões sobre o conceito jurídico. São Paulo: Saraiva, 2006.

CAHALI, Yussef Said. *Responsabilidade civil do Estado*. São Paulo: Revista dos Tribunais, 2007.

CALDAS, Roberto Correia da Silva Gomes. *Parcerias público-privadas*: garantias inovadoras da Lei Federal nº 11.079/2004: prevalência do regime jurídico dos denominados contratos administrativos e das concessões de serviços públicos. 2008. Tese (Doutorado) – Pontifícia Universidade Católica de São Paulo, São Paulo, 2008.

CANARIS, Claus Wilhelm. *Direitos fundamentais e direito privado*. Coimbra: Almedina, 2003.

CANOTILHO, José Joaquim Gomes. *Direito constitucional e teoria da Constituição*. 3. ed. Coimbra: Coimbra Ed., 1999.

CANOTILHO, José Joaquim Gomes. Existe um direito constitucional da regulação?. *Revista do Advogado*, São Paulo, ano XXIII, n. 73, nov. 2003.

CASADO FILHO, Napoleão. *Governança corporativa*: análise jurídica dos seus efeitos. São Paulo: Malheiros, 2010.

CHEVALLIER, Jacques. *O Estado pós-moderno*. Tradução de Marçal Justen Filho. Belo Horizonte: Fórum, 2008.

CORREIA, Sérvulo. *O direito de manifestação*: âmbito de proteção e restrições. Coimbra: Almedina, 2006.

COSTA, Denise Souza. A omissão da administração pública para a concretização do direito fundamental à educação. *Revista do Curso de Direito da FSG*, Caxias do Sul, ano 4, n. 8, p. 79, jul./dez. 2010.

DANTAS, San Tiago. *Programa de direito civil*: parte geral. 4. tir. Rio de Janeiro: Ed. Rio, 1979.

DIGIÁCOMO, Murillo José. Instrumentos jurídicos para garantia do direito à educação. *In*: LIBERATI, Wilson Donizeti (Org.). *Direito à educação*: uma questão de justiça. São Paulo: Malheiros, 2004.

DRUCKER, Peter. *Sociedade pós-capitalista*. Tradução de Nivaldo Montingelli Jr. São Paulo: Pioneira, 1993.

Referências | 203

DUARTE, Clarisse Seixas. Direito subjetivo público e políticas educacionais. *In:* BUCCI, Maria Paula Dallari (Org.). *Políticas públicas:* reflexões sobre o conceito jurídico. São Paulo: Saraiva, 2006.

DUARTE, Sérgio Guerra. *Dicionário brasileiro de educação.* Rio de Janeiro: Antares: Nobel, 1986.

DURKHEIM, Émile. *Ética e sociologia da moral.* 2. ed. São Paulo: Landy, 2006.

DWORKIN, Ronald. *O império do direito.* São Paulo: Martins Fontes, 2003.

FARIA, Ernesto. *Dicionário escolar latino português.* Rio de Janeiro: FAE, 1994.

FIGUEIREDO, Marcelo. O controle das políticas públicas pelo Poder Judiciário no Brasil: uma visão geral. *Interesse Público,* Belo Horizonte, ano 9, n. 44, p. 27-66, jul./ago. 2007.

FREIRE, Laudelino (Org.). *Grande e novíssimo dicionário da língua portuguesa.* Rio de Janeiro: José Olympio, 1954.

FREIRE, Paulo. *Pedagogia da autonomia:* saberes necessários à prática educativa. 37. ed. São Paulo: Paz e Terra, 2008.

FREIRE, Paulo. *Pedagogia da esperança:* um reencontro com a pedagogia do oprimido. São Paulo: Paz e Terra, 1992.

FREITAS, Fábio F. B. de. *Viver a democracia:* uma breve análise sobre democracia, direitos humanos e cidadania. Recife: Bagaço, 2002.

FREITAS, Juarez (Org.). *Responsabilidade civil do Estado.* São Paulo: Malheiros, 2006.

FREITAS, Juarez. *A interpretação sistemática do direito.* 4. ed. rev. e ampl. São Paulo: Malheiros, 2004.

FREITAS, Juarez. *Discricionariedade administrativa e o direito fundamental à boa Administração Pública.* São Paulo: Malheiros, 2007.

GARCIA, Maria. A nova lei de diretrizes e bases da educação nacional. *Cadernos de Direito Constitucional e Ciência Política,* n. 23, p. 59, 2001.

GOLDSTEIN, Ilana. *Responsabilidade social:* das grandes corporações ao terceiro setor. São Paulo: Ática, 2007.

GOMES, Sergio Alves. O princípio constitucional da dignidade da pessoa humana e o direito fundamental à educação. *Revista de Direito Constitucional e Internacional,* São Paulo, ano 13, n. 51, p. 55, abr./jun. 2005.

GRAU, Eros Roberto. *A ordem econômica na Constituição de 1988.* 11. ed. São Paulo: Malheiros, 2006.

GUASTINI, Ricardo. Teoria e ideologia da interpretação constitucional. *Interesse Público,* Porto Alegre, ano 8, n. 40, p. 217, nov./dez. 2006.

HÄBERLE, Peter. A dignidade humana como fundamento da comunidade estatal. *In*: SARLET, Ingo Wolfgang (Org.). *Dimensões da dignidade*: ensaios de filosofia do direito e direito constitucional. 2. ed. Porto Alegre: Livraria do Advogado, 2009.

HABERMAS, Jürgen. *The Inclusion of the Other*: Studies in Political Theory. Frankfurt am Main: Edited by Ciaran Cronin and Pablo de Greiff, 1998.

HECKMAN, James; LAYNE-FARRAR, Anne; TODD, Petra. Does Measured School Quality Really Matter? An Examination of the Earnings-Quality Relationship. *In*: BURTLESS, G. (Ed.). *Does Money Matter? The Effect of School Resources on Student Achievement and Adults Success*. Washington, DC: Brooking Institution Press, 1996.

HONNETH, Axel. *Luta por reconhecimento*. Tradução de Repa Luiz. São Paulo: Ed. 34, 2003.

INSTITUTO DE PESQUISA APLICADA (IPEA). *Brasil em desenvolvimento*: Estado, planejamento e políticas públicas. Determinantes do Desenvolvimento na Primeira Infância no Brasil. Brasília: IPEA, 2009. v. 3.

IOSCHPE, Gustavo. *A ignorância custa um mundo*: o valor da educação no desenvolvimento do Brasil. São Paulo: W 11: Francis, 2004.

KANT, Immanuel. *A paz perpétua e outros opúsculos*. Lisboa: Edições 70, 1995.

LAFER, Celso. *A reconstrução dos direitos humanos*: um diálogo com o pensamento de Hannah Arendt. São Paulo: Companhia das Letras, 2006.

LIBERATI, Wilson Donizeti (Org.). *Direito à educação*: uma questão de justiça. São Paulo: Malheiros, 2004.

LIMA, Maria Cristina de Brito. *A educação como direito fundamental*. Rio de Janeiro: Lumen Juris, 2003.

LIMBERGER, Têmis. O dogma da discricionariedade administrativa: a tensão instaurada entre os poderes Judiciário e Executivo devido às políticas públicas de saúde no Brasil. *Interesse Público*, Belo Horizonte, ano 11, n. 57, p. 77-98, set./ out. 2009.

MACHADO, José Pedro. *Dicionário etimológico da língua portuguesa*: com a mais antiga documentação escrita e conhecida de muitos dos vocábulos estudados. São Paulo: Livros Horizonte, 2003. (v. 2, C-E).

MALISKA, Marcos Augusto. Educação, Constituição e democracia. *In*: SOUZA NETO, Cláudio Pereira de; SARMENTO, Daniel (Coord.). *Direitos sociais, fundamentos, judicialização e direitos sociais em espécie*. Rio de Janeiro: Lumen Juris, 2008.

MALISKA, Marcos Augusto. *O direito à educação e a Constituição*. Porto Alegre: Sergio Antonio Fabris, 2001.

MARSHALL, Thomas H. *Cidadania, classe social e status*. Rio de Janeiro: Zahar, 1967.

MORIN, Edgar. *Introdução ao pensamento complexo*. Tradução de Eliane Lisboa. 3. ed. Porto Alegre: Sulina, 2007.

MORIN, Edgar. *Os sete saberes necessários à educação do futuro*. 10. ed. São Paulo: Cortez; Brasília, DF: UNESCO, 2005.

NABAIS, José Casalta. *O dever fundamental de pagar impostos*. Coimbra: Almedina, 2004.

PONTES DE MIRANDA, Francisco Cavalcanti. *Comentários à Constituição de 1967 com a Emenda nº 1 de 1969*. 2. ed., 2. tiragem. São Paulo: Revista dos Tribunais, 1974. t. V.

PONTES DE MIRANDA, Francisco Cavalcanti. *Tratado do direito privado*. Rio de Janeiro: Borsoi, 1954. (Parte Geral, v. 1).

SARI, Marisa Timm. A organização da educação nacional. *In*: LIBERATI, Wilson Donizeti (Org.). *Direito à educação*: uma questão de justiça. São Paulo: Malheiros, 2004.

SARLET, Ingo Wolfgang. *A eficácia dos direitos fundamentais*: uma teoria geral dos direitos fundamentais na perspectiva constitucional. 10. ed. rev. atual e ampl. Porto Alegre: Livraria do Advogado, 2009.

SARLET, Ingo Wolfgang. *Dignidade da pessoa humana e direitos fundamentais na Constituição Federal de 1988*. 5. ed. rev. e atual. Porto Alegre: Livraria do Advogado, 2007.

SCHMIDT ASSMANN, Eberhard. Principes de base d'une reforme du droit administratif. *Revue Droit Administratif et Justice Administrative*, mai./juin 2008.

SCHMIDT-ASSMANN, Eberhard. *La teoria general del derecho administrativo como sistema – INAP*. Madrid: Marcial Pons, 2003.

SILVA, José Afonso da. *Curso de direito constitucional positivo*. 23. ed. São Paulo: Malheiros, 2004.

SOUZA JUNIOR, Cezar Saldanha. *Consenso e tipos de Estado no Ocidente*. Porto Alegre: Sagra Luzzatto, 2002.

SOUZA, Paulo Renato. *A revolução gerenciada*: educação no Brasil, 1995-2002. São Paulo: Prentice Hall, 2005.

TAMBARA, Eliomar; ARRIADA, Eduardo (Org.). *A instrução pública no Brasil*: pelo Conselheiro Doutor José Liberato Barroso, 1867. Pelotas: Seiva, 2005. (Série Filosofia e História da Educação, II).

TAVARES, André Ramos. Direito fundamental à educação. *In*: SOUZA NETO, Claudio Pereira de; SARMENTO, Daniel (Coord.). *Direitos sociais*. Rio de Janeiro: Lumen Juris, 2008.

TORRES, Ricardo Lobo. A cidadania multidimensional da era dos direitos. *In*: TORRES, Ricardo Lobo (Org.). *Teoria dos direitos fundamentais*. Rio de Janeiro: Renovar, 1999.

VALLE, Vanice Lírio do. Direito fundamental à boa administração, políticas públicas eficientes e a prevenção do desgoverno. *Interesse Público*, Belo Horizonte, ano 10, n. 48, p. 87-109, mar./abr. 2008.

WEBER, Tadeu. Autonomia e dignidade da pessoa humana em Kant. *Revista Direitos Fundamentais & Justiça*, Porto Alegre, v. 3, n. 9, p. 232-259, 2009.

Sites consultados

<http://www.cnt.org.br/arquivos/downloads/sensus/relat88.pdf>. Acesso em: 07 set. 2010.

<http://www.ipm.org.br/ipmb_pagina.php?mpg=4.02.00.00.00&ver=por>. Acesso em: 1º set. 2010.

<http://www.mg.gov.br/portalmg/do/acoesGoverno?op=estruturaConteudo &coConteudo=54715&coSeqEstrutura=1340&coEstruturaPai=10>. Acesso em: 21 ago. 2010.

<http://www.pisa.oecd.org/pages/0,2987,en_32252351_32235731_1_1_1_1_1,00. html>. Acesso em: 23 ago. 2010.

<http://www.scribd.com/doc/12906958/Relatório-Brundtland-Nosso-Futuro-Comum-Em-Portugues>. Acesso em: 6 jan. 2011.

<www.administradores.com.br/noticias/porto_alegre_apresenta_modelo_de_ governanca_solidaria/4197/-41k>. Acesso em: 20 nov. 2010.

BRASIL. Disponível em: <http://www.inep.gov.br/basica/censo/>. Acesso em: 10 jul. 2010.

BRASIL. Disponível em: <http://www.pnud.org.br/odm/>. Acesso em: 18 abr. 2010.

BRASIL. Disponível em: <http://www.pnud.org.br/pobreza_desigualdade/ reportagens/index.php?id01=1256&lay=pde>. Acesso em: 17 abr. 2010.

BRASIL. Ministério da Educação. *Plano Nacional de Educação – PNE*. Brasília: INEP, 2001. Disponível em: <http://portal.mec.gov.br/arquivos/pdf/pne.pdf>. Acesso em: 10 nov. 2010.

BRASIL. Ministério da Educação. *Relatório de 2005*. Disponível em: <http://www. mec.gov.br>. Acesso em: 12 maio 2010.

CONFERÊNCIA NACIONAL DA EDUCAÇÃO. Disponível em: <conae.mec. gov.br>. Acesso em: 5 dez. 2010.

DECLARAÇÃO Universal dos Direitos Humanos. Disponível em: <www. mj.gov.br/sedh/ct/legis_intern/ddh_bib_inter_universal.htm>. Acesso em: 12 maio 2010.

Referências | 207

DOCUMENTO final da Conferência Nacional da Educação. Disponível em: <http://conae.mec.gov.br/images/stories/pdf/pdf/documetos/documento_final_sl.pdf>. Acesso em: 29 maio 2010.

EL DECENIO de las Naciones Unidas de la Educación para el Desarrollo Sostenible (DEDS, 2005-2014). Disponível em: <http://www.unesco.org/es/esd/>. Acesso em: 22 fev. 2010.

EN LA ESCUELA del Futuro. *El Correo de la UNESCO*, n. 4, p. 3, 2009. Disponível em: <http://www.unesco.org/es/education/dynamic-content-single-view/news/education_for_sustainable_development_and_climate_change/back/9195/cHash/2704f04092/>. Acesso em: 22 fev. 2010.

HADDAD, Sérgio. *Educação e exclusão no Brasil*. Ação Educativa. 2007. Disponível em: <http://www.bdae.org.br/dspace/bitstream/123456789/2299/1/educacao_exclusao_brasil1.pdf>. Acesso em: 24 jan. 2010.

HECKMAN, James; RUBINSTEIN, Yona. *The Importance of Noncognitive Skills*: Lessons from the ged Testing Program. Disponível em: <http://www.econpol.unisi.it/bowles/Institutions%20of%20capitalism/heckman%20on%20ged.pdf>. Acesso em: 24 jan. 2010.

IDS – INDICADORES DE DESENVOLVIMENTO SUSTENTÁVEL DO IBGE. INSTITUTO BRASILEIRO DE GEOGRAFIA E ESTATÍSTICA. Brasil 2010. Disponível em: <http://www.ibge.gov.br/home/geociencias/recursosnaturais/ids/ids2010.pdf>. Acesso em: 1º set. 2010.

INSTITUTO BRASILEIRO DE GEOGRAFIA E ESTATÍSTICA – IBGE. Disponível em: <http://www.ibge.gov.br/home/estatistica/populacao/criancas_adolescentes/default.shtm>. Acesso em: 24 out. 2010.

INSTITUTO Ethos e Instituto Paulo Monteiro. *O compromisso das empresas com o alfabetismo funcional*. São Paulo, 2005. Disponível em: <www.uniethos.org.br/_Uniethos/Documentos/alfabetismo_funcional.pdf>. Acesso em: 10 jan. 2011.

INSTITUTO NACIONAL DE ESTUDOS E PESQUISAS EDUCACIONAIS – INEP. Disponível em: <www.publicacoes.inep.gov.br/arquivos/%7B4B04844B-CEEB-4409-A421-B5CE4603A6D4%7D_01.pdf>. Acesso em: 10 ago. 2010.

KIM, Richard. *Direito subjetivo à educação infantil e responsabilidade pública*. Publicado na CONPEDI. Disponível em: <www.conpedi.org/manaus/.../Richard%20P.%20Pae%20Kim.pdf>. Acesso em: 24 fev. 2010.

OBJETIVOS de Desarrollo del Milenio: una mirada desde América Latina y el Caribe. Disponível em: <http://www.eclac.org/cgibin/getProd.asp?xml=/publicaciones/xml/1/21541/P21541.xml&xsl=/tpl/p9f.xsl&base=/tpl/top-bottom.xsl>. Acesso em: 17 abr. 2010.

PILETTI, Nelson. *História da educação no Brasil*. 6. ed. São Paulo: Ática, 1996 *apud História da educação*: período do Estado Novo (1937-1945). Disponível em: <http://www.pedagogiaemfoco.pro.br/heb08.htm>. Acesso em: 28 nov. 2010.

PORTO ALEGRE. Disponível em: <http://www2.portoalegre.rs.gov.br/cs/default.php?reg=115250&p_secao=3&di=2009-10-01>. Acesso em: 20 fev. 2010.

PORTO ALEGRE. Disponível em: <http://www2.portoalegre.rs.gov.br/observatorio/default.php?p_secao=66>. Acesso em: 07 fev. 2010.

PREFEITURA MUNICIPAL DE SÃO PAULO. Disponível em: <http://portalsme.prefeitura.sp.gov.br/Anonimo/EdInf/apresentacao.aspx?MenuID=3&MenuIDAberto=88>. Acesso em: 10 nov. 2010.

RADIOGRAFIA da educação infantil no Rio Grande do Sul. Disponível em: <www2.tce.rs.gov.br/portal/.../981A277E7A234930E04010AC3C02613B>. Acesso em: 10 nov. 2010.

RELATÓRIO ANUAL DA ONU 2005. Disponível em: <http://www.onu-brasil.org.br>. Acesso em: 12 jun. 2010.

RELATÓRIO MCKINSEY&COMPANY "How the World's Most Improved School Systems Keep Getting Better". Disponível em: <http://ssomckinsey.darbyfilms.com/reports/schools/How-the-Worlds-Most-Improved-School-Systems-Keep-Getting-Better_Download-version_Final.pdf>.

SIFUENTES, Mônica. *O direito à educação e a exclusão social.* Disponível em: <http://www.redebrasil.inf.br>. Acesso em: 10 maio 2010.

STIGLITZ, Joseph E. Será o fim do neo-liberalismo? *Diário Econômico 09/08.* Disponível em: <http://diarioeconomico.sapo.pt/edicion/diarioeconomico/opinion/columnistas/pt/desarrollo/1145657.h>. Acesso em: 24 set. 2010.

UNESCO. Disponível em: <http://www.unesco.org/es/esd/>. Acesso em: 22 fev. 2010.

Índice de Assuntos

página

A

Abandono intelectual (crime).........111

Acesso (educação)...... 17, 19, 27, 29-31,
34, 37, 39, 48-50, 52-54, 57, 60,
67-69, 72-77, 83, 87, 109, 111,
114, 116, 120, 124, 126, 131,
132, 136, 139-143, 146, 147,
155, 157-160, 162, 164, 165,
175, 177, 180, 186, 196-198

Administração Pública....18, 19, 29, 36,
59, 60, 68, 69, 72, 75, 86, 88,
136, 146, 159, 168-170, 175-179,
181, 182, 184-191, 193, 197

- Direito fundamental à boa
Administração Pública......... 175-186

- Discricionariedade.................177, 197

Adolescentes.........56, 57, 110, 125, 133,
163, 170, 171

África....................................161

Alfabetização..............29, 113, 137, 139,
150, 183

Analfabetismo..............19 29, 30, 31, 33,
77, 88, 113, 126, 135-140,
160, 191, 193

- Erradicação......... 19, 77, 88, 135-137,
140, 154, 160, 191, 193

- Funcional......................132, 137, 138,
172, 173

Analfabetos..............30, 35, 87, 88, 131,
135-140, 173

Aprendizagem..........24, 33, 43, 92, 102,
123, 124, 132, 133, 143, 148,
151, 156, 163, 195, 197

Assembleia

- Assembleia Geral das Nações
Unidas...........................127, 129, 130

página

- Assembleia Geral da Organização
dos Estados Americanos (OEA)....130

Autodeterminação ..95, 96, 98, 100, 101

Autonomia............17, 18, 22, 35, 44, 84,
93-96, 98, 100-103, 108,
121-123, 126, 151, 185,
191, 194, 195

B

Bolsa Escola.....................................38

Brasil............ 24-47, 64, 68, 92, 98, 111,
116, 118, 124, 125, 127, 139,
143, 146, 153, 159, 160,
170-175, 177, 193, 198

- Colônia 24, 28

- Constituição Cidadã............. 47-53, 93

- Constituição de 1824.......................39

- Constituição de 1934.................31, 32,
41-43, 64

- Constituição de 1946.................43, 44

- Constituição de 1967.................45, 46

- Constituição de 1969.................45, 46

- Constituição de 1988......28, 35, 39, 47,
54, 58, 64, 76, 92, 94,
96, 179, 186, -187

- Constituição do Império...........29, 39

- Constituição Federal...........24, 28, 38,
48-50, 52, 53, 55, 56, 58-60,
68, 69, 73, 76, 92, 94,
122, 141, 144, 151, 155,
156, 158, 175, 177

- Constituição republicana.....29, 33, 40

- Educação básica 135-168

- Estado Novo 33, 42

- Império..............24, 25, 27, 28, 39, 142

- República 28, 113

página	página

Bureau Internacional de Educação (BIE) 127

C

Capital humano 114, 118, 149, 184

Carta
- Carta de Nice 182
- Carta dos Direitos Fundamentais da União Europeia...............131, 182
- Carta Internacional Americana de Garantias Sociais 128

Cátedra 43, 44, 46, 89

Censo da Educação Superior...141, 164

Cidadania 17, 18, 22-24, 27, 38, 68, 74, 77, 79-84, 86, 88-90, 92, 93, 102, 112, 121, 131, 143, 160, 175, 177, 181, 187, 191, 193, 195

Colégio Pedro II.....................................28

Comissão Econômica para a América Latina e Caribe (CEPAL)................124

Competência 32, 40, 43, 52, 55, 68, 76, 168, 183, 184

Conferência
- Conferência de Jomtien..................131
- Conferência Geral da Organização das Nações Unidas para a Educação.......................................129
- Conferência Nacional da Educação (CONAE) 139, 154

Conhecimento....................77, 83 93, 96, 113, 117-122, 133, 184, 185, 187, 193, 198, 199
- Era do Conhecimento..... 113, 118-122

Conselho Nacional de Educação.......55

Conselho Tutelar 110

Constitucionalismo 28, 39, 58, 60, 79, 103, 168, 194

Constituição Cidadã (Brasil).. 47-53, 93

Constituição da Espanha (1978)........99

Constituição das Saxônia (1992)........99

Convenção sobre os Direitos da Criança....................................130, 132

Coreia do Sul.....................................161

Corporate Governance 188

Creche 25, 38, 55, 67, 72, 73, 142, 147, 148, 153, 154, 156-159, 170-172, 174

Crianças 25, 29-31, 34-37, 51, 53, 55-57, 67, 71-74, 76, 107, 109-112, 117, 123-125, 128, 131-133, 136, 138, 142, 144, 146-159, 170-172, 198

D

Declaração
- Declaração Americana dos Direitos e Deveres do Homem 96, 98, 128
- Declaração de Salamanca 131
- Declaração dos Direitos da Criança 128
- Declaração Mundial de Educação para Todos 123, 131, 132, 148
- Declaração Universal dos Direitos do Homem...........................103, 126
- Declaração Universal dos Direitos Humanos 47, 127, 132

Déficit educacional.............30, 113, 116, 140, 193

Democracia 24, 26, 42, 77, 79-112
- Deliberativa...............................84, 85
- Participativa............18, 19, 85, 87, 112, 187, 190, 191, 193
- Representativa............................86, 87

Desenvolvimento econômico 19, 27, 35, 42, 114, 116, 120, 121, 138, 169, 186

Desenvolvimento sustentável 17, 18, 113-133

Desigualdades sociais......24, 28, 30, 34, 35, 64, 89, 93, 104, 112, 113, 114, 118, 125, 132, 143, 150, 162, 174, 185, 198

Desvinculação das Receitas da União (DRU)..............52, 144, 145, 196

Deveres fundamentais.............. 104-112
- Autônomos 106
- Conexos 106

Índice de Assuntos | 211

página

Dignidade da pessoa humana....17, 24, 80, 89, 92, 94, 95, 99, 100, 102-104, 110, 112, 127, 165, 185, 186, 191, 195

Direito à educação...... 17, 21-24, 28, 31, 35, 41, 48-54, 56-61, 65-69, 71, 72, 74, 75, 77, 80, 93-100, 102, 104, 108, 109, 112, 122, 126-128, 131, 132, 136, 137, 143, 144, 147, 149, 155-157, 159, 165, 169, 173, 175, 180, 187, 191, 193, 194-198
- Doutrina....................................... 67-77
- Jurisprudência............................ 67-77
- Normas.. 38-47

Direito-dever...............................107, 108

Direito subjetivo.........50, 57, 61, 69, 70, 71, 74, 106, 177
- Público...............17, 18, 41, 45, 47, 49, 51, 59-61, 64, 67-69, 71-74, 77, 107, 122, 123, 127, 143, 158, 165, 170, 175, 194

Direitos fundamentais..........19, 24, 41, 47-49, 56, 58, 59, 61, 64, 65, 68, 77, 80, 92-94, 96-100, 102-109, 112, 126, 127, 131, 132, 143, 164, 165, 167-170, 176, 178-182, 185, 193, 194, 197
- Complementaridade.......................97

Direitos sociais...........17, 18, 24, 25, 33, 40, 48, 56, 58, 59, 63, 64, 66, 67, 69, 70, 72, 75-77, 81, 92, 93, 97-99, 107, 127, 132, 148, 158, 162, 165, 167-170, 180, 183, 186, 194, 196, 198

Discriminação 129

Distribuição de renda ...30, 34, 114, 118

Dotações orçamentárias 46, 47, 156

Draft Resolution on the Right to Education....................................65, 66

E

Educação.......................... 17-19, 29, 117
- Conceito.....................................21, 193

página

- Dimensão objetiva 24, 25, 105, 108, 121, 122, 193
- Dimensão subjetiva......22, 24, 25, 121, 122, 193
- Direito Humano...................... 126-133
- Financiamento.................................35
- Objetivos constitucionais.................68
- Princípios básicos.............................50
- Recursos 44, 47, 52, 156, 174

Educação básica.........49, 51, 55, 75, 76, 77, 84, 99, 121, 122, 132, 135-168
- Evolução histórica...................... 24-38
- Universalização........17, 19, 24, 26, 66, 88, 103, 107, 108, 117, 122-126, 131, 142, 143, 145, 146, 160, 165, 175, 177, 195, 196, 198

Educação formal.....24, 69, 84, 115, 116, 140, 190, 195

Educação infantil........19, 25, 37, 48, 49, 51, 52, 55, 60, 69, 74, 76, 84, 107, 141-149, 151-159, 171, 196
- Qualidade................................ 147-160

Educação para o desenvolvimento sustentável (EDS)............117, 118, 121

Efetividade 61-67
- Material 62

Eficácia................................... 61-67, 180
- Social...61

Emendas
- Emenda Constitucional nº 14/96.....52
- Emenda Constitucional nº 59, de 28 de novembro de 2009....38, 51, 52, 54, 136, 142-147

Ensino
- Cívico..42
- Fundamental............. 35-37, 51-55, 69, 72-74, 76, 84, 88, 107, 111, 123, 132, 135-144, 146-148, 155, 156, 160-165, 171, 174, 196
- Gratuidade.... 33, 38-40, 43, 50, 69, 73, 74, 76, 126, 144, 146, 147
- Médio............. 36-38, 44, 51, 55, 69, 73, 74, 76, 142-144, 156, 160-165, 171, 173, 174, 196

	página

- Noturno 48, 57
- Obrigatoriedade 38, 40, 43, 44, 51,
109, 144, 146, 147, 155
- Particular 32, 42, 158, 170
- Primário 26, 27, 29, 32, 33, 40,
43-46, 129, 131
- Público 39, 5069, 126, 175
- Qualidade 19
- Religioso 32, 43, 44
- Superior 28, 33, 37, 40, 69, 129-131,
141, 142, 156, 159, 163, 164
Escolaridade 34, 64, 79, 88, 107-109,
113-115, 118, 121, 136, 139, 140,
152, 162, 171, 173, 174, 198
Escolas confessionais 28
Escolas públicas 27, 34, 54, 57,
142, 146, 155
Estado Constitucional 18, 19, 21, 23,
48, 57, 59, 62, 69, 77, 79, 80, 88,
90, 94, 96, 119, 143, 167-170,
177, 179, 186-191, 193-195, 198
Estado Democrático 18, 24, 50,
66, 68, 80, 82, 84, 86, 88, 92,
93, 105, 168, 186, 195, 199
Estado Liberal 58, 59, 80, 98, 168
Estado Social 23, 32, 58, 59, 63, 64,
74, 81, 95, 98, 104, 106,
107, 167, 179, 194
Estatuto da Criança e do Adolescente
(ECA) (Lei nº 8.069, de 13 de julho
de 1990) 39, 49, 54, 56, 57,
110, 111, 147
Ética 60, 86, 91, 92, 97, 101,
105, 174, 180, 198
Evasão escolar 110, 124, 131, 139,
146, 151, 152, 160,
163, 171, 174, 177
Exclusão social 34, 114, 116, 138,
139, 193
Expo 2010 .... 184, 187

F
Fórum Mundial de Educação 131
Frequência 27, 109, 110, 131,
146, 152, 154

	página

Fundamentalidade 61-67
Fundo
- Fundo de Manutenção e
Desenvolvimento da Educação
Básica e de Valorização dos
Profissionais da Educação
(FUNDEB) 35, 36, 141, 142, 155, 156
- Fundo de Manutenção e
Desenvolvimento do Ensino
Fundamental e de Valorização do
Magistério (FUNDEF) 35, 37, 141,
155, 156, 160, 196
- Fundo Social de Emergência 144

G
Gestão pública
compartilhada 185-191, 198
Governança 188, 189, 198
- Solidária local 183, 184
Globalização 83, 90, 114, 169

H
Habilidades
- Cognitivas 150, 157, 196
- Não cognitivas 150, 157, 196
Humanidade 82, 91
Humanização 92

I
Igreja 25, 28, 31
- Católica 25, 27
Igualdade de oportunidades 24, 50,
68, 77, 79, 89, 98, 99, 101,
103, 108, 114, 121, 126, 191, 195
Indicadores 37
Índice de Desempenho da Educação
Básica (IDEB) 140
Instituto
- Instituto Brasileiro de Geografia
e Estatística (IBGE) 139, 144, 157,
163, 164, 171, 173
- Instituto de Pesquisa Aplicada
(IPEA) 77, 137, 138, 149, 159
- Instituto Ethos 138

Índice de Assuntos | 213

página

- Instituto Nacional de Analfabetismo (INAF) 172
- Instituto Nacional de Estudos e Pesquisas Educacionais (INEP) ...37, 140, 141, 170, 173, 174
Irlanda...161

J
Justiça social....................58, 79, 115, 187

L
Lei de Diretrizes e Bases da Educação (LDB)..................... 27, 37, 39, 44, 53-55, 110, 141-143, 157
- Lei de Diretrizes e Bases da Educação Nacional (Lei nº 4.024, de 1961)...........................32, 42 44, 53
- Lei de Diretrizes e Bases da Educação Nacional (Lei nº 9.394, de 1996)...... 53-57, 142, 143, 146, 147
Letramento.................................137, 173
Liberdade.........89, 93, 97, 102, 103, 195
Licenciatura............................... 140-142

M
Manifesto dos Pioneiros da Educação Nova.................................31
Matrícula 37, 44, 77, 109-112, 131, 153-155, 157, 171, 174, 196
Meio ambiente.......31, 83, 114, 117, 118
Minas Gerais.....................................183
Mínimo existencial...........48, 57, 67, 87, 98, 104, 115, 194, 195
Mínimos constitucionais....35, 44-46, 52
Ministério da Educação (MEC)..38, 55, 136, 140, 141, 145, 153, 164, 174
Ministério da Educação e Cultura 22, 34, 44
Ministério da Educação e da Saúde Pública.....................................31

N
Nação................................ 26, 33, 80-83

O
Objetivos de Desenvolvimento do Milênio.............117, 122, 124, 146, 195
Omissão....................51, 54, 68, 75, 110, 111, 157, 194, 197
- Educacional............................. 167-191
Orçamento participativo...................85
Organização das Nações Unidas (ONU)............... 65, 103, 113, 115-117, 122, 123, 131, 137
Organização das Nações Unidas para a Educação, a Ciência e a Cultura (UNESCO)...................... 127, 131-133, 137, 160, 191
Organização e Desenvolvimento Econômico (OCDE).......................140

P
Pacto internacional de Direitos Econômicos, Sociais e Culturais ...129
Pedagogia....................96, 141, 142, 148
Plano
- Plano de Desenvolvimento da Educação (PDE) 38, 39, 49
- Plano Nacional de Educação....32, 46, 51, 127, 139, 144, 145, 154, 171
Pobreza 122, 125, 126, 139, 161, 175, 198
Políticas públicas.............. 17, 30, 35-37, 48, 52, 54, 57-60, 63, 66, 75, 77, 86, 104, 113, 114, 135-137, 141, 142, 148, 152, 153, 156, 161, 168-170, 173, 176, 181, 183, 184, 187, 189, 194, 197, 198
Porto Alegre 183, 187
Positivismo.......................................27
Pré-escola.................55, 67, 72, 142, 147, 148, 152-155, 157-159, 174
Princípio
- Princípio da Eficiência............180, 181
- Princípio da Igualdade.............68, 73, 103, 195
- Princípio da Isonomia 50, 73
- Princípio da proporcionalidade...............178, 179

	página

Proficiência 152, 153
Professores 44, 55, 110, 161, 172
- Formação 140, 141, 172, 183
Profissionalização 30, 51, 57, 113, 158
Programa
- Programa Brasil Alfabetizado 160
- Programa das Nações Unidas para
  o Desenvolvimento
  (PNUD) 113, 123, 146
- Programa Internacional de
  Avaliação de Alunos (PISA)... 37, 172
Protocolo de San Salvador 130

Q
Qualidade (educação) 19, 28, 34, 37,
52, 54, 59, 68, 74, 76, 79, 83,
93, 111, 114, 116, 118, 126, 129,
135-137, 139-142, 145, 147-160,
162-165, 171, 172, 174, 186,
191, 195, 196, 197, 199
Qualificação profissional 160, 163

R
Relatório
- *Brazil Early Child Development: A
  Focus on the Impact f Preschools*
  (2001) 151
- McKinsey&Company 183
- Relatório Brundtland 115, 116
- Relatório de Monitoramento
  Global de Educação para
  Todos 111, 125, 133, 160
- Relatório do IBGE-PNAD 139
- Relatório *Nosso futuro comum* (*Our
  Common Future*)
  Ver Relatório Brundtland
- Relatório Regional da América latina
  e Caribe de Monitoramento Global
  de Educação 139
Repetência 111, 124, 140, 151,
152, 154, 163, 171, 175
Responsabilidade Extracontratual
do Estado 170, 176
Rio Grande do Sul 154

	página

S
Salário-educação 46, 47, 52
Sistema educacional 25, 29, 31, 34,
38, 57, 59, 67, 72, 74-76, 83,
84, 109, 111, 112, 116,
124, 136, 141, 146, 149, 155,
158, 163, 171, 177, 183, 197
- Brasileiro 26, 33, 36, 40, 44, 140, 164
Soberania 82, 86, 87, 187
Solidariedade 43, 45, 53, 66, 67, 76,
83, 91, 92, 96, 97, 108,
109, 110, 115, 126,
128, 143, 148, 199
Status positivus 41, 107, 109
- *Status positivus Libertatis* 48, 93
Sufrágio universal 26, 30, 87
Supremo Tribunal Federa
(STF) 71-76, 158
Sustentabilidade 18, 19, 114, 117,
123, 193, 195, 198

T
Tecnologia ... 119-121, 133, 161, 193, 196
Trabalho infantil 171

U
UNESCO
Ver Organização das Nações Unidas
para a Educação, a Ciência e a
Cultura
Universalização
- Educação básica 17, 19, 24, 26, 66,
88, 103, 107, 108, 117, 122-126,
131, 142, 143, 145, 146, 160,
165, 175, 177, 195, 196, 198
- Ensino fundamental 135-142
Universidades federais 164

V
Vagas 53, 57, 72-74, 76, 122,
136, 141, 143, 146, 153-155,
157-159, 164, 171, 173, 174, 196
Voto 87, 88

Índice Onomástico

página

A
Almeida, Alberto Carlos de 174
Andrade, José Vieira de ...105, 107, 108
Arendt, Hanna 83
Assmann, Eberhard 181
Azevedo, Fernando de 31, 89

B
Barbosa, Rui 27
Barroso, José Liberato 26
Bobbio, Norberto 80, 82-88, 103, 191
Bonavides, Paulo 58, 79, 82, 86, 94,
102, 167, 168, 178
Breyer, Stephen 182

C
Canotilho, José Joaquim
Gomes 102, 106, 109
Capanema Filho, Gustavo 33
Chevallier, Jacques 63, 85, 91, 189
Constant, Benjamin 27

D
Drucker, Peter 119, 120
Duarte, Sérgio Guerra.........................23
Dworkin, Ronald 178

F
Felício, Fabiana de............................152
Freire, Paulo 96, 191
Freitas, Juarez 176-179

G
Grau, Eros Roberto 61, 62

página

Guastini, Ricardo..............................180

H
Häberle, Peter 95, 101
Habermas, Jürgen 82, 190
Haddad, Sérgio..........157, 160, 163, 171
Heckman, James....................... 149-151
Honneth, Axel...................................151

I
Iochpe, Gustavo........................116, 162

K
Kant, Immanuel.............89, 91, 95, 100,
101, 185

L
Liberati, Wilson 73
Lima, Maria Cristina de Brito............41

M
Marshall, Thomas H. 81
Mello, Celso de 67, 71-73, 75
Menezes Filho, Naercio 152
Miola, Cezar.....................................154
Morin, Edgar..........91, 92, 100, 101, 123

N
Nabais, José Casalta 106, 107
Néri, Marcelo 153

P
Pontes de Miranda, Francisco
Cavalcanti 45, 46, 111

	página		página

S

Sarlet, Ingo Wolfgang 58, 59, 65, 71, 94, 104-107

Schmidt Assmann, Eberhard 181, 182

Silva, José Afonso da............................61

Souza, Paulo Renato 34, 35, 136

Souza, Tomé de 24

Stiglitz, Joseph E................................185

T

Teixeira, Anísio.....................................31

Torres, Ricardo Lobo...........................67

V

Vasconcelos, Ligia 152

W

Winnicott, Donald Woods................151

Esta obra foi composta em fonte Palatino Linotype, corpo 10
e impressa em papel Offset 75g (miolo) e Supremo 250g (capa)
pela Edelbra Gráfica Ltda.
Erechim/RS, julho de 2011.